임용고시의

정수를 꿰뚫는

단기완성
핵심
현대국어

이원근 편저

역락

머리말

임용고시의 합격을 위한 책입니다

이 책은 임용고시 수험생을 위한 실용서입니다. 학문적 성취가 아니라 시험 합격에 최우선 가치를 두었습니다. 다음과 같은 특징을 가지고 있습니다.

읽기에 편합니다

전공 서적, 특히 국어학 분야는 읽기가 힘듭니다. 내용이 어려울 뿐만 아니라 저자들이 쉽게 풀어쓰기도 어렵습니다. 그래서 이 책은 쉽게 읽히도록 하는 데 가장 공을 들였습니다. 이를 위해 화제식 서술 방법을 사용하였습니다. 마치 노트 필기를 하듯이 중심 내용을 화제식으로 제시하면서 서술하였습니다. 꼭 필요한 내용만 제시하여 짧은 시간에 중심 내용을 정리할 수 있게 하였습니다.

출제의 전 범위를 한눈에 볼 수 있습니다

임용고시의 출제 범위는 원칙적으로 대학에서 배우는 전공의 모든 영역입니다. 그러나 실제 시험에서는 그 영역이 어느 정도 한정되어 있습니다. 어떤 범위에서, 어느 정도의 깊이로 공부할 것인가 하는 것을 수험생이 알기는 어렵습니다. 이 책은 출제의 전 범위를 출제의 수준에 맞게 기술하였습니다. 그래서 어떤 영역은 전공 내용에 비해서 지나치게 소략하게 보일 수도 있지만 시험에 대비한 편집입니다.

필수 국어학 개념을 익힐 수 있습니다

지금까지 임용고시에 출제된 문제들은 모두 기본적인 개념을 묻거나 이를 응용하여 푸는 문제들이었습니다. 모든 학문이 그렇듯이 기본 개념을 이해하는 것은 매우 중요합니다. 이 책에 나오는 기본적인 개념을 철저히 이해한다면 임용고시의 어떠한 문제라도 다 접근할 수 있을 것입니다.

심화학습의 길잡이가 됩니다

이 책은 기존 규범 문법서들의 내용을 바탕으로 만들었습니다. 표준국어문법론(남기심 외)과 우리말문법론(고영근 외), 학교문법론(이관규), 학교문법과 문법 교육(임지룡 외), 현대국어음운론(이문규), 우리말 소리의 체계(신지영 외), 그밖에 방송통신대 교재들의 내용을 참조하였습니다. 위의 책들을 더 심화하여 학습하고자 할 때 이 책은 좋은 안내자 역할을 할 것입니다.

이 책을 통해서 국어학을 공부하는 즐거움과 합격의 기쁨을 함께 누리시기 바랍니다.

차례

제3부 의미론

제4부 서술형 주제별 기출문제 분석(1997~2016)

음운론, 규범

제1장

말소리의 생성

1. 음성학과 음운론

1 음성학

음성학은 음성의 조음과 전달 과정을 분석, 연구하는 학문이다.

① 조음 음성학
  - ㉠ 말소리가 만들어지는 과정에 대한 연구이다.
  - ㉡ 발음 기관의 움직임을 관찰하여 소리의 발생 측면을 기술, 분석한다.
  - ㉢ 말소리를 만드는 조음 기관의 관찰을 통해 쉽게 이해할 수 있다.

② 음향 음성학
  - ㉠ 말소리의 물리적 특성을 연구한다.
  - ㉡ 음파를 물리적 현상으로 파악하여 실험, 분석하는 데, 많은 물리학적 지식을 필요로 한다.
  - ㉢ 최근에 여러 실험 기기 등이 개발되어 언어 음성의 객관적인 분석, 기술에 많은 성과를 거두고 있다.

③ 청취 음성학
  - ㉠ 말소리가 귀를 통과하는 과정을 연구한다.
  - ㉡ 말소리가 뇌에서 해석되는 과정을 연구한다.

2 음운론

① 언어 전달의 체계 내에서 이루어지는 기능의 관점에서 언어 음성을 연구하는 학문

　이다.
② 언어를 쓰는 사람의 머릿속에 있는 말소리에 대한 지식을 체계적으로 기술하고 설명
　한다.
③ 음운론에서 다루는 주제는 최소 단위인 음운의 설정, 음운 체계의 확립, 최소 단위인
　형태소들이 결합할 때 일어나는 음운 변동의 문제 등이다.

2. 말소리의 생성 과정

① 말소리의 대부분은 폐에서 생성된 기류가 성대와 성문을 거치면서 만들어진다.
② 말소리는 조음 기관의 움직임이나 음의 높낮이에 따라 변한다.

1 발동 기관

① 폐는 대표적인 발동 기관이다. 우리말에서 언어학적 의미를 가진 모든 소리는 예외 없
　이 폐에서 만들어진 날숨을 이용하여 만들어진다.
② 폐 이외에 다른 발동 장소를 이용하거나 날숨이 아닌 들숨을 이용하여 만들어지는 소
　리도 있다. 아프리카 호사어(Xhosa)의 혀차는 소리(흡착음)는 연구개를 발동 기관으로
　하는 들숨 소리이다.

2 발성 기관

① 성대는 폐에서 올라온 기류를 조절하여 소리로 바꾸는 발성 기관이다. 성문은 성대 사
　이를 말하는데 기도로 이물질이 들어가지 못하게 하는 역할과, 기류를 말소리로 바꾸
　는 역할을 수행한다.
② 유성음은 성대의 진동이 있는 것으로 성문을 좁혀 성대를 빠른 속도로 떨어주는 소리
　이고, 무성음은 진동이 없는 소리이다.

◆ 공명강

① 목청에서 생긴 진동이 목청 위로부터 목, 입 안, 코 안, 머리 부위까지의 공기를 진동시
　켜 음량을 크게 하고, 아름답고 부드러운 소리를 내게 한다.
② 후두를 통과한 기류는 인두강과 구강, 비강 등을 통과하는데 이들이 공명 상자의 역할
　을 한다.

③ 공명강의 크기와 모양에 따라 말소리가 어떤 음이 될지 결정된다.

3 조음 기관

말소리의 특색을 만들어내기 위해 여러 가지 기관이 사용되는데 이러한 기관을 조음 기관이라고 한다.

① 입술 : 윗입술과 아랫입술이 있다. 윗입술과 아랫입술이 닿게 하면서 발음하면 'ㅂ'과 같은 자음이 되고, 두 입술을 둥글게 내밀면서 발음하면 '우'와 같은 모음이 된다.

② 치조 : 윗니 뒤쪽에 볼록 튀어나온 부분으로, 윗잇몸 또는 치경이라고도 한다.

③ 경구개 : 입천장에서 비교적 단단한 앞쪽 부분으로, 센입천장이라고도 한다.

④ 연구개 : 입천장에서 비교적 부드러운 뒤쪽 부분으로, 여린입천장이라고도 한다.

⑤ 혀 : 입의 아래쪽에 위치하여 조음 기관으로 사용되는데, 혀끝, 전설, 후설, 혀뿌리로 나뉜다.

⑥ 목젖 : 연구개의 중앙 아래에 늘어진 모양으로, 구개수라고도 한다.

⑦ 성문 : 성대의 두 막 사이의 공간으로 말소리를 만들어내는 기능과 발음을 만들어내는 조음 기능에도 관여한다.

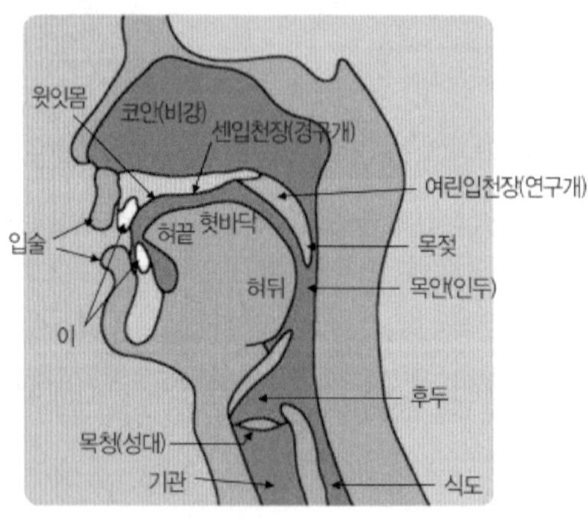

자음과 모음

1. 자음과 모음의 차이

① 자음 : 기류가 조음 기관의 어느 부분에서 방해를 받아 만들어지는 소리이다.

② 모음 : 기류가 아무 방해도 받지 않고 나는 소리이다.

2. 자음 분류의 기준

자음 분류의 중요 기준 : 조음 위치, 조음 방법, 기식의 유무, 후두 긴장의 유무

1 조음 위치

(1) 양순음 : ㅂ, ㅃ, ㅍ, ㅁ

① 두 입술이 그 조음에 관계하는 소리를 가리킨다.

② 'ㅂ, ㅃ, ㅍ'은 기류가 구강으로 흐르고, 'ㅁ'은 비강으로 흐른다.

③ 순치음 : 아랫입술과 윗니가 조음에 관계하는 소리를 지칭하는 것으로 한국어에는 존재하지 않는다. 영어의 /f, v/가 바로 이 순치음에 속한다.

(2) 치조음(치경음) : ㄷ, ㄸ, ㅌ, ㄴ, ㅅ, ㅆ, ㄹ

① 윗잇몸 부근에서 기류의 협착이나 폐쇄가 일어나면서 나는 소리이다.

② 'ㄷ, ㄸ, ㅌ'의 발음 : 혀끝이 윗니의 뒤쪽에 있는 잇몸인 치조에 가서 닿았다가 떨어지며 나는 소리이다.

③ 'ㄴ'의 발음 : 혀끝이 윗니의 뒤쪽에 있는 잇몸인 치조에 가서 닿았다가 떨어지며 비강 쪽의 통로가 열린다.

④ 'ㅅ, ㅆ'의 발음 : 혀끝을 윗잇몸인 치조에 근접시킨 상태에서 기류를 계속 내보낸다.

⑤ 'ㄹ'의 발음 : 탄설음과 설측음으로 발음된다.

(3) 경구개음 : ㅈ, ㅉ, ㅊ

① 혀의 앞 부분이 경구개부에 닿았다가 떨어지면서 마찰이 일어나는 소리를 말한다.

② 학자에 따라서 경구개음이라 하지 않고 치경경구개음이라 부르기도 한다.

(4) 연구개음 : ㄱ, ㄲ, ㅋ, ㅇ[ŋ]

① 혀의 뒷부분이 연구개부에 닿거나 접근하여 조음되는 소리를 말한다. 국어의 파열음 /ㄱ, ㅋ, ㄲ/ 와 비음 /ㅇ/이 이에 속한다.

② 'ㄱ, ㄲ, ㅋ'의 발음 : 혀의 뒷부분이 연구개에 가서 닿았다가 떨어지며 나는 소리이다.

③ 'ㅇ'의 발음 : 혀의 뒷부분과 연구개가 닿아있는 상태에서 기류가 비강으로 흘러 나가며 나는 소리이다.

(5) 후음(성문음) : ㅎ

① 성대가 조음 기관으로 사용되어 만들어지는 소리이다.

② 우리말에는 성문 무성 마찰음 /ㅎ/만이 음소로 존재한다.

2 조음 방법

(1) 파열음(폐쇄음) : ㅂ, ㅃ, ㅍ, ㄷ, ㄸ, ㅌ, ㄱ, ㄲ, ㅋ

① 파열음은 구강의 일부를 일정 시간 꼭 막았다가 막혔던 기류를 일시에 내보내면서 조음된다. 폐쇄음은 이 소리의 첫 단계, 즉 폐쇄의 단계에 주목하여 붙여진 것이다.

② 파열음의 과정('ㅂ'의 예)

ㄱ 두 입술이 떨어진 상태에서 아랫입술이 윗입술에 가서 닿아 폐쇄가 이루어진다.

ㄴ 폐쇄가 지속되면서 입 안의 기류 압력이 높아진다.

ⓒ 폐쇄되었던 두 입술이 열리면서 기류가 일시에 방출된다.

(2) 마찰음 : ㅅ, ㅆ, ㅎ

① 기류가 조음 기관의 어느 지점을 지날 때, 그 통로를 아주 좁혀서 기류의 마찰로 소리를 내는 자음이다. 그 소리가 지속되는 특징이 있다.
② 'ㅅ, ㅆ' : 치조에서 마찰이 일어난다.
③ 'ㅎ' : 후두에서 마찰이 일어난다.

(3) 파찰음 : ㅈ, ㅉ, ㅊ

① 파열음으로 시작하여 마찰음으로 끝나는 자음 소리이다.
② 경구개와 전설을 서로 닿게 하여 기류의 흐름을 완전히 막았다가 기류를 내보내며 발음한다.
③ 음절말의 위치에서는 파열음으로만 실현된다.

(4) 유음 : ㄹ

① 'ㄹ'의 발음
　ⓐ 설측음 : 혀끝이 치조에 닿아 있는 상태에서 기류가 혀의 양 옆으로 계속 흘러나가면서 발음된다. 그래서 유음(流音)이라고도 한다.
　ⓑ 탄설음 : 혀끝이 치조를 한번 살짝 스치면서 소리가 난다.
② 'ㄹ'은 공기의 흐름이 장애를 가장 적게 받으면서 발음되는 자음이다.

(5) 비음(비강음) : ㅁ, ㄴ, ㅇ〔ŋ〕

① 기류가 흘러나갈 수 있는 통로에는 구강과 비강이 있다.
② 비음을 발음할 때는 비강으로 가는 통로를 열어 놓는다.
③ 비음은 기류가 비강으로 흐르는 동시에 입 안에서 기류의 방해가 일어난다.

❸ 기식의 유무

① 후두의 성문 아래에 많은 기식을 압축하고 있다가 한번에 내보내면 격음 'ㅍ, ㅌ, ㅊ, ㅋ'가 생성된다.
② 격음을 기식이 있는 소리, 즉 유기음, 또는 거센소리라고 부르기도 한다.

① 후두를 긴장시켜 발음하면 경음이 생성된다.

② 'ㅂ, ㄷ, ㅅ, ㅈ, ㄱ' 등을 예사소리, 'ㅃ, ㄸ, ㅆ, ㅉ, ㄲ'을 경음, 또는 된소리라고 부르기도 한다.

3. 공명음과 장애음의 차이

① 공명음

    ㉠ 기류가 비강, 구강, 인두강 안에서 자유롭게 흐르는 자음이다.

    ㉡ 모음, 유음 'ㄹ', 비음 'ㅁ, ㄴ, ㅇ'

② 장애음 : 파열음, 마찰음, 파찰음이 포함된다.

자음 분류표

구분	양순음			치조음			경구개음			연구개음			후음
	평음	경음	격음	평음	경음	격음	평음	경음	격음	평음	경음	격음	
파열음	ㅂ	ㅃ	ㅍ	ㄷ	ㄸ	ㅌ				ㄱ	ㄲ	ㅋ	
파찰음							ㅈ	ㅉ	ㅊ				
마찰음				ㅅ	ㅆ								ㅎ
비음	ㅁ			ㄴ						ㅇ			
유음				ㄹ									

2   모음

1. 모음의 개념

1 모음의 정의

① 공기의 흐름이 거의 방해받지 않고 나는 소리이다.

② 공기가 입안을 통과할 때 입안의 모양에 따라 다양한 모음이 만들어진다.

③ 모든 말은 음절로 이루어져 있는데 모음은 음절의 핵이다.

입의 벌어진 정도를 말하는 것으로, 모음의 음가를 결정하는 역할을 한다.

① 개모음 : 입이 크게 벌어진 상태에서 만들어지는 모음

② 반개모음(반폐모음) : 입이 적당하게 벌어진 상태에서 만들어지는 모음

② 폐모음 : 입이 작게 벌어진 상태에서 만들어지는 모음

2. 단모음과 이중모음

1 단모음

'이, 에, 애, 위, 외, 으, 어, 아, 우, 오'

① 조음을 할 때 처음부터 끝까지 하나의 조음 동작으로 만들어지는 모음이다.

② 우리말의 단모음은 혀의 높이에 의해서 고모음, 중모음, 저모음으로, 혀의 전후 위치에 의해 전설모음과 후설모음으로, 입술의 돌출 여부에 의해서 원순모음과 평순모음으로 나뉜다.

③ 표준 모음에서 단모음은 10개로 규정되고 있지만 '외, 위'에 대해서는 이중모음으로 발음하는 것이 허용되고 있다.

2 이중모음

'야, 얘, 여, 예, 요, 유, 와, 왜, 워, 웨, 의'

① 이중모음을 발음할 때는 발음의 시작과 끝의 입 모양에 변화가 일어난다.

② 모음이 둘이라고 해석할 수 있지만 앞의 단모음이 완전하게 실현되지 않은 상태에서 입 모양이 다음에 이어지는 모음의 모양으로 바뀌게 되므로 앞의 모음을 활음이라고 부른다.

③ 이중모음의 구분

   ㉠ 상향 이중모음 : 활음이 단모음의 앞에 있다. '와', '워', '야' 등과 같은 경우이다.

   ㉡ 하향 이중모음 : 활음이 단모음의 뒤에 있다. 현대 한국어에서 하향 이중모음으로 볼 수 있는 것은 '의' 하나이다. 그러나 학자에 따라서는 이를 상향 이중모음으로 분류하기도 한다.

<u>3</u> 활음

① 음절을 이루는 모음에 비해 조음 동작의 변화 속도가 빨라서 길이가 짧으며 음성적으로는 핵모음을 향해 미끄러지는 듯한 전이 구간이 나타나므로 활음이라고 한다.

② 모음도 아니고 자음도 아니며, 모음적인 요소와 자음적인 요소가 모두 있어서 반모음 또는 반자음이라고 부르기도 한다.

③ 모음과 유사하게 발음되며 모음보다 더 혀가 올라가지만 자음처럼 기류의 흐름을 완전히 막지는 않는다.

3. 모음의 분류

모음의 음가를 달라지게 하는 중요 발음 기관은 혀와 입술인데, 모음을 분류하는 기준으로는 혀의 앞뒤 위치, 혀의 높이, 입술의 모양을 들 수 있다.

<u>1</u> 혀의 앞뒤 위치에 따른 분류

① 전설모음 : 혀의 앞부분이 경구개에 접근한 상태에서 발음되는 모음.
예 이, 에, 애, 위, 외

② 후설모음 : 혀의 가운데가 입천장의 중앙부에 접근하거나 혀의 뒷부분이 연구개에 접근한 상태에서 발음되는 모음
예 으, 어, 아, 우, 오

<u>2</u> 혀의 높이에 따른 분류

① 고모음(폐모음) : 혀의 표면이 마찰을 일으키지 않을 정도로 입천장에 접근한 상태에서 발음되는 모음.
예 이, 위, 으, 우

② 중모음(반폐모음) : 혀의 높이가 고모음을 발음할 때보다는 낮고 저모음을 발음할 때보다는 높은 상태에서 발음되는 모음.
예 에, 외, 어, 오

③ 저모음(개모음) : 혀가 입천장에서 가장 멀어진 상태에서 발음되는 모음.
예 애, 아

3 입술의 모양에 따른 분류

① 원순모음 : 조음 시 입술이 동그랗게 모아져 내는 모음

　　例 우, 오, 위, 외

② 평순모음 : 입술을 오므리지 않고 평평하게 해서 내는 모음

　　例 이, 에, 애, 으, 어, 아

국어의 모음

혀의 전후 위치		전설모음		후설모음	
혀의 높이 ＼ 입술의 모양		평순	원순	평순	원순
고모음		ㅣ	ㅟ	ㅡ	ㅜ
중모음		ㅔ	ㅚ	ㅓ	ㅗ
저 모 음		ㅐ		ㅏ	

제3장

음소와 운소

1 음소

1. 음성과 음소의 차이

1 음성

① 실제로 발음되는 소리이다.

② 음성 언어는 구체적, 물리적 소리로, 시간적·공간적인 제약을 받는다.

2 음소

① 구체적인 음성들이 공유한 특성을 근거로 추상화된 소리이다.

② 단어 의미의 구별을 가져오는 최소 단위이다. '물'과 '불' 두 단어에서 [ㅜㄹ]이라는 조건이 같은데도 그 뜻이 다른 것은 [ㅁ]과 [ㅂ]의 소리의 차이 때문이다.

2. 최소대립쌍과 변이음

1 최소대립쌍

① 동일한 위치에 있는 하나의 음의 차이로 그것이 속한 단어의 의미가 구별될 때 그 차이가 나는 음성들은 각각 음소의 자격을 갖게 된다.

② 이렇게 의미를 분화시켜 주는 두 소리는 최소 대립을 이루고 있다고 하며 최소 대립을

이루는 단어의 쌍을 최소대립쌍이라고 한다.

예 '불/뿔/풀', '띠/때', '깔다/깎다'

③ 두 소리의 음성적 차이가 단어의 뜻을 구분하는 토대 역할을 할 때 변별적이라고 한다. 영어에서 [d]와 [t]는 변별적이어서 음소의 자격을 갖지만 한국어에서는 그러한 자격을 갖지 못한다.

2 변이음

(1) 개념

① 변이 : 개별 언어의 화자가 인식하지 못하는 음소의 변화이다
② 변이음(이음)

   ㉠ 변이로 인해 실제로 실현되는 음을 말한다.

   ㉡ 같은 음소에 속하는 음이지만 음성학적으로 구분되는 다른 소리이다.

   ㉢ 어떤 음소에 변이음이 발생하는 요인은 주로 그 음소가 낱말 안에서 차지하는 위치 (어두·어미·중간 등)나 그 음소의 음성 환경이다.

(2) 한국어의 대표적인 변이음

① 음절초와 음절말의 파열음 변이 : 'ㅂ', 'ㄷ', 'ㄱ'이 음절의 초성 자리에서는 조음 기관이 열리는 파열 과정이 수반되지만 음절말인 종성의 자리에서는 파열이 되지 않는 음으로 실현된다.

② 파열음과 파찰음 변이 : 파열음의 평음인 'ㅂ', 'ㄷ', 'ㄱ' 과 파찰음의 평음인 'ㅈ'이 유성음 사이에서는 유성음으로 실현되며 그 외의 위치에서는 무성음으로 실현된다.

③ 'i, j' 앞의 치조음 변이 : 치조음 'ㅅ, ㅆ, ㄴ, ㄹ'은 '이'나 '야, 여, 요, 유' 등을 비롯한 활음 'j'로 시작하는 상향 이중모음들 앞에서는 경구개음으로 실현되며 기타의 위치에서는 치조음으로 실현된다.

(3) 변이음과 음소의 상호관계

① 대표 변이음의 설정 : [k]는 무성의 파열음이고, [g]는 유성의 파열음이며 [k˥]는 무성의 불파음이다. 무성음이면서 파열음인 것이 더 일반적이므로 [k]가 대표 변이음이 된다.

② 그러므로 추상적인 단위인 음소 'ㄱ'은 /k/로, 파열음으로 실현되는 변이음을 [k]로, 유성음을 [g]로, 불파음을 [k˺]로 표기할 수 있다.

3. 상보적 분포

1 상보적 분포의 의미

① 말소리가 동일한 환경에서 실현되지 못하는 경우에 이 말소리들이 배타적 분포를 이루고 있다고 한다.

② 배타적 분포를 이루는 말소리들이 합해져서 하나의 음소를 이루면 이들은 상보적으로 분포하고 있는 것이다.

③ 상보적 분포(相補的 分布, complementary distribution)를 이루는 말소리들은 한 음소의 변이음이 된다.

2 상보적 분포의 예

① 'ㄱ'의 예 : 'ㄱ'은 어두에서는 굴[kul], 기[ki], 구두[kudu]와 같이 무성 파열음 [k]로, 유성음 사이에서는 가구[kagu], 배구[pɛgu]와 같이 유성 파열음 [g]로, 음절말에서는 국[kuk˺], 기억[kiək˺]과 같이 무성 불파음[k˺]으로 실현된다. 이들은 상보적인 분포를 이루고 있으므로 동일한 음소 /ㄱ/의 변이음이 된다.

② 'ㅂ'의 예 : 'ㅂ'은 어두에서는 불[pul], 비[pi], 바다[pada]와 같이 무성음 [p]로, 유성음 사이에서는 안부[anbu], 부부[pubu], 일부[ilbu]와 같이 유성음 [b]로, 음절말에서는 겁[kəp˺], 덥-[təp˺-] 과 같이 무성 불파음으로 실현된다. 이들은 상보적인 분포를 이루고 있으므로 동일한 음소 /ㅂ/의 변이음이 된다.

1. 운소의 개념과 특징

1 운소의 개념

① 소리의 길이(음장), 세기(강세), 높낮이(성조), 억양, 연접 등이 말의 뜻의 분화에 관여할 때 운소가 된다.

② 음소들은 각각 독립된 단위로 인식되는 분절적인 요소이지만, 운소는 분절될 수 없는 발음의 요소이다. 그래서 초분절 음소, 또는 초분할 음소(super-segmental phoneme)라고도 한다.

2 운소의 특징

① 운소는 모든 발화에 항상 존재하는 음성 특징이다.

② 운소는 단위의 크기가 일정하지 않아 분절 음소 하나에 얹히는 것도 있고 한 음절이나 한 단어, 한 구절에 얹히는 것도 있다.

③ 운소는 이웃한 소리와 비교해서만 그것이 단음인지 장음인지, 고조인지 저조인지, 강한 소리인지 약한 소리인지 판단할 수 있다.

2. 음장과 휴지의 실현

1 음장의 실현

① 한국어의 음장은 1차적으로 단어의 차원에서만 운소로서 기능을 한다.

ㄱ 단어 안에서 음장이 실현되는지의 여부에 따라 의미가 달라진다.

예 눈[眼]과 눈 : [雪], 발[足]과 발 : [簾]

ㄴ 사전에 장음으로 실려 있는 단어들도 실제로 실현될 때는 길게 발음되지 않을 수도 있다.

예 눈[눈 :] : 함박눈[-눈], 밤[밤 :] : 군밤[-밤]

② 개별 단어의 음장은 주변 환경에 따라 길게 또는 짧게 실현되는 경우가 있다.

ㄱ 1음절로 된 동사와 형용사 어간 중 다음과 같은 단어는 자음으로 시작하는 어미와

결합할 때는 길게 실현되지만 모음으로 시작하는 어미와 결합할 때는 짧게 발음된다.

　　예 갈다(칼을) : 갈 : 다, 갈 : 고, 가 : 니 / 가라

　　　곱다(얼굴이) : 곱 : 따, 곱 : 꼬 / 고와, 고우니

　　　덥다, 안다, 담다, 붓다 등 ……

ⓛ 명사 및 일부 동사와 형용사 어간은 어떤 조사나 어미가 결합되어도 항상 장음으로 실현된다.

　　예 감(과일) : 감 : 도, 감 : 과, 가 : 미, 가 : 들

　　　없다(돈이) : 업 : 따, 업 : 꼬, 업 : 써, 업 : 쓰니

ⓒ 항상 장음으로만 실현되는 동사나 형용사의 어간 : '굵-, 길-, 끌-, 떫-, 벌-, 뺏-, 쉽-, 썰-, 얻-, 없-, 엷-, 작-, 적-, 졸-' 등에 한정된다.

ⓡ 동사나 형용사 어간이 뒤에 오는 어간의 첫 모음과 합해져서 음절이 줄어들 때에는 장음이 된다.

　　예 보다(눈으로) : 보+아 → 보아 → 봐 :

　　　두다(무엇을) : 두+어 → 두어 → 둬 :

　　　꾸다(무엇을) : 꾸+어 → 꾸어 → 꿔 :

그러나 이러한 현상은 어두에서만 일어난다.

　　예 가꾸+어 → 가꿔 : → 가꿔

③ 화자의 감정에 따라 달라지는 음장의 변화는 어감의 차이는 가져오지만 단어의 뜻을 바꾸지는 못한다.

2 휴지(休止)의 실현

① 휴지는 말을 할 때 중간 중간에 숨을 쉬는 부분으로 기원적으로 생리적인 이유에서 발생했다.

② 문장에서의 휴지의 실현은 발화 속도, 음절 수와 관련이 있다.

③ 휴지는 말소리의 중지로, 휴지가 없다면 의미 전달이 명확하지 않은 경우도 있다.

　　예 호랑이가죽을먹는다 → 어디에서 쉬느냐에 따라 의미가 달라진다.

④ 휴지는 음소의 실현에 영향을 미치기도 한다.

　　예 갈 사람 → 갈싸람, 갈# 사람 → 갈 사람

⑤ 휴지는 감정과 정서를 표현한다.

제4장
변별적 자질

1. 변별적 자질의 개념

1 변별적 자질의 정의

① 변별적 자질이란 음소의 구별에 관여하는 음성적 특질을 의미한다.

② 음성적 특질의 인지는 언어에 따라 차이가 있는데, 그것은 언어마다 음운 체계가 다르기 때문이다. 그러나 음성적 특질 자체는 모든 언어에 공통되므로 보편 음성학의 성립을 가능하게 해준다.

2 변별적 자질의 특징

① 음소는 변별적 자질들의 묶음이다. 말소리를 연구하는 데 변별적 자질을 이용하면 동일한 자질을 가지고 있는 음소들끼리 묶을 수 있다는 장점이 있다.

　예 '애' : [-후설][+저모음]

　　 '아' : [+후설][+저모음]

② 음소들끼리 결합할 때 어떤 종류의 말소리 변동이 일어날지 예측할 수 있다.

　예 '호랭이, 책교 등과 같은 '이'모음 역행동화의 경우, 후설모음이 전설모음으로 변한다는 공통 자질을 발견할 수 있다.

2. 변별적 자질의 분류

■1 **모음의 자질**

① 단모음을 구분하기 위해서는 네 개의 자질 [고설성], [저설성], [후설성], [원순성]이 필요하다.

　　㉠ 고설성 : 혓몸이 중립 위치보다 들리면서 만들어지는 소리의 성질.

　　㉡ 저설성 : 혓몸을 중립 위치보다 내리면서 만들어지는 소리의 성질.

　　㉢ 후설성 : 혓몸이 중립 위치보다 뒤로 밀리면서 만들어지는 소리의 성질.

　　㉣ 원순성 : 입술이 둥글게 튀어나오면서 만들어지는 소리의 성질.

② 모음의 자질

　　㉠ 고모음은 [+고설성, -저설성]을, 저모음은 [-고설성, +저설성]을, 중모음은 [-고설성, -저설성]을 갖는다.

　　㉡ 전설모음은 [-후설성]을, 후설모음은 [+후설성]을, 원순모음은 [+원순성]을, 평순모음은 [-원순성]을 갖는다.

③ 자질에 토대를 둔 음소 분류

　　자질을 이용하여 음소를 분류하면 다음과 같이 묶어서 기술할 수 있다는 장점이 있다.

　　㉠ [+고설성] : 이, 위, 으, 우

　　㉡ [-고설성] : 에, 애, 외, 어, 아, 오

　　㉢ [+저설성] : 애, 아

　　㉣ [-저설성] : 이, 에, 위, 외, 으, 어, 우, 오

　　㉤ [+후설성] : 으, 어, 아, 우, 오

　　㉥ [-후설성] : 이, 에, 애, 위, 외

　　㉦ [+원순성] : 위, 외, 우, 오

　　㉧ [-원순성] : 이, 에, 애, 으, 어, 아

④ 자질을 이용한 모음 변화의 기술

　　'이'모음 역행동화에 대한 기술

　　㉠ 일상 언어를 이용한 기술 : '아, 어, 오, 우'가 뒤에 오는 모음 '이'의 영향을 받아 각각 '애, 에, 외, 위'로 변한다.

　　㉡ 조음 음성학적 용어를 사용한 기술 : 후설모음이 뒤에 오는 전설모음 '이'의 영향을

받아 자신과 동일한 혀의 높이와 원순성을 가지고 있는 전설모음으로 변한다.

[+후설성]→[-후설성] / _________ [-후설성, +고설성]

음운 자질을 이용할 경우 이처럼 말소리의 변화에 보이는 공통점을 쉽게 추출할 수 있고, 다른 단어의 음운 변화도 쉽게 예측할 수 있다.

2 자음의 자질

① 조음 방법을 이용한 자음의 자질

　ㄱ 공명음 : [+공명성]

　ㄴ 장애음 : [-공명성]

　ㄷ 마찰음 : [+지속성] [+소음성]

　ㄹ 파열음 : [-소음성] [-지속성]

　ㅁ 파찰음 : [-지속성] [+소음성]

　ㅂ 경음 : [+긴장성]

　ㅅ 격음 : [+유기성]

② 조음 위치를 이용한 자음의 자질

　ㄱ 양순음과 치조음 : [+전방성]

　ㄴ 치조음과 경구개음 : [+설정성]

③ 각 자음의 자질

　ㄱ 자음의 자질표시

- ㅂ : [-공명성], [-비음성], [-지속성], [-소음성], [-긴장성], [-유기성], [+전방성], [-설정성]
- ㅃ : [-공명성], [-비음성], [-지속성], [-소음성], [+긴장성], [-유기성], [+전방성], [-설정성]
- ㅍ : [-공명성], [-비음성], [-지속성], [-소음성], [-긴장성], [+유기성], [+전방성], [-설정성]
- ㅁ : [+공명성], [+비음성], [-지속성], [-소음성], [-긴장성], [-유기성], [+전방성], [-설정성]
- ㄷ : [-공명성], [-비음성], [-지속성], [-소음성], [-긴장성], [-유기성], [+전방성], [+설정성]

- ㄸ : [-공명성], [-비음성], [-지속성], [-소음성], [+긴장성], [-유기성], [+전방
    성], [+설정성]

- ㅌ : [-공명성], [-비음성], [-지속성], [-소음성], [-긴장성], [+유기성], [+전방
    성], [+설정성]

- ㅅ : [-공명성], [-비음성], [+지속성], [+소음성], [-긴장성], [-유기성], [+전방
    성], [+설정성]

- ㅆ : [-공명성], [-비음성], [+지속성], [+소음성], [+긴장성], [-유기성], [+전방
    성], [+설정성]

- ㄹ : [+공명성], [-비음성], [+지속성], [-소음성], [-긴장성], [-유기성], [+전방
    성], [+설정성]

- ㄴ : [+공명성], [+비음성], [-지속성], [-소음성], [-긴장성], [-유기성], [+전방
    성], [+설정성]

- ㅈ : [-공명성], [-비음성], [-지속성], [+소음성], [-긴장성], [-유기성], [-전방
    성], [+설정성]

- ㅉ : [-공명성], [-비음성], [-지속성], [+소음성], [+긴장성], [-유기성], [-전방
    성], [+설정성]

- ㅊ : [-공명성], [-비음성], [-지속성], [+소음성], [-긴장성], [+유기성], [-전방
    성], [+설정성]

- ㄱ : [-공명성], [-비음성], [-지속성], [-소음성], [-긴장성], [-유기성], [-전방
    성], [-설정성]

- ㄲ : [-공명성], [-비음성], [-지속성], [-소음성], [+긴장성], [-유기성], [-전방
    성], [-설정성]

- ㅋ : [-공명성], [-비음성], [-지속성], [-소음성], [-긴장성], [+유기성], [-전방
    성], [-설정성]

- ㅇ : [+공명성], [+비음성], [-지속성], [-소음성], [-긴장성], [-유기성], [-전방
    성], [-설정성]

- ㅎ : [-공명성], [-비음성], [+지속성], [+소음성], [-긴장성], [+유기성], [-전방
    성], [-설정성]

ⓛ 자음의 자질값 : 연구자나 언어에 따라 설정되는 자질에 차이가 있을 수 있다.

제5장

음절의 속성

1. 음절의 개념과 실현

1 음절의 개념

① 음절

　⑴ 홀로 발화될 수 있는 최소 단위이다.

　⑵ 음소들이 모여서 만들어 내는 가장 하위의 운율 단위이다. 하지만 모든 음절이 같
　　은 개수의 음소로 구성되는 것은 아니다.

② 자음과 모음

　⑴ 자음 : 항상 그 앞이나 뒤에 모음이 있어야 발화될 수 있다.

　⑵ 모음 : 홀로 발화할 수 있다. 모음이 있어야만 음절이 이루어지므로 모음을 성절음
　　이라고 한다.

2 음절 구조

최소의 운율 단위인 음절은 화자의 머리 속에 존재하는 심리적인 단위이며, 음절 핵과 주
변음으로 구성되어 있다.

① 음절의 구조 : 음절 핵을 중심으로 하여 선행하는 자음을 초성이라고 하고, 후행하는
　자음을 종성이라고 하는데, 우리말은 음절핵(중성)을 기준으로 초성과 종성에 하나의
　자음만이 허용되는 구조를 가지고 있다.

　⑴ 초성 : 성절음인 모음의 앞에 오는 자음을 말한다.

　⑵ 종성 : 음절말의 자음을 의미한다.

ⓒ 중성 : 음절을 이루는 데 필수적인 단모음이나, 단모음에 활음이 결합된 이중모음이
　　중성이 된다.

② 음절 구조의 유형

　　㉠ 모음 하나로 이루어진 음절 : V(모음) /아/

　　㉡ 활음과 모음으로 이루어진 음절 : G(활음)V(모음) /야/

　　㉢ 자음과 모음으로 이루어진 음절 : C(자음)V(모음) /가/

　　㉣ 자음, 활음, 모음으로 이루어진 음절 : C(자음)G(활음)V(모음) /갸/

　　㉤ 모음과 자음으로 이루어진 음절 : V(모음)C(자음) /악/

　　㉥ 활음, 모음, 자음으로 이루어진 음절 : G(활음)V(모음)C(자음) /약/

　　㉦ 자음, 모음, 자음으로 이루어진 음절 : C(자음)V(모음)C(자음) /각/

　　㉧ 자음, 활음, 모음, 자음으로 이루어진 음절 : C(자음)G(활음)V(모음)C(자음) /갹/

③ 개음절 : V(모음), GV(활음+모음), CV(자음+모음), CGV(자음+활음+모음)

④ 폐음절 : VC(모음+자음), GVC(활음+모음+자음), CVC(자음+모음+자음), CGVC(자음
　＋활음+모음+자음)

3 음절 구조 제약

① 초성 제약 : 한국어의 초성에는 한 개의 자음만 실현될 수 있으며, 'ㅇ[ŋ]' 이외의 모든
　자음이 올 수 있다.

② 종성 제약 : 'ㄱ, ㄴ, ㄷ, ㄹ, ㅁ, ㅂ, ㅇ'의 일곱 자음만 실현될 수 있다.

③ 음절 안에서 음소가 연결될 때의 제약

　　㉠ 'ㅈ, ㅉ, ㅊ' 등의 경구개음 뒤에 활음 'j'로 시작하는 '야, 여, 요, 유, 예, 얘' 등의
　　이중모음이 올 때 활음 'j'가 발음되지 않는다.

　　㉡ 중성이 '이'나 활음 'j'로 시작하는 이중모음일 때 어두에서 'ㄴ'이 실현되기 어려워
　　서 '니, 냐, 녀, 뉴, 녜, 냬' 등으로 시작하는 단어가 드물다.

　　㉢ 'ㄹ'이 초성으로 올 때는 'ㄴ'으로 바뀌는 것이 일반적인데, 외국어의 영향으로 초
　　성으로 실현되는 경우가 많아지고 있다.

　　㉣ 음절의 구조는 언어마다 다르고 방언에 따라서도 차이가 있다.

2. 음절의 기능

① 발화의 성립 : 음절의 가장 중요한 기능이다.

② 음소의 교체

　　음절의 구조는 음소를 교체시키는 역할도 한다.

　　예 ㉠ '앞'이 모음 앞에서 실현될 때는 'ㅍ'이 초성이 되어 유기음으로 실현되지만 음
　　　　절말의 종성으로 실현되는 경우에는 평음 'ㅂ'으로 변한다.

　　　　㉡ 음절말 종성 자리에 장애음이 있을 때 다음 음절의 초성에 비음이 오면 장애음
　　　　을 비음으로 바꾸어 'ㅁ'으로 실현된다.

③ 변이음 실현의 환경 조성

　　음절은 음소의 변이음이 실현되는 환경을 만들어 준다.

　　예 우리말에서 파열음은 음절말에서 파열되지 않고 불파음으로 실현된다.

제6장

기저형

1. 기저형의 개념과 설정

1 기저형의 개념

① 기저형 : 한 형태소가 가진 음운론적 정보를 말한다. 이 음운 정보는 사람의 머리 속에 가지고 있다고 추정되는 것이다.

② 표면형 : 기저형이 실제의 발화에서 실현된 형태이다.

③ 기저형은 / / 안에 표기하고 표면형은 실제 발화되었다는 뜻에서 [ ] 안에 표기한다.

④ 기저형은 한 형태소의 이형태를 모두 확인한 후 설정하는데, 기저형이 설정되면 해당 형태소의 표면형인 이형태들이 만들어지는 과정을 설명할 수 있다.

2 기저형 설정의 원칙

① 표면형의 실현을 예측할 수 있어야 한다.

② 표면형의 실현 과정의 설명이 자연스러워야 한다.

③ 문법을 간결하게 기술할 수 있어야 한다.

④ 형태소가 아닌 단위에 대해서는 기저형을 설정하지 않는다.

3 기저형의 설정 방법

(1) '집'의 기저형 설정 : 이형태 〔집〕과 〔짐〕

① /집/을 기저형으로 설정할 경우

    ㉠ '집'은 단독으로 발화될 때 [집]으로 실현된다.

ⓛ '집'은 모음 앞이나 장애음 앞에서도 [집]으로 실현된다.

ⓒ '집'의 'ㅂ'이 비음 앞에서 'ㅁ'으로 바뀌는 변동 과정은 일반화시킬 수 있는 규칙
이다.

집+이→지비, 집+도→집또, 집+만→짐만

② /짐/을 기저형으로 설정할 경우 : 표면형 [집]의 실현이 문제된다.

⑦ '집'이 [짐]으로 실현되는 환경은 비음 앞으로 한정되어 있다.

ⓛ '짐'은 어떤 환경에서든지 [짐]으로 실현된다. 'ㅁ'이 모음 앞에서 'ㅂ'으로 바뀌거
나, 비음이 아닌 자음 앞에서 'ㅂ'으로 바뀌는 변동 과정은 일반화되기 어렵다.

(2) '없다' 어간의 기저형 설정

① 기저형이 /없/인 경우

⑦ '없+지→업찌' : 'ㅄ'는 비음이 아닌 자음 앞에서 'ㅂ'이 된다.

ⓛ '없+는→엄는' : 'ㅄ'는 비음 앞에서 대표음 'ㅂ'으로 변한 후 'ㅁ'이 된다.

② 기저형이 /업/인 경우

⑦ *'업+이→업씨' : 'ㅂ'이 모음 앞에서 'ㅄ'이 되는 것을 설명할 수 없다.

ⓛ '업+는→엄는' : 'ㅂ'는 비음 앞에서 'ㅁ'이 된다.

③ 기저형이 /엄/인 경우

⑦ *'엄+지→업찌' : 'ㅁ'이 비음이 아닌 자음 앞에서 'ㅂ'으로 실현되는 것을 설명할
수 없다.

ⓛ *'엄+이→업씨' : 'ㅁ'이 모음 앞에서 'ㅄ'이 되는 것을 설명할 수 없다.

표면형인 이 형태들에 대한 설명에 문제가 발견되지 않는 것은 /없/ 하나이다.

2. 음운 규칙의 기술방법

1 음운 규칙의 개념

음운 규칙이란 기저형이 표면형으로 실현되는 과정에서 일어나는 현상에 대한 공식화
이다.

2 표기규약

① 공식화에 사용되는 표기 규약

　　㉠ → : 화살표는 변동을 의미한다. a→b : "a가 b로 바뀐다."

　　㉡ / : 사선은 환경을 의미한다. a→b/ x : "a가 x라는 환경에서 b로 바뀐다."

　　㉢ — : 길게 그은 밑줄은 변동이 일어나는 분절음의 위치를 의미한다.

② 어떤 자질이 있을 때는 '+'로 표시하고, 그러한 자질이 없을 때는 '−'로 표기한다.

　　㉠ a→b/_______ 　┌ +자음
　　　　　　　　　　　└ +무성 "무성 자음 앞에서 a가 b로 바뀐다."

　　㉡ a→b/_______ 　┌ +자음
　　　　　　　　　　　└ −무성 "무성 자음이 아닌 자음 앞에서 a가 b로 바뀐다."

③ 자음이나 모음의 환경을 표현할 때 : '자음'이나 '모음'을 규칙에 넣을 수 있다.

　　㉠ a→b /_______ 자음(또는 a→b /_______ C) : "자음 앞에서 a가 b로 바뀐다."

　　㉡ a→b /_______ 모음(또는 a→b /_______ V) : "모음 앞에서 a가 b로 바뀐다."

제7장

음운 변동과 그 기술 방법

1. 음운 변화와 변동의 개념

1 변화와 변동

① 단어는 시간이 흐르면서 그 단어를 구성하고 있는 소리들이 변화를 겪기도 하고, 시간의 변화와는 관계없이 다른 말과 연결되면서 소리가 바뀌기도 한다.

② 변화(變化)는 시간의 흐름에 따라 소리가 달라지는 것을 의미한다.

③ 변동(變動)은 시간의 흐름과는 관계없이 연결되는 말에 따라 소리가 달라지는 것을 의미한다.

④ 이미 변화된 것은 특별한 경우가 아니라면 원래의 형태로 되돌아가지 않으나, 변동된 것은 연결되는 말이 달라지면 원래의 형태로 되돌아간다.

2 음운 변화

① 역사적으로 음운의 체계나 배열 방식이 변하거나 개별 단어의 음운이 변화하는 것이다.

② 음운 변화는 변화하는 대상이 무엇인가에 따라 음운 체계가 변화하는 것, 음운의 배열 방식이 변화하는 것, 개별 단어의 음운이 변화하는 것 등으로 나눌 수 있다.

③ 어떤 음운 변화든지 한 순간에 일어나 완료되는 일은 없다. 일정 기간 동안에 점진적으로 변화가 진행되는 것이다. 방언에 따라, 그 변화가 빠르기도 하고 늦기도 한다.

2. 음운 변화와 변동의 종류

(1) 교체

① 어느 한 소리가 다른 소리로 바뀌는 것을 의미한다. 문법서에 따라서는 '대치'라고도 한다.
② 음운 현상 : 평파열음화, 경음화, 치조비음화, 유음화, 비음화, 조음 위치 동화, 구개음화, 'ㅣ'모음 역행동화(움라우트), 모음조화, 활음화,

(2) 축약

① 둘 이상의 소리가 합쳐져 하나의 새로운 소리가 되는 것을 뜻한다.
② 음운 현상 : 'ㅎ'축약, 모음 축약

(3) 탈락

① 원래 있던 소리가 없어지는 것이다.
② 음운 현상 : 어간말 '으' 탈락, 동모음 탈락, 자음군 단순화, 'ㅎ' 탈락, 활음 탈락

(4) 첨가

① 없던 소리가 끼어드는 것을 의미한다.
② 음운 현상 : 'ㄴ' 첨가, 활음 첨가
※ 도치 : 두 소리의 순서가 바뀌는 것인데, 일상에서 흔히 일어나지는 않지만 몇 단어에서 일어난 음운 변화이다.
　예 뱃복 > 뱃곱 > 배꼽

3. 동화의 개념 및 종류

1 동화의 개념

(1) 동화

어떤 소리가 가까이 있는 다른 소리를 닮아 그것과 같거나 비슷한 소리로 바뀌는 음운 현상이다. 소리의 연결이 발음하기 어렵거나 발음할 수 없게 되어 있을 때 발음을 더 쉽게 바

꾸는 현상이다.

(2) 동화음(同化音)

동화 현상에서 다른 소리에 영향을 미쳐 동화를 일으키는 소리를 말한다. 동화주(同化主)라고도 한다.

(3) 피동화음(被同化音)

동화로 인해 바뀌는 소리를 말한다. 피동화주(被同化主)라고도 한다.

2 동화의 종류

(1) 동화음과 피동화음의 순서에 따른 분류

① 역행동화(예측동화)

동화음이 피동화음보다 뒤에 있을 때 일어나는 동화이다. 뒤에 올 소리의 발음이 미리 시작되어 앞소리에 영향을 미치는 동화를 뜻한다. 앞의 음운이 뒤의 음운의 자질에 동화되는 것이다.

예 신라→실라

② 순행동화(지연동화)

동화음이 피동화음보다 앞에 있을 때 일어나는 동화이다. 앞소리의 흔적이 남아 있다가 뒷소리에 영향을 미치는 동화를 뜻한다. 뒤의 음운이 앞의 음운의 자질에 동화되는 것이다.

예 칼날→칼랄

(2) 동화음과 피동화음의 거리에 따른 분류

① 간접동화(원격동화) : 동화음과 피동화음이 직접 붙어 있지 않을 때 일어나는 동화이다.

예 손잡이→손잽이

② 직접동화(인접동화) : 동화음과 피동화음이 직접 붙어 있을 때 일어나는 동화이다.

예 신라→실라, 믿는다→민는다, 굳이→구지 등

제8장

음운 변동(1)-교체

1. 평파열음화

1 개념

① 모든 장애음들이 음절 종성 위치에서 평파열음('ㄱ, ㄷ, ㅂ')으로 교체되는 현상이다. 평폐쇄음화라고도 한다.

② 평파열음화를 겪는 자음에는 격음, 경음, 마찰음, 파찰음 등이 포함된다.

2 평파열음화의 유형

① 평음이 아닌 소리(격음이나 경음)가 평음으로 바뀌는 '평음화'

  예 앞→압, 앞-도→압도(압또), 높-지 → 놉지(놉찌)

② 파열음이 아닌 소리(마찰음이나 파찰음)가 파열음으로 바뀌는 '파열음화'

  예 옷→옫, 옷-도→옫도(옫또), 있-다→읻다(읻따)

3 평파열음화의 특징

① 음절 종성에서 격음이나 경음이 평음으로, 마찰음이나 파찰음이 파열음으로 바뀌는 이유는 음절 종성 위치에 나타날 수 있는 자음이 불파음이어야 한다는 한국어의 특성 때문이다. 이를 음절 끝소리 규칙, 또는 말음 법칙이라고 한다.

② 한국어에서 불파음으로 발음할 수 있는 자음은 음절 종성 위치에 출현할 수 있는 'ㄱ, ㄴ, ㄷ, ㄹ, ㅁ, ㅂ, ㅇ' 7종성이다. 이 외에 경음, 격음, 마찰음, 파찰음이 음절말 위치에 오면 평음화나 파열음화를 겪는다.

2. 경음화

1 개념

경음화는 평음('ㄱ, ㄷ, ㅂ, ㅅ, ㅈ')이 일정한 환경에서 경음('ㄲ, ㄸ, ㅃ, ㅆ, ㅉ')으로 바뀌는 음운 현상이다.

2 경음화의 유형

(1) 평파열음 뒤의 경음화

① 평파열음 'ㄱ, ㄷ, ㅂ' 뒤에서 평음 'ㄱ, ㄷ, ㅂ, ㅅ, ㅈ'은 경음으로 바뀐다.

   예 국밥[국빱], 믿고[믿꼬], 밥-상[밥쌍]

② 평파열음화를 겪어 만들어진 'ㄱ, ㄷ, ㅂ' 뒤에서도 동일하게 경음화가 일어난다.

   예 깎-다→깍따, 옷-고름→온꼬름, 숱-전→숟쩐, 앞-사람→압싸람,

③ 'ㄱ, ㄷ, ㅂ'을 포함하는 'ㄺ, ㄼ, ㄾ, ㄿ' 등의 자음군 뒤에서도 동일하게 경음화가 일어난다.

   예 맑-게 → 말께, 넓-게→널께, 핥-다→할따, 읊-다→읍따

(2) 용언 어간의 말음 'ㄴ, ㅁ' 뒤의 경음화

① 동사나 형용사 어간의 말자음(末子音) 'ㄴ, ㅁ' 뒤에서 평음 'ㄱ, ㄷ, ㅅ, ㅈ'으로 시작하는 어미의 두음(頭音)은 경음으로 바뀐다.

   예 신-대[신 : 때], 감-대[감 : 때], 안고[안꼬]

② 동사나 형용사의 어간말 자음이 'ㄻ'인 경우에도 경음화가 일어난다.

   예 닮 : 습니다→닮 : 씁니다(→담 : 씁니다), 젊 : 지→젊 : 찌(→점 : 찌)

③ 용언 어간 말음 'ㄴ, ㅁ' 뒤의 경음화는 18세기 이전에는 일어나지 않았던 것으로 여겨진다.

   예 점잖다, 안기다, 감기다, 굶기다

(3) 관형사형 어미 뒤의 경음화

① 관형사형 어미 '-(으)ㄹ' 뒤에서 평음 'ㄱ, ㄷ, ㅂ, ㅅ, ㅈ'가 경음 'ㄲ, ㄸ, ㅃ, ㅆ, ㅉ'로 변하는 것이다.

예 먹을 것을→머글꺼슬, 할 바를→ 할빠를

② 관형사형 어미 중 '-(으)ㄹ' 뒤에서만 후행하는 명사의 첫소리가 경음화하고, '-는, 은/ㄴ, -던' 뒤에서는 경음화하지 않는다.

(4) 한자어의 'ㄹ' 뒤 'ㄷ, ㅅ, ㅈ'의 경음화

① /ㄹ/ 뒤에서 평음 /ㄷ, ㅅ, ㅈ/이 경음 /ㄸ, ㅆ, ㅉ/로 변한다. 이러한 변화는 'ㄹ' 뒤의 한자어, 또는 한자어 내부에서 나타난다.

예 영하 8도(또), 방년 18세(쎄), 성적 98점(쩜) / cf. 제 8과, 8반
　　갈등(갈뜽), 골동품(골똥품), 멸종(멸쫑)

② 한자어라도 /ㄹ/ 뒤에 /ㄱ, ㅂ/이 올 경우에는 경음화가 일어나지 않는다. 또한 고유어 곡용, '골드'와 같은 외래어에서도 이런 경음화는 나타나지 않는다.

예 결과, 발견, 해결되다, 빈곤

3. 치조비음화

1 개념

치조비음화란 'ㄹ'을 제외한 자음 뒤에서 'ㄹ'이 'ㄴ'으로 바뀌는 현상이다.

예 디귿 리을→디귿-니을(→디근니을), 무슨 라면→무슨 나면,
　　십 리→십-니(→심니), 결단-력→결딴-력→결딴녁, 침략→침냑

2 특징

① 뒤 음절의 'ㄹ'이 'ㄴ'으로 바뀐 발음(치조비음화)과 앞 음절의 'ㄴ'이 'ㄹ'로 바뀐 발음(유음화)이 공존하는 경우도 있다.

예 '음운론, 신라면, 온라인, 강원랜드' : 뒤 음절의 'ㄹ'을 'ㄴ'으로 바꾼 [음운논], [신나면], [온나인] [강원낸드]로, 앞 음절의 'ㄴ'을 'ㄹ'로 바꾼 [음울론], [실라면], [올라인], [강월랜드]로 발음하기도 한다.

② 앞 자음이 'ㄹ'일 때에는 뒤 음절 초성의 'ㄹ'이 'ㄴ'으로 바뀌지 않고 그대로 발음된다.

예 리을-리을, 탈-락

4. 비음화

1 개념

비음화는 비음이 아닌 평파열음 /ㅂ, ㄷ, ㄱ/이 비음 /ㅁ, ㄴ/ 앞에서 조음 위치가 같은 비음 /ㅁ, ㄴ, 이/으로 변하는 것이다.

2 특징

① 유기파열음, 경파열음, 마찰음, 파찰음, 성문음들이 평파열음화를 겪어 만들어진 'ㄱ, ㄷ, ㅂ'이나, 자음군 단순화를 겪어 두 자음 중에 하나가 줄어들어 만들어진 'ㄱ, ㄷ, ㅂ'도 비음 앞에서 비음으로 바뀐다. 이는 음절말 장애음의 비음화로 부를 수 있다.

　예 먹는[멍는], 국물[궁물], 깎는[깡는], 긁는[긍는], 닫는[단는], 짓는[진 : 는], 붙는[분는], 놓는[논는], 잡는[잠는], 밥물[밤물], 밟는[밤 : 는], 없는[엄 : 는]

② 동화음과 피동화음이 직접 연속되어 있을 때 일어나므로 직접동화이다.

③ 동화음이 피동화음보다 뒤에 있을 때 일어나므로 역행동화이다.

④ 외래어의 경우도 장애음 'ㄱ, ㄷ, ㅂ'이 비음 앞에 연결되면 비음화한다.

　예 빅-뉴스→빙뉴스, 핫-뉴스→한-뉴스→한뉴스, 톱-뉴스→톰뉴스

⑤ 비음화 규칙을 음운 자질을 써서 나타내면 다음과 같다.

　장애음→[+비음성]/ ＿＿＿＿ [+비음성] (비음 앞에서 장애음은 비음으로 바뀐다.)

5. 유음화

1 개념

'ㄴ'이 앞뒤에 있는 유음 'ㄹ'의 영향을 받아 그와 같은 소리로 바뀌는 현상이다.

2 유음화의 특징

(1) 순행적 유음화

① 앞에 있는 'ㄹ'의 영향으로 뒤에 오는 'ㄴ'이 'ㄹ'로 바뀌는 것을 말한다. 고유어, 한자어, 외래어에 상관없이 반드시 일어난다.

　예 달-님→달림, 실-내→실래, 칼-날→칼랄, 골(goal)-네트(net)→골레트

② 동사나 형용사의 어간 말 자음이 'ㄾ, ㅀ'인 경우에도 순행적 유음화가 일어난다.

  예 핥-는→할른, 뚫-네→뚤레, 닳는→달른

(2) 역행적 유음화

① 뒤에 오는 'ㄹ'의 영향으로 앞에 있는 'ㄴ'이 'ㄹ'로 바뀐다.

  예 신-라→실라

역행적 유음화는 이미 그 영향력이 많이 약화되었으며 대체로 'ㄹ'이 'ㄴ'으로 바뀌는 변동(치조비음화)이 그것을 대신하게 된다.

  예 결단-력→결딴-력→결딴녁, 무슨 라면→무슨 나면

② 고유어나 외래어는 역행적 유음화를 거의 보여주지 않는다. 대체로 치조비음화가 일어난다.

  예 니은-리을→니은니을, 다운(down)-로드(load)→다운노드

6. 구개음화

1 개념

치조음 'ㄷ, ㄸ, ㅌ'이 '이'(또는 활음 'j')로 시작되는 문법 형태소 앞에서 각각 경구개음 'ㅈ, ㅉ, ㅊ'으로 바뀌는 현상을 가리킨다.

  예 밭-이→바치, 짐받-이→짐바지, 낱낱이→난나치

2 구개음화의 특징

① 구개음화는 구개성 고모음(전설 고모음)으로 인한 자음의 동화이다. 뒤에 오는 모음 '이'가 동화음이 되고 앞에 있는 자음 'ㄷ, ㄸ, ㅌ'이 피동화음이 되는 '이'모음 역행동화 현상이다.

② 오늘날 'ㄷ' 구개음화 현상은 형태소 내부에서는 더 이상 일어나지 않는다. 용언의 어간이나 명사에 문법 형태소가 연결될 경우에만 일어난다.

3 구개음화의 종류

① 'ㄷ' 구개음화 : 뒤에 오는 '이' 또는 활음 'j'의 영향을 받아 치조음 'ㄷ, ㄸ, ㅌ'이 'ㅈ, ㅉ, ㅊ'으로 바뀐다.

예 딮→짚, 뎌것→저것, 디니다→지니다, 구디(굳이)→구지, 무티다(묻히다)→무치
다
② 'ㅎ' 구개음화 : 위의 환경에서 단어 첫머리의 'ㅎ'이 'ㅅ'으로 바뀐다.
예 형님 > 성님
③ 'ㄱ' 구개음화 : 'ㄱ, ㄲ, ㅋ'이 'ㅈ, ㅉ, ㅊ'으로 바뀐다.
예 기름 > 지름, 길다 > 질다, 끼다 > 찌다, 길 > 질, 키 > 치

7. 조음 위치 동화

1 개념

① 조음 위치 동화는 자음의 조음 방법은 변하지 않으면서 조음 위치가 변하는 것이다.
② 인접하고 있는 소리의 영향으로 조음 위치가 바뀌는 것으로 역행동화 현상이다.

2 조음 위치 동화의 종류

(1) 연구개음화

① 연구개음이 아닌 소리가 연구개음에 동화되어 연구개음이 되는 것으로 수의적으로 일
어난다.
② 유형
　㉠ 뒤에 오는 연구개음의 영향을 받아 앞에 있는 'ㄴ, ㅁ'이 'ㅇ[ŋ]'으로 교체되는 경우
　　예 신:고→싱:꼬, 감:꼬→강:꼬, 건강→겅강, 둔갑→둥갑, 반기다→방
　　기다
　㉡ 'ㄷ, ㅂ'이 'ㄱ'으로 바뀌는 경우
　　예 옷-감→온-감→옫깜→옥깜(오깜), 꽃-길→꼳-길→꼳낄→꼭낄(→꼬낄),
　　짚-고→집-고→집꼬→직꼬(지꼬), 숟가락→숙까락, 맡기다→막끼다, 접견
　　→적껸
③ 연구개음화가 일어난 발음은 현행 표준발음법에서 표준발음으로 인정하지 않는다.

(2) 양순음화

① 양순음이 아닌 소리가 양순음에 동화되어 양순음이 되는 것으로 수의적으로 일어난다.
② 유형
　　㉠ 뒤에 오는 양순음의 영향으로 앞에 있는 치조음 'ㄴ'이 양순음 'ㅁ'으로 교체되는
　　　　경우
　　　　예 기분-만→기붐만, 옷-만→옴만
　　㉡ 'ㄷ'이 오면 'ㅂ'으로 바뀌는 경우
　　　　예 곧-바로→곧빠로→곱빠로(고빠로)
　　㉢ 평파열음화로 생긴 'ㄷ'도 양순음 앞에서 'ㅂ'로 바뀐다.
　　　　예 옷-보다→옫-보다→옫뽀다→옵뽀다(오뽀다), 꽃-밭→꼳-밭→꼳빧→꼽빧
　　　　(꼬빧), 밑-판→믿판→밉판(미판)
③ 양순음화가 일어난 발음은 현행 표준발음법에서 표준발음으로 인정하지 않는다.

8. 'ㅣ'모음 역행동화

1 개념

① 'ㅣ'모음 역행동화는 뒤에 오는 전설모음 /ㅣ/나 활음 /j/의 영향을 받아 후설모음이 그
에 짝이 되는 전설모음으로 역행적으로 동화되는 현상이다.
② 동화음이 모음 'ㅣ'이기 때문에 'ㅣ'모음 역행동화라고 부르는데 구개음화도 'ㅣ'모음
역행동화이기 때문에 구별하기 위해 '전설모음화' 또는 '움라우트'라고 부르기도 한다.

2 'ㅣ'모음 역행동화의 특징

① 'ㅣ'모음 역행동화가 일어나면 발음이 더 쉽고 자연스러워진다.
② 뒤에 오는 모음 'ㅣ'나 활음 'j'가 동화음, 앞에 있는 후설모음 '아, 어, 오, 우, 으'가 피
동화음이 된다. 동화음 'ㅣ'가 피동화음보다 뒤에 있기 때문에 'ㅣ'모음 역행동화이다.
③ 'ㅣ'모음 역행동화는 피동화음과 동화음 사이에 개재 자음이 있어야 일어나는 간접동
화이다.
　　예 아기 > 애기, 아지랑이 > 아지랭이
④ 'ㅣ'모음 역행동화에서는 '아, 어, 오'뿐만 아니라 '우, 으'도 피동화음이 될 수 있지만

‘아, 어, 오’에 비해 ‘우, 으’는 ‘ㅣ’모음역행동화가 그다지 활발하지 않다.

    예 어미>애미, 고기>괴기, 죽이다>쥑이대[쥐기다], (용돈을) 드리다>디리다

⑤ ‘ㅣ’모음 역행동화는 개재 자음의 종류에 영향을 받는다. 연구개음, 양순음이 개재될
  경우 일어나고, 치조음(‘ㄹ’ 제외), 경구개음이 개재될 경우에는 일어나지 않는다.

    예 아니>*애니, 어디>*에디, 버티다>*베티다, 가시>*개시, 아씨>*애씨, 바지>*배지,
      어찌>*에찌, 고치다>*괴치다

⑥ ‘ㅣ’모음 역행동화의 조건을 모두 갖추고 있음에도 실제로 그것을 경험하지 않은 경우
  가 있다.

    예 ‘나비>*내비, 거미>*게미, 모기>*뫼기’

    ㉠ 조건을 모두 갖추었는데도 ‘ㅣ’모음 역행동화를 겪지 않은 것은 한국어의 ‘ㅣ’모음
      역행동화가 현재까지 강력한 영향력을 미치고 있는 현상이 아니라 역사적 현상이
      었던 데서 연유하는 것으로 여겨진다.

    ㉡ 이전 시기에 ‘나비, 거믜, 모긔’였음을 고려하면 ‘ㅣ’모음 역행동화는 ‘나비 > 나비,
      거믜 > 거미, 모긔 > 모기’의 변화 이전에 존재했던 현상일 가능성이 많다.

② 한국의 일부 방언에서는 아직까지 ‘ㅣ’모음 역행동화가 생명력을 유지하는 경우가
  있다.

9. 모음조화

1 개념

① 한 단어 안의 모음들 사이에서 일어나는 일종의 동화 현상으로 한 단어의 첫 모음과
  그것을 뒤따르는 모음이 성격을 같이하여 동일한 부류의 모음들끼리 서로 어울리게
  되는 현상이다.

② 어떠한 모음들이 같은 부류에 속하는지는 언어 및 시대에 따라 다르다.

2 모음조화의 특성

(1) 중세국어의 모음조화

15세기 한국어의 모음조화는 현대국어보다 더 광범위하고 엄격했다.

① '아, 오, ᄋᆞ'의 양성모음은 양성모음끼리, '어, 우, 으'의 음성모음은 음성모음끼리 어울려 배열되는 경향을 보인다.
② 모음조화는 한 형태소 내부에서, 또 명사에 조사가 붙거나 용언의 어간에 어미가 붙는 형태소 경계에서 광범위하게 이루어졌다.
　　예 '하ᄂᆞᆯ(> 하늘)' 또는 '거붑(> 거북)' - 한 형태소 내부
　　　'하ᄂᆞᆯ롤(하늘을)/거부블(거북을)' '나마(남아)/너머(넘어)' - 형태소 경계
③ 한자어나 두 형태소가 결합하여 만들어진 복합어에서는 모음조화가 지켜지지 않는 것이 일반적이었다.

(2) 현대국어의 모음조화

현대국어의 모음조화는 상당히 약화된 모습을 보여준다.
① 부사 중에서 의성어나 의태어, 그리고 몇몇 형용사에 나타난다.
　　예 소곤소곤/수군수군, 퍼렇다/파랗다
② 현대국어에서는 모음조화가 '아/어'로 시작하는 어미 정도에서만 그 명맥을 유지하게 되었다. '아, 오' 뒤에는 '-아'가, '이, 에, 애, 위, 외, 으, 어, 우' 뒤에는 '-어'가 연결된다.
　　예 잡-아→자바, 접-어→저버, 떼 : 어→떼어, 뱉 : 어→배터, 뛰-어→뛰어, 되-어→되어, 늦-어→느저, 굽-어→구버
③ 어간말 모음으로 '으'를 가지는 다음절 어간의 경우 그것에 선행하는 음절의 모음이 '아, 오'면 '-아'가 연결되고 그 이외의 모음이면 '-어'가 연결된다.
　　예 고프-아→고파, 슬프-어→슬퍼

3 모음조화와 의성 · 의태어

① 소리의 차이로 느낌의 차이를 나타내는 것을 음성상징이라 한다.
② 양성모음('아, 오') 계열은 작고 밝고 가벼운 느낌을 주지만 음성모음('어, 우') 계열은 크고 어둡고 무거운 느낌을 준다.
※ 현대국어에서 표준어는 점점 모음조화가 깨지는 방향으로 진행되고 있다. 2011년 8월에 추가된 표준어는 이러한 경향을 잘 보여준다.

기존	추가
맨송맨송	맨숭맨숭/맹숭맹숭
바동바동	바둥바둥
아옹다옹	아웅다웅

그러나 그 반대되는 예도 있다.

기존	추가
오순도순	오손도손

10. 활음화

1 개념

활음화란 단모음이 활음 w나 j로 바뀌는 것을 말한다. 하나의 음절을 형성하는 단모음이 다른 음절의 일부로 된다고 하여 비음절화(非音節化)라고도 하며, 단모음이 반모음(w나 j)으로 된다고 하여 반모음화라고도 한다.

2 'j'활음화

① 단모음 '이'가 활음 'j'로 바뀌는 교체 현상이며, 음절수가 줄어듦에 따라 보상적 장모음화가 일어난다.

  예 기-어 → 기어 → 겨 : , 비-어 → 비어 → 벼 :

② 어간의 음절수에 따라 단음절 어간의 경우에는 'j'활음화가 수의적이지만 다음절 어간의 경우 필수적이다.

  예 기-어 → 기어(0) → 겨(0), 이기-어 → 이기어(x) → 이겨(0)

③ 단음절 어간이더라도 초성이 경구개음 'ㅈ, ㅉ, ㅊ' 일 때에는 'j'활음화가 필수적으로 일어난다.

  예 찌-어 → 쪄(→쩌), 치-어 → 쳐(→처) 지-어 → 져(→저)

3 ‘w’활음화

① ‘오’나 ‘우’로 끝나는 동사나 형용사 어간 뒤에 ‘아’나 ‘어’로 시작하는 어미가 연결되면 어간 말음이 단모음(‘오, 우’)에서 활음(‘w’)으로 바뀐다.

　예 보-아→보아→봐 : , 두-어→두어→둬 :

② 교체 현상이며 보상적 장모음화를 동반한다.

③ ‘w’활음화는 어간의 음절 수와 관계없이 수의적이다.

　예 보아→보아(O), 봐(O) 두-어→두어(O), 둬(O), 돌보-아→돌보아(O), 돌봐(O), 가두-어→가두어(O), 가둬(O)

제9장

음운 변동(2)-탈락

1. 자음군 단순화

1 개념

① 자음군이 음절 종성에 위치할 때 그 자음 연쇄에서 하나의 자음이 떨어지는 현상을 가리킨다. 음성적인 음절 구조 제약 때문에 자음군에서 자음이 탈락하게 되는 음운 과정이라고 할 수 있다.

② 자음군 단순화는 두 가지 경우에 일어난다.

  ㉠ 자음군 말음 어간이 그것만으로 끝나거나 그러한 어간에 자음으로 시작하는 말이 연결될 때.

  예 값, 값도

  ㉡ 'ㄹ'말음 용언 어간에 관형사형 어미 '-ㄴ' 또는 '-ㄹ'이 연결될 때.

  예 만들-ㄴ → 만든, 만들-ㄹ → 만들

2 자음군 단순화의 특성

자음군이 단순화되는 현상은 자음군의 종류에 따라 다르다. 자음의 음운론적 성격에 따라 단순화의 방향이 결정되는데, 공명음이나 양순음(또는 연구개음)의 포함 여부가 자음군 단순화의 방향을 결정한다.

(1) 양순음이나 연구개음을 포함하되 공명음을 포함하지 않은 것 : ㄳ, ㅄ

→ 양순음이나 연구개음이 아닌 자음이 탈락한다.

예 넋-도→넉또, 값-도→갑또, 없 : 다→업 : 따, 몫도→목또, 값만→감만

(2) 공명음을 포함하되 양순음이나 연구개음을 포함하지 않은 것 : ㄵ, ㄶ, ㄽ, ㄾ, ㅀ

→공명음이 남고, 공명음이 아닌 자음이 탈락한다.

예 앉-다→안따, 많 : 네→만네, 외곬-만→외골만, 핥-다→할따, 뚫-는→뚤른

(3) 공명음도 포함하고 양순음이나 연구개음도 포함한 것 : ㄺ, ㄻ, ㄼ, ㄿ

① 자음군 'ㄺ'의 경우→'ㄱ'이 남는다.

　단, 용언의 경우 어미가 'ㄱ'으로 시작할 때는 'ㄹ'이 남는다.

　예 읽-다→익따, 닭-도→닥또, 붉게→불께,

② 자음군 'ㄼ'→'ㄹ'이 남고 'ㅂ'이 탈락한다.

　예 여덟-도→여덜또, 넓-다→널따, 넓-게→널께

　　다만 '밟 : -'만은 'ㅂ'이 남고 'ㄹ'이 떨어진다. 또, '넓둥글다, 넓죽하다'도 'ㅂ'이
　　남는다.

　예 밟 : -다→밥 : 따, 넓둥글다→넙뚱글다, 넓죽하다→넙쭈카다

③ 자음군 'ㄻ'→'ㅁ'이 남고 'ㄹ'이 떨어진다.

　예 삶 : 도→삼꼬, 젊 : -다→점 : 따, 닮고→담꼬, 닮지→담찌

④ 자음군 'ㄿ'→'ㅍ'이 남고 'ㄹ'이 탈락한다.

　예 읊다→읍따, 읊-고→읍꼬

2. 'ㅎ' 탈락

[1] 개념

'ㅎ' 탈락은 공명음과 공명음 사이에서 후음 'ㅎ'이 탈락하는 것을 의미한다. 'ㅎ'이 모음 사이나 유성 자음과 모음 사이에서 유성음화되면서 자신의 소리값대로 실현되기 어렵기 때문에 쉽게 탈락하게 된다.

2 'ㅎ' 탈락의 특징

① 'ㅎ'이 형태소의 말음(동사나 형용사 어간의 말음)일 경우 모음으로 시작하는 어미 앞
　에서 탈락한다.

예 놓-아→노아, 낳았다→나아따
② 'ㄶ'이나 'ㅀ' 어간의 경우도 탈락한다.
예 많 : -아→마나, 닳-아→다라
③ 'ㅎ'이 형태소의 두음(頭音)일 경우 그것이 공명음(모음, 비음, 유음) 뒤에 오면 흔히 탈락한다. 그러나 이는 표준발음은 아니다.
예 공부-하다→공부아다, 피곤-하다→피고나다, 실-하다→시라다

3. 어간말 '으' 탈락

1 개념

'으'로 끝나는 용언 어간의 말음 '으'가 어미 '-아/어' 앞에서 탈락하는 것을 가리킨다.
예 쓰-+어→써, 뜨-+-었-+-다→떴다, 기쁘-+-어→기뻐, 담그-+어→담가

2 '으' 탈락의 특징

① '으' 탈락은 다음절 어간의 경우에도 단음절 어간과 동일한 양상을 보인다.
예 고프-아→고파, 치르-어→치러
② 일반적으로 명사의 경우에는 조사가 연결될 때 '으' 탈락이 일어나지 않는다.
예 카드-에→카드에

4. 동모음 탈락

1 개념

용언 어간의 말음 '아'와 '어'가 어미 '-아'와 '-어' 앞에서 탈락하는 것을 말한다.
예 '가-아→가, 가-아도→가도, 가-았다→갔다', '서-어→서, 서-어도→서도, 서-었다→섰다'

2 동모음 탈락의 특징

① '으' 탈락과 마찬가지로 다음절 어간에서도 동일하게 일어난다.
예 놀라-아→놀라, 건 : 너-어→건 : 너

② 명사의 경우에는 이러한 예가 발견되지 않는다.

5. 활음 탈락

■ 개념

활음 탈락이란 특정 자음과 이중모음의 연쇄에서 이중모음을 구성하는 활음이 탈락하는 것을 말한다.

① 통시적인 활음 탈락은 형태소 내부에서 어떤 음운 뒤에 존재하던 활음이 탈락하는 것이다.

② 공시적인 활음 탈락은 형태소 경계에서 활음화에 의하여 형성된 활음이 일정한 자음 뒤에서 다시 탈락하는 것이다.

② 활음 'j' 탈락

① 경구개음 /ㅈ, ㅉ, ㅊ/ 뒤에 이중모음 '야, 여, 요, 유, 예, 얘'가 연결되면 활음 'j'가 탈락한다.

　　예 찌-어(→쪄)→쩌, 치-어(→쳐)→처, 가지-어(→가져)→가저, 다치-어(→다쳐)
　　　　→다처

② 경구개음 뒤에서의 활음 'j'의 탈락은 유사한 음성적 특징을 가진 소리가 연속되는 것을 피하기 위해 나타나는 이화(異化) 현상의 하나이다.

③ 활음 'w' 탈락

① 양순음 뒤에 이중모음 '와, 워'가 연결되면 활음 'w'가 탈락하는 것을 말한다.

　　예 보-아→봐 : →바 : , (붓-어→) 부어→붜 : →버 :

② 일상 구어에서는 'w'가 탈락한 형태가 더 많이 쓰인다.

③ 활음 'w'가 탈락한 형태는 대개 표준어로 인정되지 않는다. 다만 '뭐'를 구어적으로 이르는 말 '머'는 양순음 'ㅁ' 뒤에서 'w'가 탈락한 형태인데 표준어로 인정되어 있다.

④ 활음 'w' 탈락은 같거나 비슷한 소리가 서로 다르게 변하는 이화 현상의 하나이다.

제10장

음운 변동(3)-첨가

1. 'ㄴ' 첨가

1 개념

① 특정한 환경에서 뒤에 오는 말의 초성으로 'ㄴ'이 첨가되는 현상이다.

　㉠ 앞말이 자음으로 끝나고 뒷말이 'i' 또는 'j'로 시작하는 형태소일 경우.

　㉡ 뒷말이 어휘 형태소일 경우.

② 어떤 환경에서 'ㄴ' 첨가가 일어날 것인지를 예측하기는 어렵다. 합성어 내부에서 'ㄴ' 첨가가 일어나지 않는 예도 흔하고, 두 가지 발음이 다 가능한 예도 있기 때문이다.

　예 힘입다[히밉따], 땅임자[땅임자], 구속영장[구소경짱]~[구송녕짱]

2 'ㄴ' 첨가의 특성

① 'ㄴ' 첨가는 보통 합성어의 두 어근이 고유어인 경우에 일어난다.

② 두 말 사이에 사이시옷이 들어가면 뒷말의 첫소리로 'ㄴ'이 첨가된다.

　예 나뭇-잎→나묻-입→나묻닙(→나문닙)

③ 'ㄴ' 첨가는 'ㄷ' 첨가와는 달리 단어 내부가 아니라 단어와 단어 사이에서도 나타난다. 두 단어를 이어서 한 마디로 발음하는 경우 즉 구(句) 구성에서도 일어난다는 것이다. 그러므로 /ㄴ/첨가의 적용 영역은 억양구이다.

　예 (어제) 한 일→한닐, (내일) 할 일→할닐→할릴

④ 앞말 종성에 어떠한 자음이 오더라도 조건만 모두 충족되면 'ㄴ'이 첨가된다.

　예 색-연필 → 색년필(→생년필),　맨-입 → 맨닙,　꽃-잎 → 꼳-입 → 꼳닙(→ 꼰닙),

솜 : -이불→솜 : 니불, 홑-이불→홀-이불→혼니불(→혼니불), 밤 : -윷→
밤 : -윧→밤 : 뉻, 영업-용→영업뇽(→영엄뇽), 콩-엿→콩-녇→콩녇
⑤ 앞말의 종성이 'ㄹ'이면, 첨가된 'ㄴ'이 앞에 있는 'ㄹ'의 영향을 받아 'ㄹ'로 바뀌는 유
음화를 겪는다.
예 솔잎→솔-입→솔닙(→솔립), 물-약→물냑(→물략)

2. 활음 첨가

1 개념

활음 첨가는 특정 모음들 사이에 활음이 첨가되는 현상이다.

2 활음 'j' 첨가

① 전설모음 '이, 에, 애, 위, 외'로 끝나는 어간에 어미 '-어'가 연결되면 어간과 어미 사
이에 활음 'j'가 수의적으로 첨가된다.
예 떼-어→떼여(~떼어), 개-어→개여(~개어), 뛰-어→뛰여(~뛰어), 되-어→되여
(~되어)
② 모음으로 끝나는 명사에 호격 조사가 결합하는 경우에는 'j'가 필수적으로 첨가된다.
예 덕수+아→덕수야
③ '되어, 피어'는 'j'가 첨가된 발음 [되여, 피여]를 표준 발음으로 인정하지만 표기는 인
정되지 않는다. 그러나 북한의 맞춤법은 '이, 에, 애, 위, 외'로 끝나는 용언 어간에 연
결되는 어미를 '-여'로 적도록 규정하고 있다.

3 활음 'w' 첨가

후설 원순모음 '오, 우'로 끝나는 어간에 어미 '-아/어'가 연결되면 그 사이에 활음 'w'가
수의적으로 첨가된다.
예 보-아→보와 (~보아), 두-어→두워(~두어)

제11장

음운 변동(4)-축약

1. 모음 축약

1 개념

앞뒤 형태소의 두 음운이 합쳐져서 하나의 음운이나 음절로 소리나는 현상이다.

2 모음 축약의 특징

① '우' 말음 동사나 형용사 어간에 어미 '-어'가 연결되면 보상적 장모음화를 동반하면서 어간 말음이 'w'로 활음화한다. 그런데 일부 방언에서 자음과 이중모음 '워'가 연결되면 '오'로 축약되는 경우가 있다.

  예 두-어→둬 : →도 : , 주-어→줘 : →조 :

② 일부 방언에서 '꿩, 권투'를 '꽁, 곤투'라고 하는 것은 모음 축약을 겪은 것이다.

③ 다음과 같은 예도 음운 축약이라 할 수 있다.

  예 아+이→애, 사+이→새, 너+의→네

  그러나, 위와 예는 축약의 결과 하나의 단어로 굳어진 형태가 쓰이므로 최종 형태만 놓고 보면 변화라고 할 수 있다.

④ 다음과 같은 예는 음절 축약이지만 학교문법에서는 축약으로 보고 있다. 하지만 음소 차원에서는 단모음이 활음으로 바뀌는 교체로 볼 수 있다.

  예 보이어→보여, 오+아서→와서

2. 'ㅎ' 축약

1 개념

'ㄱ, ㄷ, ㅂ, ㅈ'과 같은 평음과 'ㅎ'이 만나 'ㅋ, ㅌ, ㅍ, ㅊ'과 같은 거센소리, 즉 격음이
되는 음운 현상이다. 격음화라고도 한다.

2 배열 순서에 따른 'ㅎ' 축약의 종류

평음과 'ㅎ'이 만날 때 'ㅎ'이 앞에 오느냐 뒤에 오느냐에 따라 구분한다.

① 'ㅎ'이 평음보다 앞에 있는 경우 : 순행적 'ㅎ' 축약 또는 순행적 격음화라고도 한다.

   예 놓-고→노코, 많-고→만코, 좋 : -던→조 : 턴, 쌓-지→싸치

   'ㄶ', 'ㅀ' 어간의 경우도 마찬가지이다.

   예 않-던→안턴, 닳-지→달치

② 'ㅎ'이 평음보다 후행하는 경우 : 'ㅎ'이 선행하는 평음과 축약되며, 역행적 'ㅎ' 축약
   또는 역행적 격음화라고 한다.

   예 떡-하다→떠카다, 옷 한 벌→오탄벌, 산 : 업-혁명→사 : 너평명

제12장

맞춤법

1. 한글 맞춤법의 필요성

1 국어 생활의 통일성과 간편성

(1) 한글 맞춤법은 통일된 국어 생활을 위하여 필요하다.

(2) 한글 맞춤법은 간편한 국어 생활을 위하여 필요하다.

2 국어의 보존과 발전

(1) 한글 맞춤법은 사전 편찬을 위해서도 필요하다.

(2) 사전 편찬은 국어의 보존과 발전을 위한 기반이 된다.

[참고] 이극로(1935), '한글 통일 운동의 사회적 의의' 〈신동아〉 1935.11.

ㄱ. 인류 문화는 말과 글을 통하여 발달된 것이다. 공간적으로 시간적으로 생각을 널리 펴고 오래 전하는 것은 오직 말과 글의 힘이다. 이와 같이 중대한 사명을 가진 어문이 복잡한 생각을 나타낼 적에 조금이라도 분명하지 못한 점이 있다면 독자에게 얼마나 큰 해를 끼칠 것은 훤한 일이다.

ㄴ. 철자법 통일 : 자형을 통일하는 것을 이르는 것이니 음의 이치와 어법과 어원을 살펴서 철자(글자를 깁는 방법)하는 법을 통일시켜야 비로소 말과 글의 가치를 나타내게 된다.

ㄷ. 표준어 통일 : 어느 민족을 물론하고 표준어가 있는 반면에 방언 곧 사투리가 있다. 조선말은 여태까지 표준어가 없어 말을 함부로 쓰고 있다. 그런데 조선어학회에서 수년 전에 철자법 통일안을 완성하고 이어서 표준어 사정에 착수하였다.

ㄹ. 어법 통일 : 품사의 분류가 통일되어야 할 것이다.

2. 한글 맞춤법 제정 및 변천

1 국어 통일의 필요성 및 <한글마춤법통일안>

(1) 1890년대 이후 한글이 널리 보급되면서 혼란스러운 표기를 통일해야 할 필요성이 널리 제기되었다.

(2) 1907년 학부 내에 '국문연구소'가 설치되고, 1909년 <국문연구의정안>이 만들어졌으나 실행되지 못하였다.

(3) 일제 강점기 조선어학회에서 <우리말사전>을 편찬하기 위한 방편으로 규범을 제정하고자 하였다.

(4) 1933년 '조선어학회'에서는 최초의 맞춤법인 <한글마춤법통일안>을 제정하였다.

2 현행 맞춤법

(1) 이 맞춤법은 6차례 수정을 거쳐 널리 사용되었으나, 1970년 문교부 산하 국어심의회에서 규범을 재사정하기 시작하였는데, 이 업무는 문교부 산하 국어연구소로 옮겨져 1988년, 현재 사용하는 문교부 고시 88-1호로 <한글맞춤법>이 공포되었다.

(2) 언어 정책은 국가나 정부를 배경으로 하기 때문에, 국가 차원에서 국어 생활의 통일을 위한 정책을 펼쳐가는 것은 자연스러운 일이다. 이 점에서 남북한의 통일이 이루어질 경우 '통일 규범'이 필요하게 된다.

3. 한글 맞춤법 제정 원리 (총칙)

■1 제1장 총칙 제1항

> 한글 맞춤법은 표준어를 소리대로 적되, 어법에 맞도록 함을 원칙으로 한다.

(1) 표준어 : 한글 맞춤법의 대상이 되는 언어를 표준어로 함을 밝혔다.

〈현행 표준어 설정의 기준〉 교양 있는 사람들이 두루 쓰는 현대 서울말

표준어	방언
1. 통합성	1. 분열성
2. 성문화(규범성)	2. 비성문화(비규범성)
3. 고정된 변종	3. 고정되지 않은 변종
4. 통용성	4. 비통용성
5. 정교성	5. 비정교성
6. 정치 · 사회 중심어	6. 지역성(특정 지역어)
7. 문어 · 구어 간 양자의 비중이 비슷함	7. 구어 중심 · 문어 약세
8. 권위가 있음	8. 권위가 없음
9. 친밀성이 작음	9. 친밀성이 큼
10. 인위어	10. 자연적

― 이상규, 〈국어방언학〉, 학연사

- 표준어는 국어의 통일을 위해 제정한 언어이다.
- 표준어는 자연 상태의 언어가 아니라 인위적으로 설정한 언어이다.
- 표준어와 방언은 각각의 가치를 지니고 있다.

(2) 소리대로 적기 : 발음과 표기가 일치하지 않을 때, 소리대로 적는 것을 기본으로 삼는다. 그 이유는 본래 발음과 표기가 일치했던 것들도 시간이 흐르면서 발음과 표기가 달라질 수 있는데, 실제의 언어생활에서는 소리(구어)를 중심으로 하기 때문이다.

(3) 어법에 맞게 적기 : 어법을 고려함은 말을 쓰는 방법이나 글을 쓰는 방법을 지켜야 함을 의미한다. 언어는 의사소통을 위해 일정한 체계와 규칙을 갖게 되는데, 이 규칙에 따라

소리가 변하게 된다. 예를 들어 일정한 단어의 소리가 일정한 환경에 따라 변하게 될 때, 변한 소리대로 적는다면 혼란이 심해질 수 있다. 이런 경우 '어법'을 지켜 쓰도록 하면 합리적이다.

예 값 →[갑] / __ #　　　　　　책값　　　　　-책갑
　　→[감] / __[콧소리]　　값만 비싸다.　-감만 비싸다.
　　→[값] / __[모음]　　　값이 비싸다.　-갑시 비싸다.

이 경우 소리만 고집하여 한 단어인 '값'을 세 개로 표기한다면 몹시 혼란스러울 것이다.

2 제1장 총칙 제2항

> 문장의 각 단어는 띄어 씀을 원칙으로 한다.

(1) '단어'는 '자립하여 뜻을 갖는 최소의 언어 단위'이다. 언어 생활의 대부분은 자립하는 단어를 기본으로 이루어진다.
(2) 국어 생활에서 띄어쓰기가 중요함을 의미한다.

3 제1장 총칙 제3항

> 외래어는 '외래어 표기법'에 따라 적는다.

(1) <한글마춤법통일안>(1933)이 제정될 당시 외래어 표기와 관련된 규정도 <통일안>에 들어 있었다.
(2) 외래어가 급증하면서 이에 대한 표기법을 별도로 정할 필요가 있음을 의미한다.

4. 한글 맞춤법의 구성과 내용

현행 맞춤법은 모두 6장 57항으로 구성되어 있다.
　제1장 총칙, 제2장 자모, 제3장 소리에 관한 것, 제4장 형태에 관한 것, 제5장 띄어쓰기, 제6장 그 밖의 것, 부록

<틀리기 쉬운 맞춤법>

(1) 자모 규정에 관한 것

제4항의 명칭 가운데 ㄱ(기역), ㅅ(시옷), ㅋ(키읔), ㅎ(히읗)의 명칭을 정확히 기억하지 못하는 경우가 많다. 이 가운데 ㅎ(히읗)의 발음은 [히은]이 된다. 한글 자모의 명칭은 최세진의 『훈몽자회』에서 비롯되었다. 이 책은 아동을 가르치기 위한 목적으로 만든 책으로, 자음과 모음의 명칭을 소리 나는 자리에 따라 부여하였다. 예를 들어 ㄱ은 '긔(其)'의 첫소리와 '역(役)'의 끝소리인 셈이다. 이러한 원리에 따라 'ㄱ, ㄴ, ㄷ, ㄹ, ㅁ, ㅂ, ㅅ, ㆁ'은 초종성 통용 8자로, 'ㅈ, ㅊ, ㅋ, ㅌ, ㅍ, ㅎ, ㆆ, ㅿ'는 초성 독용 8자로 명명하였다. 한글 자모 명칭의 유래에 따라, 'ㄱ, ㄷ, ㅅ'은 최세진이 부여한 명칭을 사용하며, 다른 자음은 그 형태를 통일하였다.

(2) 소리에 관한 것

제3장 소리에 관한 것은 모두 6절로 구성되어 있다. 이 가운데 자주 틀리는 것에는 제1절 된소리, 제3절 'ㄷ'소리 받침, 제4절 모음, 제5절 두음법칙, 제6절 겹쳐나는 소리가 있다. 좀 더 자세히 살펴보면 다음과 같다.

① 제5항 된소리 : 한 단어 안에서 뚜렷한 까닭 없이 나는 된소리는 다음 음절의 첫소리를 된소리로 적는다. 다만 'ㄱ,ㅂ' 받침 뒤에서 나는 된소리는, 같은 음절이나 비슷한 음절이 겹쳐나는 경우가 아니면 된소리로 적지 아니한다.

- 된소리로 적음 : 소쩍새, 어깨, 오빠, 으뜸, 아끼다, 기쁘다, 깨끗하다, 산뜻하다, 잔뜩, 살짝, 훨씬, 담뿍, 움찔, 몽땅, 엉뚱하다.
- 된소리로 적지 아니함 : 국수, 깍두기, 딱지, 색시, 싹둑, 법석, 갑자기, 몹시

이 규정에서는 '깍두기'를 '깎두기'로 잘못 적는 사례가 많다. 그 이유는 '깍두기'를 '깎+두기'로 잘못 생각하기 때문으로 보인다. 곧 '깎다'의 뜻을 갖는 어근에 '두기'라는 접사가 붙은 것으로 막연하게 생각하는 셈이다. 그러나 '두기'라는 접사는 존재하지 않으며, '깍두기'의 어원을 정확하게 밝힐 수 없으므로 '깍두기'로 적어야 한다.

② 제6항 'ㄷ'소리 받침 : 'ㄷ'소리로 나는 받침 중에서 'ㄷ'으로 적을 근거가 없는 것은 'ㅅ'으로 적는다.

• 덧저고리, 돗자리, 엇셈, 웃어른, 핫옷, 무릇, 사뭇, 얼핏, 자칫하면, 뭇, 옛, 첫, 헛

이 규정에서 '웃어른'과 '덧저고리'를 '운어른, 덛저고리'로 잘못 적는 사례가 간혹 있다. 이 또한 규범을 익히지 않은 상태에서 소리 나는 대로 적은 셈이다.

③ 제9항 모음 : '의'나, 자음을 첫소리로 가지고 있는 음절의 'ㅢ'는 'ㅣ'로 소리 나는 경우가 있더라도 'ㅢ'로 적는다는 규정에서 혼동을 겪는 사람이 많다.(ㄱ을 취하고 ㄴ을 버림)

ㄱ	ㄴ	ㄱ	ㄴ	ㄱ	ㄴ
의의	의이	본의	본이	무늬	무니
보늬	보니	오늬	오니	하늬바람	하니바람
닁큼	닝큼	띄어쓰기	띠어쓰기	늴리리	닐리리
틔어	티어	씌어	씨어	희다	히다 (흰색 힌색)
유희	유히				

이 규정은 모음 체계의 변화와 깊은 관련이 있다. 언어가 의사 소통에 기여할 수 있는 이유는 체계성을 갖기 때문이다. 체계란 '선택 가능항의 집합'이라고 정의된다. 곧 유사한 자질을 갖고 있는 소리들이 모여 체계를 이루는 셈인데, 국어 모음 체계에서 겹홀소리였던 'ㅔ, ㅐ, ㅚ, ㅟ'가 홑홀소리로 바뀌면서, 'ㅣ'가 뒤따르는 겹홀소리는 'ㅢ'만 남게 되었다. 그 결과 이 소리는 불안정한 소리가 되었으며, 소리가 불안하기 때문에 표기를 잘못 하는 경우가 많아졌다.

④ 제10항 ~ 제12항 두음법칙 : 단어의 첫머리에 오는 'ㄴ'은 'ㅣ'나 반홀소리 'ㅣ' 앞에서 탈락한다. 또한 'ㄹ'은 단어의 첫머리에서 'ㄴ'으로 바뀐다. 이 규정은 제10항부터 제12항까지 규정되어 있다. 그런데 이 규정은 <붙임>과 '다만'이라고 설정된 규정에서 혼동을 겪기 쉽다. 두음법칙의 환경을 정리하면 다음과 같다.

ㄱ. 'ㄴ' 두음법칙의 일반적 조건 : 'ㄴ'소리는 단어 첫머리에 오면서, 'ㅣ'모음이나 반모음 'ㅣ'(ㅑ, ㅕ, ㅛ, ㅠ와 같은 모음) 앞에 올 경우 탈락한다.

ㄴ. 'ㄹ' 두음법칙의 일반적 조건 : 'ㄹ'소리가 단어 첫머리에 올 경우는 'ㄴ'소리로 적는다.

ㄷ. 의존 명사의 경우 : 의존 명사는 두음법칙을 적용하지 아니하고, 본음대로 적는다.

ㄹ. 제10항 <붙임2> 접두사처럼 쓰이는 한자가 붙어서 된 말이나 합성어에서, 뒷말의 첫소리가 'ㄴ'소리로 나더라도 두음법칙에 따라 적는다.

ⓔ 신여성, 공염불, 남존여비

ㅁ. 제11항 <붙임4> 접두사처럼 쓰이는 한자가 붙어서 된 말이나 합성어에서 뒷말의 첫
소리가 'ㄴ' 또는 'ㄹ'소리가 나더라도 두음법칙에 따라 적는다.
ⓔ 역이용, 연이율, 열역학, 해외여행

ㅂ. 제12항 <붙임2> 접두사처럼 쓰이는 한자가 붙어서 된 단어는 뒷말을 두음법칙에 따
라 적는다.
ⓔ 내내월, 상노인, 중노동, 비논리적

ㅅ. 제11항 : 모음이나 'ㄴ'받침 뒤에 이어지는 '렬, 률'은 '열, 율'로 적는다.
ⓔ 나열, 치열, 비열, 규율, 비율, 실패율, 분열, 선열, 진열, 선율, 전율, 백분율

이 규정에서는 의존 명사와 관련된 규정(의존 명사는 두음법칙을 적용하지 않음), 접두사
처럼 쓰이는 한자어 규정, '열, 율' 규정에서 잘못 적는 사례가 있다. 특히 '성장률'과 같이
유성음 받침으로 끝난 한자어에서 '성장율'로 적는 경우가 있다.

⑤ 제13항 겹쳐나는 소리 : 한 단어 안에서 같은 음절이나 비슷한 음절이 겹쳐 나는 부분
은 같은 글자로 적는다.

딱딱, 쌕쌕, 씩씩, 연연불망, 유유상종, 누누이

(3) 형태에 관한 것

형태에 관한 것은 제1절 체언과 조사, 제2절 어간과 어미, 제3절 접미사가 붙어서 된 말,
제4절 합성어 및 접두사가 붙은 말, 제5절 준말로 구성되어 있다. 이 부분에서는 틀리기 쉬
운 규정이 많은데 좀더 자세히 살펴보기로 한다.

① 제15항 <붙임1> 두 개의 용언이 어울려 한 개의 용언이 될 적에, 앞말의 본뜻이 유
지되고 있는 것은 그 원형을 밝히어 적고, 그 본뜻에서 멀어진 것은 밝히어 적지 아
니한다.

ㄱ. 본뜻이 유지되고 있는 것 : 넘어지다, 늘어나다, 늘어지다, 돌아가다, 되짚어가다,
들어가다, 떨어지다, 벌어지다, 엎어지다, 접어들다, 틀어지다, 흩어지다

ㄴ. 본뜻에서 멀어진 것 : 드러나다, 사라지다, 쓰러지다

② 제15항 <붙임2>, <붙임3> 종결형 어미 '-오'와 연결형 어미 '-이요'

ㄱ. 종결형에서 사용되는 '-오'는 '-요'로 소리 나는 경우가 있더라도 그 원형을 밝혀
'-오'로 적는다.

<맞음>	<틀림>	<맞음>	<틀림>
이것은 책이오	이것은 책이요	이리로 오시오	이리로 오시요
안녕히 가십시오	안녕히 가십시요	낙서를 하지 마십시오	낙서를 하지 마십시요

ㄴ. 연결형에서 사용되는 '-이요'는 '-이요'로 적는다.

<맞음> 이것은 책이요, 저것은 붓이요, 또 저것은 먹이다.
<틀림> 이것은 책이오, 저것은 붓이오, 또 저것은 먹이다.

③ 제17항 어미 뒤에 덧붙는 조사 '요'는 '요'로 적는다.

　　읽어　읽어-요,　참으리　참으리-요,　좋지　좋지-요

　간혹 어미와 조사를 구분하지 못하는 사람도 있는데, 어미는 활용어 어간 뒤에 붙는 형태소이며, 조사는 체언이나 종결어미 뒤에 붙는 형태소이다. 일반적으로 조사는 생략이 가능하지만, 어미는 생략할 수 없다.

　④ 제18항 다음과 같은 용언들은 어미가 바뀔 경우, 그 어간이나 어미가 원칙에서 벗어나면 벗어나는 대로 적는다.

ㄱ. 어간의 끝 'ㄹ'이 줄어질 적
　예 갈다　가니　간　갑니다　가시다　가오
　<붙임> 마지못하다, 마지않다, (하)다마다, (하)자마자, (하)지 마라와 같은 표현에서도
　　　　준 대로 적는다.
ㄴ. 어간의 끝 'ㅅ'이 줄어질 적
　예 긋다　그어　그으니　그었다
ㄷ. 어간의 끝 'ㅎ'이 줄어질 적
　예 그렇다　그러니　그럴　그러면
　** '하얗다, 까맣다'와 같은 색채 표현 낱말에서 '하얗니, 까맣니'와 같이 잘못 쓰는
　　　경우가 많다.
ㄹ. 어간의 'ㅂ'이 'ㅜ'로 바뀔 적
　예 깁다　기워　기우니
　** '괴롭다, 아름답다'와 같이 어간이 2음절 이상인 경우는 어미 '-어'를 선택하며,
　　　'돕다, 곱다'와 같이 어간이 단음절일 경우는 '-아'를 선택한다. : 괴로워, 아름다
　　　워, 고와, 도와

⑤ 제19항 어간에 '-이'나 '-음/ㅁ'이 붙어서 명사로 된 것과 '-이'나 '-히'가 붙어서 부사로 된 것은 그 어간의 원형을 밝히어 적는다. 다만 어간에 '-이'나 '-음'이 붙어서 명사로 바뀐 것이라도 그 어간의 뜻과 멀어진 것은 원형을 밝히어 적지 아니한다.

> ㄱ. 밝히어 적음 : 길이, 깊이, 높이, 다듬이, 땀받이, 달맞이, 먹이, 미닫이, 벌이, 벼훑이, 살림살이, 쇠붙이('-이'가 붙어 명사가 됨) 걸음, 묶음, 믿음, 얼음, 엮음, 울음, 웃음, 졸음, 죽음, 앎, 만듦('-음/ㅁ'이 붙음) 같이, 굳이, 길이, 높이, 많이, 실없이, 좋이, 짓궂이('-이'가 붙어 부사가 됨) 밝히, 익히, 작히('-히'가 붙어 부사가 됨)
>
> ㄴ. 밝히어 적지 아니함 : 굽도리, 다리, 목거리, 무녀리, 코끼리, 거름[비료], 고름[농(膿)] 노름[도박]
>
> ㄷ. <붙임> 어간에 '-이'나 '-음' 이외의 모음으로 시작된 접미사가 붙어서 다른 품사로 바뀐 것은 그 어간의 원형을 밝히어 적지 아니한다. : 귀머거리, 까마귀, 너머, 뜨더귀, 마감, 마개, 마중, 무덤, 비렁뱅이, 쓰레기, 올가미, 주검(명사로 바뀜) 거뭇거뭇, 너무, 도로, 뜨덤뜨덤, 바투, 불긋불긋, 비로소, 오긋오긋, 자주, 차마(부사로 바뀜), 나마,부터, 조차(조사로 바뀜)

⑥ 제21항 명사나 혹은 용언의 어간 뒤에 자음으로 시작된 접미사가 붙어서 된 말은 그 명사나 어간의 원형을 밝히어 적는다.

> ㄱ. 명사 뒤에 자음으로 시작된 접미사가 붙어서 된 것 : 값지다, 홑지다, 넋두리, 빛깔, 옆댕이, 잎사귀
>
> ㄴ. 어간 뒤에 자음으로 시작된 접미사가 붙어서 된 것 : 낚시, 늙정이, 덮개,
>
> ㄷ. 다만 다음과 같은 말은 소리대로 적는다 : 할짝거리다. 널따랗다, 널찍하다, 말끔하다, 말쑥하다, 실쭉하다, 실큼하다, 알따랗다, 얄팍하다, 짤따랗다, 짤막하다, 실컷(겹받침의 끝소리가 드러나지 아니하는 것) 넙치, 올무, 골막하다, 납작하다 (어원이 분명하지 아니하거나 본뜻에서 멀어진 것)

이 규정에서는 겹받침 끝소리가 드러나지 아니하는 것은 잘못 적는 경우가 많다. 예를 들어 '짤따랗다'를 '짧다랗다'와 같이 잘못 적는다. 그 이유는 '짧다'가 겹받침이기 때문으로 보인다.

⑦ 제23항 '-하다'나 '-거리다'가 붙는 어근에 '-이'가 붙어서 명사가 된 것은 그 원형을 밝히어 적는다.

ㄱ. 원형을 밝히어 적음 : 깔쭉이, 꿀꿀이, 눈깜짝이, 더펄이, 배불뚝이, 삐죽이, 살살이, 쌕
    쌕이, 오뚝이, 납작이, 푸석이, 홀쭉이
ㄴ. <붙임> '-하다'나 '-거리다'가 붙을 수 없는 어근에 '-이'나 또는 다른 모음으로 시
    작되는 접미사가 붙어서 명사가 된 것은 그 원형을 밝히어 적지 아니한다. : 개구리,
    귀뚜라미, 기러기, 깍두기, 꽹과리, 날라리, 누더기, 동그라미, 두드러기, 딱따구리, 매
    미, 부스러기, 뻐꾸기, 얼루기, 칼싹두기

이 규정에서는 '깔쭈기, 오뚜기'와 같이 잘못 적는 사례가 나타난다. 그 이유는 소리 나는
대로 적기 때문이다. 더욱이 상호 이름으로 '오뚜기'를 사용하는 회사가 있다는 점도 요인으
로 작용하는 듯하다.

⑧ 제24항 '-거리다'가 붙을 수 있는 시늉말 어근에 '-이다'가 붙어서 된 용언은 그 어근
을 밝히어 적는다.

꾸벅이다 끄덕이다 뒤척이다 들먹이다 망설이다 번득이다 번쩍이다 숙덕이다
울먹이다 움직이다 지껄이다 퍼덕이다 허덕이다 헐떡이다

이 규정과 관련하여 잘못 적는 사례는 별로 없다. '망설이다, 움직이다, 지껄이다'는 '-거
리다'가 붙을 수 없는 말처럼 생각하기 쉽다. 그러나 문학 작품에서 '망설거렸다'는 표현은
비교적 자주 나온다.

⑨ 제25항 '-하다'가 붙는 어근에 '-히'나 '-이'가 붙어서 부사가 되거나, 부사에 '-이'가
붙어서 뜻을 더하는 경우에는 그 어근이나 부사의 원형을 밝히어 적는다.

ㄱ. '-하다'가 붙는 어근에 '-히'나 '-이'가 붙는 경우 : 급히, 꾸준히, 도저히, 딱히, 어렴
    풋이, 깨끗이
ㄴ. <붙임> '하다'가 붙지 않은 경우에는 소리대로 적는다. : 갑자기, 반드시(꼭), 도저히
ㄷ. 부사에 '-이'가 붙어서 역시 부사가 되는 경우 : 곰곰이, 더욱이, 생긋이, 오뚝이, 일찍
    이, 해죽이

<붙임>의 '반드시'는 '반듯하다'에서 파생된 '반듯이[똑바로]'와는 다른 뜻의 단어이다.
예를 들어 '책을 반듯하게 놓아라.'라는 표현에서 '반듯하게'에 해당하는 부사는 '반듯이'이
다. '반드시'는 '꼭'이라는 뜻을 갖는다.

⑩ 제30항 이 규정은 사이시옷 규정으로 비합리적인 면이 많다는 지적을 받는 항목이기도

하다. 다음과 같이 정리하여 익히는 것이 효율적이다.

ㄱ. 공통 조건 : 합성어로서 앞말이 모음으로 끝날 것
ㄴ. 순 우리말로 된 경우, 혹은 순 우리말과 한자어로 된 합성어의 경우
　㉠ 뒷말의 첫소리가 된소리로 남 : 고랫재, 귓밥, 귓병, 머릿방 (고래+재→[고래째])
　㉡ 뒷말의 첫소리가 'ㄴ,ㅁ' 앞에서 'ㄴ'이 덧남 : 멧나물, 아랫니, 제삿날 (메+나물
　→[멘나물])
　㉢ 뒷말의 첫소리 모음 앞에서 'ㄴㄴ'소리가 덧나는 것 : 도리깻열, 뒷일, 훗일 (뒤+일
　　→[뒨닐])
ㄷ. 두 음절로 된 다음 한자어 : 곳간(庫間), 셋방(貰房), 숫자(數字), 찻간(車間), 툇간(退間),
　횟수(回數)

이 규정에서는 두 음절로 된 한자어와 관련하여 잘못 적는 경우가 많다. 이는 말소리와 표기가 일치하지 않기 때문이다. 예를 들어 '대가, 허점, 이점'을 '댓가, 헛점, 잇점' 으로 적는다. 또한 '셋방'이나 '찻간'은 두 음절의 한자어이지만, '전세방'이나 '기차간'은 세 음절이다. 따라서 같은 단어를 포함하고 있더라도, 세 음절 합성어가 됨으로써 'ㅅ'을 적지 않는다는 점을 유의할 필요가 있다.

(4) 준말

형태에 관한 것 가운데 제5절 준말은 잘못 쓰기 쉬운 경우가 많다.

① 제32항 단어의 끝 모음이 줄어지고 자음만 남은 것은 그 앞의 음절에 받침으로 적는다.

기러기아(기럭아), 어제그저께(엊그저께), 어제저녁(엊저녁), 온가지(온갖), 가지고(갖고)

이 규정은 ( ) 안의 표기가 준말이다. 이 때 '엊그저께, 온갖'을 '엇그저께, 온갓'으로 잘못 적는 경우가 있다. 줄어진 형태가 무엇인지를 고려하지 않기 때문에 나타나는 현상이다.

② 제33항 체언과 조사가 어울려 줄어지는 경우에는 준 대로 적는다.

그것은(그건)　그것으로(그걸로)　나는(난), 너는(넌)　그것이(그게)　무엇을(뭣을/무얼/뭘)

③ 제34항 모음 'ㅏ, ㅓ'로 끝난 어간에 '-아/어-, -았/었-'이 어울릴 적에는 준 대로 적는다.

ㄱ. 가아(가) 나아(나) 타아(타) 서어(서) 켜어(켜) 펴어(펴) : 이 때는 구어체와 문어체
　상관없이 준 말이 더 자주 쓰인다.
ㄴ. 가았다(갔다) 나았다(났다) 타았다(탔다) 서었다(섰다) : 이 경우도 준 말이 자주 쓰인
　다.
ㄷ. <붙임> 'ㅐ, ㅔ' 뒤에 '-어-, -었-'이 어울려 줄 적에는 준 대로 적는다. : 개어(개),
　내어(내) 개었다(갰다), 내었다(냈다) 베었다(벴다) 세었다(셌다)
ㄹ. '하여'가 한 음절로 줄어서 '해'가 될 적에는 준 대로 적는다 : 하여(해) 더하여(더해)
　흔하여(흔해)

④ 제35항 : 모음 'ㅗ, ㅜ'로 끝난 어간에 '-아/어-, -았/-었-'이 어울려 'ㅘ/ㅝ, 왔/웠'으로
될 때에는 준 대로 적는다.

ㄱ. ㅘ/ㅝ : 꼬아(꽈) 보아(봐) 쏘아(쏴) 두어(둬) 쑤어(쒀) 주어(줘)
ㄴ. 왔/웠 : 꼬았다(꽜다) 보았다(봤다) 쏘았다(쏬다) 두었다(뒀다) 쑤었다(쒔다) 주었다
　(줬다)
ㄷ. <붙임1> '놓아'가 '놔'로 줄 적에는 준 대로 적는다.
ㄹ. <붙임2> 'ㅚ' 뒤에 '-어-, -었-'이 어울려 '왜, 왰'으로 될 적에도 준 대로 적는다.
　괴어(괘) 되어(돼) 뵈어(봬) 쇠어(쇄) 쐬어(쐐) 괴었다(괬다) 되었다(됐다)
　** 이 경우 '돼'를 '되'로, '되어'를 '돼어'로 잘못 적는 경우가 매우 빈번하다.

⑤ 제37항 'ㅏ, ㅕ, ㅗ, ㅜ, ㅡ'로 끝난 어간에 '-이-'가 와서 각각 'ㅐ, ㅖ, ㅚ, ㅟ, ㅢ'로
줄 적에는 준 대로 적는다.

싸이다(쌔다) 펴이다(폐다) 보이다(뵈다) 누이다(뉘다) 뜨이다(띄다) 쓰이다(씌다)

⑥ 제38항 'ㅏ, ㅗ, ㅜ, ㅡ' 뒤에 '-이어'가 어울려 줄어질 적에는 준 대로 적는다.

싸이어(쌔어/싸여) 보이어(뵈어/보여) 쏘이어(쐬어/쏘여) 누이어(뉘어/누여)
뜨이어(띄어/뜨여) 쓰이어(씌어/쓰여) 트이어(틔어/트여)

이 경우는 준 말이 두 형태로 표기될 수 있으므로 유의해야 한다.
⑦ 제39항 어미 '-지' 뒤에 '않-'이 어울려 '-잖-'이 될 적과 '하지' 뒤에 '않-'이 어울려
'-찮-'이 될 적에는 준 대로 적는다.

그렇지 않은(그렇잖은)   적지 않은(적잖은)   만만하지 않다(만만찮다)
변변하지 않다(변변찮다)

이 규정에서는 '-잖-, -찮-'을 '-쟎-, -챦-'으로 잘못 적는 경우가 자주 나타난다. 그 이유는 '-지 않-'이 줄어질 때, 'ㅣ'와 'ㅏ'가 합쳐져 'ㅑ'가 된다고 생각하기 때문이다. 그러나 우리말에서는 'ㅅ, ㅈ, ㅊ' 다음에 오는 겹홀소리가 홑홀소리로 바뀌어 발음되는 현상이 있다.

⑧ 제40항 어간의 끝음절 '하'가 줄고 'ㅎ'이 다음 음절의 첫소리와 어울려 거센소리로 될 적에는 거센소리로 적는다.

ㄱ. 준말 : 간편하게(간편케)   연구하도록(연구토록)   가하다(가타)   다정하다(다정타)   정결
   하다(정결타)   흔하다(흔타)
ㄴ. <붙임1> 'ㅎ'이 어간의 끝소리로 굳어진 것은 받침으로 적는다.
   않다   않고   않지   않든지   아무렇다   아무렇고   아무렇지   아무렇든지
   그렇다   그렇고   그렇지   그렇든지   어떻다   어떻고   어떻지   어떻든지
   ** 이러한 말은 '하다'가 준 말이다. '않다'는 '아니하다', '아무렇다'는 '아무러하다'
      의 준말이다.
ㄷ. <붙임2> 어간의 끝음절 '하'가 아주 줄 적에는 준 대로 적는다.
   거북하지   거북지   생각하건대   생각건대   못하지 않다   못지 않다
ㄹ. 다음과 같은 부사는 소리대로 적는다 : 결단코, 결코, 기필코, 무심코, 아무튼, 요컨대,
   정녕코, 필연코, 하마터면, 하여튼, 한사코

(5) 그 밖의 것

① 제51항 부사의 끝음절이 분명히 '이'로만 나는 것은 '-이'로 적고, '히'로만 나거나 '이'
   나 '히'로 나는 것은 '-히'로 적는다.

ㄱ. '이'로만 나는 것 : 가붓이, 깨끗이, 나붓이, 느긋이, 둥긋이, 따뜻이, 반듯이, 버젓이,
   산뜻이, 의젓이, 가까이, 고이, 날카로이, 대수로이, 번거로이, 많이, 적이, 헛되이, 겹
   겹이, 번번이, 일일이, 집집이, 틈틈이
ㄴ. '히'로만 나는 것 : 극히, 급히, 딱히, 속히, 작히, 족히, 특히, 엄격히, 정확히
ㄷ. '이, 히'로 나는 것 : 솔직히, 가만히, 간편히, 나른히, 무단히, 각별히, 소홀히, 쓸쓸히,
   정결히, 과감히, 꼼꼼히, 심히, 열심히, 급급히, 답답히, 섭섭히, 공평히, 능히, 당당히,
   분명히, 상당히, 조용히, 간소히, 고요히, 도저히
** 이 항목에서 '깨끗이'와 같은 경우 [깨끄시]로 발음해야 하며, [깨그치]로 발음하는 것
   은 잘못된 발음이다. 발음을 잘못하는 경우가 많기 때문에 유의해야 한다.

② 제52항 한자어에서 본음으로도 나고 속음으로도 나는 것은 각각 그 소리에 따라 적
는다.

<table>
<tr><td>(본음으로 나는 것)</td><td>(속음으로 나는 것)</td></tr>
<tr><td>승낙(承諾)</td><td>수락(受諾), 쾌락(快諾), 허락(許諾)</td></tr>
<tr><td>만난(萬難)</td><td>곤란(困難), 논란(論難)</td></tr>
<tr><td>안녕(安寧)</td><td>의령(宜寧), 회령(會寧)</td></tr>
<tr><td>분노(忿怒)</td><td>대로(大怒), 희로애락(喜怒愛樂)</td></tr>
<tr><td>오륙십(五六十)</td><td>오뉴월, 유월</td></tr>
<tr><td>목재(木材)</td><td>모과(木果)</td></tr>
<tr><td>십일(十日)</td><td>시방정토, 시왕, 시월</td></tr>
<tr><td>팔일(八日)</td><td>초파일</td></tr>
</table>

③ 제53항 다음과 같은 어미는 예삿소리로 적는다.

-(으)ㄹ거나, -(으)ㄹ걸, -(으)ㄹ게, -(으)ㄹ세, -(으)ㄹ세라, -(으)ㄹ수록, -(으)ㄹ시, -(으)ㄹ
지, -(으)ㄹ지니라, -(으)ㄹ지라도, -(으)ㄹ지어다, -(으)ㄹ지언정, -(으)ㄹ진대, -(으)ㄹ진저,
-올시다
<다만> 의문을 나타내는 다음 어미들은 된소리로 적는다.
　　　　-(으)ㄹ까? -(으)ㄹ꼬? -(스)ㅂ니까? -(으)리까? -(으)ㄹ쏘냐?
** 의문을 나타내는 어미가 아닐 경우 '-을게, 을걸'과 같이 잘못 적는 경우가 많이 나타
　　난다.

④ 제54항 다음과 같은 접미사는 된소리로 적는다.

ㄱ. -꾼 : 심부름꾼, 익살꾼, 일꾼, 장꾼, 장난꾼, 지게꾼
ㄴ. -깔 : 때깔, 빛깔, 성깔
ㄷ. -때기 : 귀때기, 볼때기, 판자때기
ㄹ. -꿈치 : 뒤꿈치, 팔꿈치
ㅁ. -빼기 : 이마빼기, 코빼기
ㅂ. -쩍다 : 객쩍다, 겸연쩍다

⑤ 제55항 두 가지로 구별하여 적던 다음 말들은 한 가지로 적는다.
맞추다(입을 맞춘다. 양복을 맞춘다)
뻗치다(다리를 뻗친다. 멀리 뻗친다)

68

⑥ 제56항 '-더라, -던'과 '-든지'는 다음과 같이 적는다.

ㄱ. 지난 일을 나타내는 어미는 '-더라, -던'으로 적는다.
　　지난 겨울은 몹시 춥더라.
　　깊던 물이 얕아졌다.
　　그렇게 좋던가?
　　그 사람 말 잘하던데.
　　얼마나 놀랐던지 몰라.
ㄴ. 물건이나 일의 내용을 가리지 아니하는 뜻을 나타내는 조사와 어미는 '-든지'로 적
　　는다.
　　사과든지 배든지 마음대로 먹어라
　　가든지 오든지 마음대로 해라.

⑦ 제57항에는 각각 구별하여 적을 단어가 정리되어 있다. 단어의 구성 원리를 이해하면
올바르게 적을 수 있다. 이를 살펴 보면 다음과 같다.

1. 가름 : 둘로 나눔　　　　　　　　　　　　둘로 가름
　 갈음 : 대체　　　　　　　　　　　　　　　새 책상으로 갈음하였다.
2. 거름 : 땅을 걸게 하기 위해 주는 물질　　풀을 썩힌 거름
　 걸음 : '걷다'의 명사형　　　　　　　　　빠른 걸음
3. 거치다 : 경유하다　　　　　　　　　　　영월을 거쳐 왔다.
　 걷히다 : '걷다'의 피동형　　　　　　　　외상값이 잘 걷힌다.
4. 그러므로 : 그러니까　　　　　　　　　　그는 부지런하다. 그러므로 잘 산다.
　 그럼으로 : 그렇게 하는 것으로써　　　　그는 열심히 공부한다. 그럼으로(써) 부모님의 은
　　　　　　　　　　　　　　　　　　　　 혜에 보답한다.
5. 노름 : 돈이나 재물을 태어 놓고 내기함　노름판이 벌어졌다.
　 놀음(놀이) : '놀다'에서 파생된 명사　　　즐거운 놀음
6. 느리다 : 늦다　　　　　　　　　　　　　진도가 느리다.
　 늘이다 : 길이를 길게 하다　　　　　　　고무줄을 늘인다.
　 늘리다 : 양을 많게 하다　　　　　　　　수출량을 더 늘린다.
7. 다리다 : 옷의 주름진 부분을 펴다　　　　옷을 다리다.
　 달이다 : 약을 끓여서 진하게 만들다　　　약을 달이다.
　 ('달다'라는 낱말은 음식이나 마음이 몹시 뜨거워지거나 초조함을 뜻한다.)
8. 다치다 : 부딪어서 상하다　　　　　　　　부주의로 손을 다쳤다.
　 닫히다 : '닫다'의 피동형　　　　　　　　문이 저절로 닫혔다.
　 닫치다 : 문이나 창을 힘들여서 닫다　　　문을 힘껏 닫쳤다.(이때 '-치'는 힘줌의 접미사임)

   9. 마치다 : 일을 끝내다   벌써 일을 마쳤다.
      맞히다 : '맞다'의 사동형   여러 문제를 더 맞혔다.
  10. 목거리 : 목이 붓고 아픈 병   목거리가 덧났다.
      목걸이 : 목에 거는 물건   금 목걸이, 은 목걸이
  11. 바치다 : 웃어른께 올리다   나라를 위해 목숨을 바쳤다.
      받치다 : 물건의 밑바닥을 괴다   책받침을 받치다. / 우산을 받치고 간다.
      받히다 : '받다'의 피동형   쇠뿔에 받혔다.
      밭치다 : '밭다'(액체를 거르다)의 힘줌꼴   술을 체에 밭친다.
  12. 반드시 : 꼭   약속은 반드시 지켜라.
      반듯이 : '반듯하다'의 부사형   고개를 반듯이 들어라.
  13. 부딪치다 : '부딪다'의 힘줌말   차와 차가 마주 부딪쳤다.
      부딪히다 : '부딪다'의 피동형   마차가 화물차에 부딪혔다.
  14. 부치다 : 힘이 미치지 못하다   힘이 부치는 일이다.
             바람을 일으키다   부채를 부치다.
             남을 시켜 편지나 물건을 보내다   편지를 부친다.
             논밭을 다뤄 농사를 짓다   논밭을 부친다.
             기름에 음식을 익혀 만들다   빈대떡을 부친다.
             기념하다   식목일에 부치는 글
             안건을 올리다   회의에 부치는 안건
      붙이다 : 맞닿아 떨어지지 않게 하다   우표를 붙인다. 책상을 붙인다.
             어울리게 하다   흥정을 붙인다.
             불이 옮아 닿게 하다   불을 붙인다.
             조건과 취미를 더하다   취미를 붙인다. 조건을 붙인다. 별명을 붙인다.
  15. 시키다 : 하게 하다   일을 시키다
      식히다 : '식다'의 사동형   끓인 물을 식힌다.
  16. 아름 : 두 팔을 벌려 껴않은 둘레   한 아름
      알음 : 사람끼리 서로 아는 것   전부터 알음이 있는 사이
      앎 : 지식   앎이 힘이다.
  17. 안치다 : 끓이거나 찔 물건을 넣다   밥을 안친다.
      앉히다 : 앉게 하다   윗자리에 앉혔다.
  18. 어름 : 두 물건의 끝이 한 데 닿은 데   두 물건의 어름에서 일어난 현상
      얼음 : '얼다'의 파생명사   얼음이 얼었다.
  19. 이따가 : '뒤에'의 뜻을 갖는 부사   이따가 오너라.
      있다가 : '-다가'는 연결어미   돈은 있다가도 없고 없다가도 있다.
  20. 저리다 : 살이나 뼈마디가 오래 눌려
              피가 통하지 않다   다친 다리가 저린다.
      절이다 : 절게 하다   김장 배추를 절인다.

21. 조리다 : 국물이 바특하게 바짝 끓이다   생선을 조리다.

    졸이다 : 속을 태우다   마음을 졸인다.

22. 주리다 : 굶주리다   여러날을 주렸다.

    줄이다 : 줄게 하다   비용을 줄였다.

23. 하노라고 : '하-노라고'   하노라고 한 것이 이 모양이다.

    하느라고 : 이유를 나타낸다   공부하느라고 밤을 새웠다.

    ('-노라고'는 '~한다고'의 뜻을 나타내는 어미이다. 이에 비해 '-느라고'는 '-하는 일로 인
하여'라는 뜻을 갖는 어미이다.)

24. -느니보다(어미) : '-느니 + 보다'   나를 찾아 오느니보다 집에 있거라.

    -는 이보다(의존 명사)   오는 이가 가는 이보다 많다.

    ('-느니'는 동사 뒤에 붙어 그 행동보다는 뒤에 오는 행동이 낫다고 할 때 쓰이는 연결어미)

25. -(으)리만큼(어미)   그가 나를 미워하리만큼 내가 그에게 잘못한 일
이 없다.

    -(으)ㄹ 이만큼(의존 명사)   찬성할 이도 반대할 이만큼이나 많은 것이다.

26. -러 : '목적'을 나타냄   서울로 공부하러 간다.

    -려 : '의도'를 나타냄   서울 가려 한다.

27. -(으)로서 : 자격이나 신분을 나타냄   사람으로서 그런 일을 할 수는 없다.

    -(으)로써 : 도구나 수단을 나타냄   닭으로써 꿩을 대신했다.

28. -(으)므로(어미)   그가 나를 믿으므로 나도 그를 믿는다.

    -(ㅁ,음)으로(써)(조사)   그를 믿음으로(써) 산 보람을 느꼈다.

제13장
표준어와 표준 발음

1. 표준어 개념 문제

1 표준어

한 나라에서 공용어로 쓰는 규범으로서의 언어. 의사소통의 불편을 덜기 위하여 전 국민이 공통적으로 쓸 공용어의 자격을 부여받은 말로, 우리나라에서는 교양 있는 사람들이 두루 쓰는 현대 서울말로 정함을 원칙으로 한다. ≒ 대중말, 표준말 - 표준국어대사전

2 방언

① 넓은 뜻 : 한 언어에서, 사용 지역 또는 사회 계층에 따라 분화된 말의 체계.
② 좁은 뜻 : 방언=사투리

3 사투리

어느 한 지방에서만 쓰는, 표준어가 아닌 말

2. 표준어 자리매김 문제

① 공용어(official language) : 한 나라 안에서 공식적으로 쓰는 언어.
② 공통어(common language) : 한 나라에서 두루 쓰는 언어.
③ 공용어이면서 공통어인 경우와 그렇지 않은 경우가 있다.

3. 표준어의 기능

① 표준어는 준거의 기능을 담당한다.
② 표준어는 교육의 기능을 담당한다.
③ 표준어는 우월의 기능을 한다.

4. 표준어의 특성

① 통합성
② 규범성
③ 인위성
④ 권위성
⑤ 공통성

5. 표준어 사정 원칙

1 총칙

> **제1항** 표준어는 교양 있는 사람들이 두루 쓰는 현대 서울말로 정함을 원칙으로 한다.

① 교양 있는 사람들 : '교양'이란 교육 받은 사람들이 갖추어야 할 지식과 소양을 말한다. 이러한 소양은 전문적인 지식과는 달리 보편적이고 일반적인 성격을 지닌다.
② 두루 쓰는 말 : 이 규정에서 '두루 쓰는'은 같은 말을 둘 이상으로 표현할 때, 더 널리 쓰이는 것을 뜻한다. 이 점에서 '두루 쓰는 말'이 '오늘날 많이 쓰이는'이란 의미가 아님을 유의할 필요가 있다. 그렇기 때문에 표준어 규정에 들어 있는 말 가운데는 오늘날 자주 들어보지 못한 것들도 있다. 예를 들어 '보늬, 오늬, 울력성당' 등은 자주 들어본 말이 아니지만, 규범을 설명할 때 예시한 단어들이다.
③ '현대' : 이 말은 역사 용어로서 '근대' 다음에 이어지는 말을 의미한다. 일반적으로 국어사에서 '현대어'는 '갑오경장' 이후의 국어로 규정된다. 이를 고려한다면, 1895년부터 1950년대까지 널리 쓰였으나 지금은 자주 들어보기 힘든 말들도 표준어 사정의 범위에 들어간다.
④ '서울말' : 이 규정은 표준어 사정의 지역적 기준이 정치 · 경제 · 사회의 중심이 되는

서울임을 의미한다.

2 제2항 외래어는 따로 사정한다.

이 규정은 <외래어 표기법>을 별도로 두었음을 의미한다.

6. 표준어와 사전 편찬

1 사전의 의미

① 사전은 일정한 언어적 항목을 표제항으로 설정하고, 그에 필요 충분한 음운, 문법, 의미상의 정보를 체계적으로 제시한 텍스트이다.
② 사전 편찬을 위해서는 국어의 규범을 통일해야 하며, 올림말(표제항)과 그에 대한 정보를 체계적으로 정리해야 한다.
③ 사전은 편찬 목적과 언어 지식 등에 따라 다양한 형태로 편찬되나, 기본적으로 사전은 국어 생활의 지표가 된다.

7. 틀리기 쉬운 표준어 규정

1 제2장 발음 변화에 따른 표준어 규정

제1절 자음

제 3 항 다음 단어들은 거센소리를 가진 형태를 표준어로 삼는다.(ㄱ을 표준어로 삼고, ㄴ을 버림.)

ㄱ : 끄나풀		ㄴ : 끄나불	
ㄱ	ㄴ	ㄱ	ㄴ
나팔꽃	나발-꽃	녘	녁
부엌	부억	살쾡이	삵-쾡이
칸	간	털어먹다	떨어-먹다

제 4 항 다음 단어들은 거센소리로 나지 않는 형태를 표준어로 삼는다.(ㄱ을 표준어로 삼고, ㄴ을 버림.)

<table>
<tr><td>ㄱ : 가을-갈이</td><td></td><td>ㄴ : 가을-카리</td><td></td></tr>
<tr><td>ㄱ</td><td>ㄴ</td><td>ㄱ</td><td>ㄴ</td></tr>
<tr><td>거시기</td><td>거시키</td><td>분침</td><td>푼침(分針)</td></tr>
</table>

제 5 항 어원에서 멀어진 형태로 굳어져서 널리 쓰이는 것은, 그것을 표준어로 삼는다.(ㄱ을 표준어로 삼고, ㄴ을 버림.)

<table>
<tr><td>ㄱ : 강낭-콩</td><td></td><td>ㄴ : 강남-콩</td><td></td></tr>
<tr><td>ㄱ</td><td>ㄴ</td><td>ㄱ</td><td>ㄴ</td></tr>
<tr><td>고샛1)</td><td>고샅2)</td><td>사글세</td><td>삭월-세</td></tr>
<tr><td>울력성당3)</td><td>위력-성당</td><td></td><td></td></tr>
</table>

다만, 어원적으로 원형에 더 가까운 형태가 아직 쓰이고 있는 경우에는, 그것을 표준어로 삼는다. (ㄱ을 표준어로 삼고, ㄴ을 버림.)

<table>
<tr><td>ㄱ : 갈비</td><td></td><td>ㄴ : 가리</td><td></td></tr>
<tr><td>ㄱ</td><td>ㄴ</td><td>ㄱ</td><td>ㄴ</td></tr>
<tr><td>갓모4)</td><td>갈모5)</td><td>굴젓</td><td>구-젓</td></tr>
<tr><td>말곁6)</td><td>말-겿</td><td>물수란</td><td>물-수랄</td></tr>
<tr><td>밀뜨리다</td><td>미-뜨리다</td><td>적이</td><td>저으기</td></tr>
<tr><td>휴지</td><td>수지</td><td></td><td></td></tr>
</table>

제 6 항 다음 단어들은 의미를 구별함이 없이, 한 가지 형태만을 표준어로 삼는다.(ㄱ을 표준어로 삼고, ㄴ을 버림.)

<table>
<tr><td>ㄱ : 돌</td><td></td><td>ㄴ : 돐</td><td></td></tr>
<tr><td>ㄱ</td><td>ㄴ</td><td>ㄱ</td><td>ㄴ</td></tr>
<tr><td>둘째</td><td>두-째</td><td>셋째</td><td>세-째</td></tr>
<tr><td>넷째</td><td>네-째</td><td>빌리다</td><td>빌다</td></tr>
</table>

---

1) 초가지붕의 새끼줄
2) 골목
3) 떼를 지어 협박하는 일
4) 물레 밑 고리
5) 기름종이 우비
6) 말참견

다만, '둘째'는 십 단위 이상의 서수사에 쓰일 때에는 '두째'로 한다.

　　　열두-째　　　　　　　　　　　　　스물두-째

제7항 수컷을 이르는 접두사는 '수'로 통일한다.(ㄱ을 표준어로 삼고, ㄴ을 버림.)

ㄱ : 수-꿩		ㄴ : 수퀑, 숫꿩	
ㄱ	ㄴ	ㄱ	ㄴ
수나사	숫-나사	수놈	숫-놈
수사돈	숫-사돈	수소	숫-소
수은행나무	숫-은행나무		

다만 1. 다음 단어에서는 접두사 다음에서 나는 거센소리를 인정한다. 접두사 '암-'이 결합되는 경우에도 이에 준한다.(ㄱ을 표준어로 삼고, ㄴ을 버림.)

ㄱ : 수-캉아지		ㄴ : 숫-강아지	
ㄱ	ㄴ	ㄱ	ㄴ
수캐	숫-개	수컷	숫-것
수키와	숫-기와	수탉	숫-닭
수탕나귀	숫-당나귀	수톨쩌귀	숫-돌쩌귀
수퇘지	숫-돼지	수평아리	숫-병아리

다만 2. 다음 단어의 접두사는 '숫-'으로 한다. (ㄱ을 표준어로 삼고, ㄴ을 버림.)

ㄱ : 숫-양		ㄴ : 수-양	
ㄱ	ㄴ	ㄱ	ㄴ
숫염소	수-염소	숫쥐	수-쥐

제2절 모음

제8항 양성 모음이 음성 모음으로 바뀌어 굳어진 다음 단어는 음성 모음 형태를 표준어로 삼는다.(ㄱ을 표준어로 삼고, ㄴ을 버림.)

ㄱ : 깡충-깡충		ㄴ : 깡총-깡총	
ㄱ	ㄴ	ㄱ	ㄴ
-둥이	-동이	발가숭이	발가-송이
보퉁이	보통이	봉죽7)	봉족
뻗정다리	뻗장-다리	아서라	앗아, 앗아라

오뚝이   오똑-이   주추   주초

다만, 어원 의식이 강하게 작용하는 다음 단어에서는 양성 모음 형태를 그대로 표준어로 삼는다.(ㄱ을 표준어로 삼고, ㄴ을 버림.)

ㄱ : 부조		ㄴ : 부주	
ㄱ	ㄴ	ㄱ	ㄴ
사돈	사둔	삼촌	삼춘

제9항 'ㅣ'역행 동화 현상에 의한 발음은 원칙적으로 표준 발음으로 인정하지 아니하되, 다만 다음 단어들은 그러한 동화가 적용된 형태를 표준어로 삼는다. (ㄱ을 표준어로 삼고, ㄴ을 버림.)

ㄱ : -내기		ㄴ : -나기	
ㄱ	ㄴ	ㄱ	ㄴ
냄비	남비	동댕이치다	동당이-치다

[붙임1] 다음 단어는 'ㅣ' 역행 동화가 일어나지 아니한 형태를 표준어로 삼는다.(ㄱ을 표준어로 삼고, ㄴ을 버림.)

ㄱ : 아지랑이	ㄴ : 아지랭이

[붙임2] 기술자에게는 '-장이', 그 외에는 '-쟁이'가 붙는 형태를 표준어로 삼는다.(ㄱ을 표준어로 삼고, ㄴ을 버림.)

ㄱ : 미장이		ㄴ : 미쟁이	
ㄱ	ㄴ	ㄱ	ㄴ
유기장이	유기쟁이	멋쟁이	멋장이
소금쟁이	소금장이	담쟁이-덩굴	담장이-덩굴
골목쟁이	골목장이	발목쟁이	발목장이

제10항 다음 단어는 모음이 단순화한 형태를 표준어로 삼는다.(ㄱ을 표준어로 삼고, ㄴ을 버림.)

---

7) 곁에서 도와줌

<table>
<tr><td colspan="2">ㄱ : 괴팍-하다</td><td colspan="2">ㄴ : 괴팍-하다/괴팍-하다</td></tr>
<tr><td>ㄱ</td><td>ㄴ</td><td>ㄱ</td><td>ㄴ</td></tr>
<tr><td>-구먼</td><td>-구면</td><td>미루나무</td><td>미류-나무</td></tr>
<tr><td>미륵</td><td>미력</td><td>여느</td><td>여늬</td></tr>
<tr><td>온달</td><td>왼-달</td><td>으레</td><td>으레</td></tr>
<tr><td>케케묵다</td><td>켸켸-묵다</td><td>허우대</td><td>허위대</td></tr>
<tr><td>허우적 -</td><td>허위적-허위적</td><td></td><td></td></tr>
</table>

제11항 다음 단어에서는 모음의 발음 변화를 인정하여, 발음이 바뀌어 굳어진 형태를 표준어로 삼는다.(ㄱ을 표준어로 삼고, ㄴ을 버림.)

<table>
<tr><td colspan="2">ㄱ : -구려</td><td colspan="2">ㄴ : -구료</td></tr>
<tr><td>ㄱ</td><td>ㄴ</td><td>ㄱ</td><td>ㄴ</td></tr>
<tr><td>깍쟁이</td><td>깍정이</td><td>나무라다</td><td>나무래다</td></tr>
<tr><td>미수</td><td>미시</td><td>바라다</td><td>바래다</td></tr>
<tr><td>상추</td><td>상치</td><td>시러베아들</td><td>실업의-아들</td></tr>
<tr><td>주책</td><td>주착</td><td>지루하다</td><td>지리-하다</td></tr>
<tr><td>튀기</td><td>트기</td><td>허드레</td><td>허드래</td></tr>
<tr><td>호루라기</td><td>호루루기</td><td></td><td></td></tr>
</table>

제12항 '웃-' 및 '윗-'은 명사 '위'에 맞추어 '윗-'으로 통일한다.(ㄱ을 표준어로 삼고, ㄴ을 버림.)

<table>
<tr><td colspan="2">ㄱ : 윗-넓이</td><td colspan="2">ㄴ : 웃-넓이</td></tr>
<tr><td>ㄱ</td><td>ㄴ</td><td>ㄱ</td><td>ㄴ</td></tr>
<tr><td>윗눈썹</td><td>웃-눈썹</td><td>윗니</td><td>웃니</td></tr>
<tr><td>윗당줄</td><td>웃-당줄8)</td><td>윗덧줄</td><td>웃-덧줄</td></tr>
<tr><td>윗도리</td><td>웃-도리</td><td>윗동아리</td><td>웃-동아리</td></tr>
<tr><td>윗막이</td><td>웃-막이</td><td>윗머리</td><td>웃-머리</td></tr>
<tr><td>윗목</td><td>웃-목</td><td>윗몸</td><td>웃-몸</td></tr>
<tr><td>윗바람</td><td>웃-바람</td><td>윗배</td><td>웃-배</td></tr>
<tr><td>윗벌</td><td>웃-벌</td><td>윗변</td><td>웃-변</td></tr>
<tr><td>윗사랑9)</td><td>웃-사랑</td><td>윗세장</td><td>웃-세장10)</td></tr>
</table>

---

8) 망건줄
9) 위채에 있는 사랑방

윗수염	웃-수염	윗입술	웃-입술
윗잇몸	웃-잇몸	윗자리	웃-자리
윗중방11)	웃-중방		

다만 1. 된소리나 거센소리 앞에서는 '위-'로 한다. (ㄱ을 표준어로 삼고, ㄴ을 버림.)

ㄱ : 위-짝		ㄴ : 웃-짝	
ㄱ	ㄴ	ㄱ	ㄴ
위쪽	웃-쪽	위채	웃-채
위층	웃-층	위치마12)	웃-치마
위턱	웃-턱	위통	웃-통

다만 2. '아래, 위'의 대립이 없는 단어는 '웃-'으로 발음되는 형태를 표준어로 삼는다.(ㄱ을 표준어로 삼고, ㄴ을 버림.)

ㄱ : 웃-국		ㄴ : 윗-국	
ㄱ	ㄴ	ㄱ	ㄴ
웃기13)	윗-기	웃돈	윗-돈
웃비14)	윗-비	웃어른	윗-어른
웃옷	윗-옷		

제13항 한자 '구(句)'가 붙어서 이루어진 단어는 '귀'로 읽는 것을 인정하지 아니하고, '구'로 통일한다. (ㄱ을 표준어로 삼고, ㄴ을 버림.)

ㄱ : 구법15)		ㄴ : 귀법	
ㄱ	ㄴ	ㄱ	ㄴ
구절	귀절	구점	귀점
결구	결귀	경구	경귀
경인구16)	경인귀	난구	난귀
단구	단귀	단명구17)	단명귀

---

10) 지게의 윗 부분을 가로지르는 것
11) 상인방(문이나 창 위쪽에 기둥과 기둥을 가로지르는 나무)
12) 갈퀴의 앞 부분
13) 과실, 포, 떡 등을 괸 위에 모양을 내기 위하여 얹는 재료
14) 세차게 내리다가 그친 비
15) 시문의 구절을 만들거나 배열하는 방법
16) 사람을 놀라게 할 만한 잘 지은 시구

ㄱ	ㄴ	ㄱ	ㄴ
대구	대귀	문구	문귀
성구	성귀	시구	시귀
어구	어귀	연구[18]	연귀
인용구	인용귀	절구	절귀

다만, 다음 단어는 '귀'로 발음되는 형태를 표준어로 삼는다.(ㄱ을 표준어로 삼고, ㄴ을 버림.)

ㄱ : 귀-글	ㄴ : 구-글

ㄱ	ㄴ
글귀	글-구

제3절 준말

제14항 준말이 널리 쓰이고 본말이 잘 쓰이지 않는 경우에는, 준말만을 표준어로 삼는다.(ㄱ을 표준어로 삼고, ㄴ을 버림.)

ㄱ : 귀찮다		ㄴ : 귀치 않다	
ㄱ	ㄴ	ㄱ	ㄴ
김	기음	똬리	또아리
무	무우	미다	무이다
뱀	배암	뱀장어	배암-장어
빔	비음	샘	새암
생쥐	새앙쥐	솔개	소리개
온갖	온-가지	장사치	장사-아치

제15항 준말이 쓰이고 있더라도, 본말이 널리 쓰이고 있으면 본말을 표준어로 삼는다.(ㄱ을 표준어로 삼고, ㄴ을 버림.)

ㄱ : 경황-없다		ㄴ : 경-없다	
ㄱ	ㄴ	ㄱ	ㄴ
궁상떨다	궁-떨다	귀이개	귀-개
낌새	낌	낙인찍다	낙-하다/낙치다
내왕꾼	냉-꾼	돗자리	돗

---

17) 단명하리라는 징조가 드러나 있는 구
18) 한시의 대구

뒤웅박	뒹-박	뒷물대야	뒷-대야
마구잡이	막-잡이	맵자하다19)	맵자다
모이	모	벽돌	벽
부스럼	부럼	살얼음판	살-판
수두룩하다	수둑-하다	암죽	암
어음	엄	일구다	일다
죽살이	죽-살	퇴박맞다	퇴-맞다
한통치다	통-치다		

[붙임] 다음과 같이 명사에 조사가 붙은 경우에도 이 원칙을 적용한다.(ㄱ을 표준어로 삼고, ㄴ을 버림.)

ㄱ : 아래-로   ㄴ : 알-로

제16항 준말과 본말이 다 같이 널리 쓰이면서 준말의 효용이 뚜렷이 인정되는 것은, 두 가지를 다 표준어로 삼는다.(ㄱ은 본말이며, ㄴ은 준말임.)

ㄱ	ㄴ	ㄱ	ㄴ
거짓-부리	거짓-불	노을	놀
막대기	막대	망태기	망태
머무르다	머물다	서두르다	서둘다
서투르다	서툴다	석새-삼배20)	석새-베
시-누이	시뉘/시누	오-누이	오-뉘/오누
외우다	외다	이기죽-거리다	이죽-거리다
찌꺼기	찌끼		

제4절 단수 표준어

제17항 비슷한 발음의 몇 형태가 쓰일 경우, 그 의미에 아무런 차이가 없고 그 중 하나가 더 널리 쓰이면, 그 한 형태만을 표준어로 삼는다.(ㄱ을 표준어로 삼고, ㄴ을 버림.)

ㄱ : 거든-그리다21)   ㄴ : 거둥-그리다

ㄱ	ㄴ	ㄱ	ㄴ
구어-박다22)	구워-박다	귀-고리	귀엣-고리

---

19) 모양이 제격에 어울리다
20) 올이 굵고 질이 낮은 삼베
21) 거든하게 거두어 싸다

귀-띔	귀-틤	귀지	귀에-지
까딱-하면	까땍-하면	꼭두각시	꼭둑-각시
내색	나색	내숭스럽다	내흉-스럽다
냠냠거리다	얌냠-거리다	냠냠이	얌냠-이
너(돈, 말, 발, 푼)	네 (四)	넉(냥, 되, 섬, 자)	너/네 (四)
다다르다	다닫다	댑싸리	대-싸리
더부룩하다	더뿌룩-하다/ 듬뿌룩-하다		
던	-든	던가	-든가
던걸	-든걸	던고	-든고
던데	-든데	던지	-든지
-(으)려고	-(으)ㄹ려고/-(으)ㄹ라고		
-(으)려야	-(으)ㄹ려야/-(으)ㄹ래야		
망가-뜨리다)	망그-뜨리다	멸치	며루치/메리치
반빗-아치23)	반비-아치	보습	보십/보섭
본새	뽄새	봉숭아	봉숭화
뺨따귀	뺨-따귀/뺨-따구니	뻐개다(斫)	뻐기다
뻐기다24)	뻐개다	사자탈	사지-탈
상판대기	쌍-판대기	서(돈, 말, 발, 푼)	세/석
석(냥, 되, 섬, 자)	세	설령	서령
-습니다	-읍니다	시름시름	시늠-시늠
씀벅씀벅	썸벅-썸벅	아궁이	아궁지
아내	안해	어중간	어지-중간
오금팽이25)	오금-탱이	오래오래26)	도래-도래
-올시다	-올습니다	옹골차다	공골-차다
우두커니	우두머니	잠투정	잠-투세/잠-주정
재봉-틀	자봉-틀	짓무르다	짓-물다
짚북데기	짚-북세기	쪽(방향)	짝
천장	천정	코맹맹이	코-맹녕이
흉-없다27)	흉-헙다		

---

22) 사람이 한 군데서만 지내다
23) 밥 짓는 계집종
24) 뽐내다
25) 오금을 낮잡아서 하는 말
26) 돼지 부르는 수리
27) 말, 행동이 흉하다

제5절 복수 표준어

제18항 다음 단어는 ㄱ을 원칙으로 하고, ㄴ도 허용한다.

ㄱ	ㄴ	ㄱ	ㄴ
네	예	쇠-	소-
괴다	고이다	꾀다	꼬이다
쐬다	쏘이다	죄다	조이다
쬐다	쪼이다		

제19항 어감의 차이를 나타내는 단어 또는 발음이 비슷한 단어들이 다 같이 널리 쓰이는 경우에는, 그 모두를 표준어로 삼는다.(ㄱ, ㄴ을 모두 표준어로 삼음.)

ㄱ	ㄴ	ㄱ	ㄴ
거슴츠레-하다	게슴츠레-하다	고까	꼬까
고린-내	코린-내	교기	갸기
구린-내	쿠린-내	꺼림-하다	께름-하다
나부랭이	너부렁이		

2 제3장 어휘 선택의 변화에 따른 표준어 규정

제1절 고어

제20항 사어(死語)가 되어 쓰이지 않게 된 단어는 고어로 처리하고, 현재 널리 사용되는 단어를 표준어로 삼는다.(ㄱ을 표준어로 삼고, ㄴ을 버림.)

ㄱ : 난봉		ㄴ : 봉	
ㄱ	ㄴ	ㄱ	ㄴ
낭떨어지	낭	설거지하다	설겆다
애달프다	애닯다	오동나무	머귀-나무
자두	오얏		

제2절 한자어

제21항 고유어 계열의 단어가 널리 쓰이고 그에 대응되는 한자어 계열의 단어가 용도를 잃게 된 것은, 고유어 계열의 단어만을 표준어로 삼는다.(ㄱ을 표준어로 삼고, ㄴ을 버림.)

ㄱ : 가루-약		ㄴ : 말-약	
ㄱ	ㄴ	ㄱ	ㄴ
구들장	방-돌	길품삯	보행-삯
까막눈	맹눈	꼭지미역	총각-미역
나뭇갓28)	시장-갓	늙다리	노닥다리
두껍닫이29)	두껍-창	떡암죽	병-암죽
마른갈이	건-갈이	마른빨래	건-빨래
메찰떡	반-찰떡	박달나무	배달-나무
밥소라30)	식-소라	사래논31)	사래-답
사래밭	사래-전	삯말	삯-마
성냥	화곽	숫을무늬32)	숫을-문
외지다	벽지다	움파	동-파
잎담배	잎-초	잔돈	잔-전
조당수33)	조-당죽	죽데기34)	피-죽
지겟다리	목-발	짐꾼	부지-군
푼돈	분-전/푼-전	흰말	백-말/부루-말
흰죽	백-죽		

제22항 고유어 계열의 단어가 생명력을 잃고 그에 대응되는 한자어 계열의 단어가 널리 쓰이면, 한자어 계열의 단어를 표준어로 삼는다.(ㄱ을 표준어로 삼고, ㄴ을 버림.)

ㄱ : 개다리-소반		ㄴ : 개다리-밥상	
ㄱ	ㄴ	ㄱ	ㄴ
겸상	맞-상	고봉밥	높은-밥
단벌	홑-벌	마방집35)	마바리-집
민망/면구스럽다	민주-스럽다	방고래	구들-고래
부항단지	뜸-단지	산누에	멧-누에
산줄기	멧-줄기/멧-발	수삼	무-삼
심도두개36)	불-도두개	양파	둥근-파

---

28) 나무를 쉽게 베지 못하게 하여 가꾸는 땅이나 산
29) 미닫이를 열 때, 문짝이 옆벽에 들어가 보이지 않도록 만든 것
30) 큰 놋그릇
31) 묘지기, 마름이 부쳐먹는 땅
32) 피륙의 두드러진 무늬
33) 좁쌀 미음
34) 통나무 떼어낸 것
35) 말을 두고 삯짐 영업을 하는 집

어질병	어질-머리	윤달	군-달
장력세다37)	장성-세다	제석38)	젯-돗
총각무	알-무/알타리-무	칫솔	잇-솔
포수	총-댕이		

제3절 방언

제23항 방언이던 단어가 표준어보다 더 널리 쓰이게 된 것은, 그것을 표준어로 삼는다. 이 경우, 원래의 표준어는 그대로 표준어로 남겨 두는 것을 원칙으로 한다. (ㄱ을 표준어로 삼고, ㄴ도 표준어로 남겨 둠.)

ㄱ	ㄴ	ㄱ	ㄴ
멍게	우렁쉥이	물-방개	선두리
애-순	어린순		

제24항 방언이던 단어가 널리 쓰이게 됨에 따라 표준어이던 단어가 안 쓰이게 된 것은, 방언이던 단어를 표준어로 삼는다.(ㄱ을 표준어로 삼고, ㄴ을 버림.)

ㄱ : 귀밑-머리		ㄴ : 귓-머리	
ㄱ	ㄴ	ㄱ	ㄴ
까뭉개다	까-무르다	막상	마기
빈대떡	빈자-떡	생인손	생안-손
역겹다	역-스럽다	코주부	코-보

제4절 단수 표준어

제25항 의미가 똑같은 형태가 몇 가지 있을 경우, 그중 어느 하나가 압도적으로 널리 쓰이며, 그 단어만을 표준어로 삼는다. (ㄱ을 표준어로 삼고, ㄴ을 버림.)

ㄱ : -게끔		ㄴ : -게시리	
ㄱ	ㄴ	ㄱ	ㄴ
겸사겸사	겸지-겸지/겸두겸두	고구마	참-감자
고치다	낫우다	골목쟁이	골목-자기
광주리	광우리	괴통39)	호구

---

36) 등잔의 심지를 돋우는 쇠꼬챙이
37) 담력이 있어 두려움이 없다
38) 제사 지낼 때 까는 돗자리
39) 자루를 박는 부분

국물	멀-국/말-국	군표	군용-어음
길잡이	길-앞잡이	까치발	까치-다리
까다롭다	까닭-스럽다/까탈-스럽다		
꼬창모[40]	말뚝-모	나룻배	나루
납도리[41]	민-도리	농지거리	기롱-지거리
다사스럽다[42]	다사-하다	다오	다구
담배꽁초	담배-꼬투리/담배-꽁치/담배-꽁추		
담배설대	대-설대	대장일	성냥-일
뒤져내다	뒤어-내다	뒤통수치다	뒤꼭지-치다
등나무	등-칡	등때기[43]	등떠리
등잔걸이	등경-걸이	떡보	떡-충이
똑딱단추	딸꼭-단추	매만지다	우미다
먼발치	먼-발치기	며느리발톱	뒷-발톱
명주붙이	주-사니	목메다	목-맺히다
밀짚모자	보릿짚-모자	바가지	열-바가지/열-박
바람꼭지[44]	바람-고다리	반나절	나절-가웃
반두[45]	독대	버젓이	뉘연-히
본받다	법-받다	부각	다시마-자반
부끄러워하다	부끄리다	부스러기	부스럭지
부지깽이	부지팽이	부항단지	부항-항아리
붉으락푸르락	푸르락-붉으락	비켜덩이[46]	옆-사리미
빙충이	빙충-맞이	빠뜨리다	빠-치다
뻣뻣하다	왜긋다	뽐내다	느물다
사로잠그다[47]	사로-채우다	살풀이	살-막이
상투쟁이	상투-꼬부랑이	새앙손이[48]	생강-손이
샛별	새벽-별	선머슴	풋-머슴
섭섭하다	애운-하다	속말	속-소리
손목시계	팔목-시계/팔뚝-시계	손수레	손-구루마
쇠고랑	고랑-쇠	수도꼭지	수도-고동

---

40) 꼬챙이로 구멍을 파서 심은 모
41) 모나게 만든 도리(작은 집을 짓는 사용)
42) 간섭을 잘하다
43) 등의 낮은 말
44) 튜브의 바람을 넣는 구멍에 붙어 있는 꼭지
45) 그물의 한 가지
46) 김맬 때 흙덩이를 옆으로 빼내는 일, 또는 그 흙덩이
47) 바쯘 걸어잠그다
48) 손끝이 생강처럼 뭉툭한 사람

숙성하다	숙-지다	순대	골집
술고래	술-꾸러기/술-부대/술-보/술-푸대		
식은땀	찬-땀	신기롭다/신기하다	신기-스럽다
쌍동밤	쪽-밤	쏜살같이	쏜살-로
아주	영판	안걸이	안-낚시
안다미씌우다[49]	안다미-시키다	안쓰럽다	안-슬프다
안절부절못하다	안절부절-하다	앉은뱅이-저울	앉은-저울
알사탕	구슬-사탕	암내	곁땀-내
앞지르다	따라-먹다	애벌레	어린-벌레
얕은꾀	물탄-꾀	언뜻	펀뜻
언제나	노다지	얼룩말	워라-말
-에는	-엘랑	열심히	열심-으로
입담	말-담	자배기	너벅지
전봇대	전선-대	주책없다	주책-이다
쥐락펴락	펴락-쥐락	-지만	-지만서도
짓고-땡	지어-땡/짓고-땡이	짧은작[50]	짜른-작
찹쌀	이-찹쌀	청대콩	푸른-콩
칡범	갈-범		

제5절 복수 표준어

제26항 한 가지 의미를 나타내는 형태 몇 가지가 널리 쓰이며 표준어 규정에 맞으면, 그 모
두를 표준어로 삼는다.

가는-허리/잔허리	가락-엿/가래-엿
가뭄/가물	가엾다/가엽다
감감-무소식/감감-소식	개수-통/설거지-통
개숫-물/설거지-물	갱-엿/검은-엿
-거리다/-대다	거위-배/횟-배
것/해	게을러-빠지다/게을러-터지다
고깃-간/푸줏-간	곰곰/곰곰-이
관계-없다/상관-없다	교정보다/준-보다
구들-재/구재	귀퉁-머리/귀퉁-배기
극성-떨다/극성-부리다	기세-부리다/기세-피우다
기승-떨다/기승-부리다	깃-저고리/배내-옷/배냇-저고리

---

49) 제가 할 일을 남에게 넘기다
50) 짧은 화살

꼬까/때때/고까 꼬리-별/살-별

꽃-도미/붉-돔 나귀/당-나귀

날-걸/세-뿔 내리-글씨/세로-글씨

넝쿨/덩굴 녘/쪽

눈-대중/눈-어림/눈-짐작 느리-광이/느림-보/늘-보

늦-모/마냥-모 다기-지다/다기-차다

다달-이/매-달 -다마다/-고말고

다박-나룻/다박-수염 닭의-장/닭-장

댓-돌/툇-돌 덧-창/겉-창

독장-치다/독판-치다 동자-기둥/쪼구미

돼지-감자/뚱딴지 되우/된통/되게

두동-무늬/두동-사니 뒷-갈망/뒷-감당

뒷-말/뒷-소리 들락-거리다/들랑-거리다

들락-날락/들랑-날랑 딴-전/딴-청

땅-콩/호-콩 땔-감/땔-거리

-뜨리다/-트리다 뜬-것/뜬-귀신

마룻-줄/용총-줄 마-파람/앞-바람

만장-판/만장-중(滿場中) 만큼/만치

말-동무/말-벗 매-갈이/매-조미

매-통/목-매 먹-새/먹음-새

멀찌감치/멀찌가니/멀찍이 먹-통/산-먹/산-먹통

면치레/외면-치레 모-내다/모-심다

모쪼록/아무쪼록 목판-되/모-되

목화-씨/면화-씨 무심-결/무심-중

물-봉숭아/물-봉선화 물-부리/빨-부리

물-심부름/물-시중 물추리-나무/물추리-막대

물-타작/진-타작 민둥-산/벌거숭이-산

밑-층/아래-층 바깥-벽/밭-벽

바른/오른(右) 발-모가지/발-목쟁이

버들-강아지/버들-개지 벌레/버러지

변덕-스럽다/변덕-맞다 보-조개/볼-우물

보통-내기/여간-내기/예사-내기 볼-따구니/볼-퉁이/볼-때기

부침개-질/부침-질/지짐-질 불똥-앉다/등화-지다/등화-앉다

불-사르다/사르다 비발/비용(費用)

뾰두라지/뾰루지 살-쾡이/삵

삽살-개/삽사리 상두-꾼/상여-꾼

상-씨름/소-걸이 생/새앙/생강

생-뿔/새앙-뿔/생강-뿔 생-철/양-철
서럽다/섧다 서방-질/화냥-질
성글다/성기다 -(으)세요/-(으)셔요
송이/송이-버섯 수수-깡/수숫-대
술-안주/안주 -스레하다/-스름하다
시늉-말/흉내-말 시새/세사(細沙)
신/신발 신주-보/독보
심술-꾸러기/심술-쟁이 쑵스레-하다/쑵스름-하다
아귀-세다/아귀-차다 아래-위/위-아래
아무튼/어떻든/어쨌든/하여튼/여하튼 앉음-새/앉음-앉음
알은-척/알은-체 애-갈이/애벌-갈이
애꾸눈-이/외눈-박이 양념-감/양념-거리
어금버금-하다/어금지금-하다 어기여차/어여차
어림-잡다/어림-치다 어이-없다/어처구니-없다
어저께/어제 언덕-바지/언덕-배기
얼렁-뚱땅/엄벙-떙 여왕-벌/장수-벌
여쭈다/여쭙다 여태/입때
여태-껏/이제-껏/입때-껏 역성-들다/역성하다
연-달다/잇-달다 엿-가락/엿-가래
엿-기름/엿-길금 엿-반대기/엿-자박
오사리-잡놈/오색-잡놈 옥수수/강냉이
왕골-기직/왕골-자리 외겹-실/외올-실/홑-실
외손-잡이/한손-잡이 욕심-꾸러기/욕심-쟁이
우레/천둥 우지/울-보
을러-대다/을러-메다 의심-스럽다/의심-쩍다
-이에요/-이어요 이틀-거리/당-고금
일일-이/하나-하나 일찌감치/일찌거니
입찬-말/입찬-소리 자리-옷/잠-옷
자물-쇠/자물-통 장가-가다/장가-들다
재롱-떨다/재롱-부리다 제-가끔/제-각기
좀-처럼/좀체 줄-꾼/줄-잡이
중신/중매 짚-단/짚-뭇
쪽/편 차차/차츰
책-씻이/책-거리 척/체
천연덕-스럽다/천연-스럽다 철-따구니/철-딱서니/철-딱지
추어-올리다/추어-주다 축-가다/축-나다
침-놓다/침-주다 통-꼭지/통-젖

파자-쟁이/해자-쟁이	편지-투/편지-틀
한턱-내다/한턱-하다	해웃-값/해웃-돈
혼자-되다/홀로-되다	홈-가다/홈-나다/홈-지다

8. 헷갈리는 복수 표준어

1 복수 표준어 규정의 양면성

① 긍정성 : 표준어 정책의 한계를 극복하기 위한 전략, 언어의 다양성 수용

② 부정성 : 표준 혼란

2 갈래

(1) 애칭 관계

외동딸/외딸, 외동아들/외아들

(2) 널리 쓰이는 방언을 수용한 경우

① 두 어휘 : 고깃간/푸줏간, 넝쿨/덩굴, 멍게/우렁쉥이, 물방개/선두리, 애순/어린순, 들락-
  거리다/들랑-거리다, 모내다와 모심다, 모쪼록과 아무쪼록, 자물쇠와 자물통, 여쭈다와
  여쭙다, 신과 신발, 소고기/쇠고기, 네/예

② 세 어휘 : "눈대중/눈어림/눈짐작, '보통내기/여간내기/예사내기"

③ 그 이상 : 아무튼/어떻든/어쨌든/하여튼/여하튼

어미의 경우도 복수인 경우가 있다. 이를테면 "새해 복 많이 받으-세요/받으-셔요"는 모
두 맞는다. 단 "받으십시오"는 맞고 "받으십시요"는 잘못된 말이다.

  * 조심 : "빠뜨리다(O)/빠치다(X), 손목시계(O)/팔목시계(X)/팔뚝시계(X), 열심히(O)/열심으로(X)"

(3) 준말 관계

① 인정하는 경우 : "가지고/갖고, 그것은/그건, 외우다/외다, 노을/놀, 망태기/망태"와 같이
  준말이 하나인 경우가 있고, "무엇이-뭣이/무에, 쓰이어-씌어/쓰여"와 같이 준말이 둘
  인 경우, "무엇을-뭣을/무얼/뭘"과 같이 준말이 세 개나 되는 어휘도 있다. 이런 준말
  어휘 중에서 사람들이 많이 헷갈리는 어휘로는 "사람이 되어"에서 '되어'의 준말은

“-되”가 아니라 “-돼”로 써야 한다.

② 인정하지 않는 경우 : “무(○)/무우(×), 뱀(○)/배암(×)”과 같이 준말만 인정한 규정도 있고 “뒷물대야(○)/뒷대야(×), 모이(○)/모(×)”와 같이 본딧말만 맞는 규정도 있다.

(4) 예외를 허용한 경우

① 표기 : 먹어 보다(원칙) 먹어보다(예외)

② 발음만 : 맛있다 : [마싣따] [마딛따], ‘민주주의의’는 [민주주의의]로 발음해도 되고 [민주주의에]로 발음해도 된다.

9. 표준 발음법의 의의와 제정 원리

1 표준 발음법의 의의

표준이 되는 발음에 관한 규범이 표준 발음법이다. 동일한 단어를 모든 사람이 동일하게 발음함으로써 의사소통을 원활히 할 수 있도록 한 규범이다.

2 표준 발음법 제정 원리

(1) 제1장 총칙

> **제1항** 표준 발음법은 표준어의 실제 발음을 따르되, 국어의 전통성과 합리성을 고려하여 정함을 원칙으로 한다.

- 실제 발음

```
* 늙 - ┌ 모음 앞에서        →[늘]  : 늙어[늘거] , 늙으면[늘그면]
       │ ㄱ 앞에서          →[늘]  : 늙고[늘꼬] , 늙게[늘께]
       │ ㄷ, ㅅ, ㅈ 앞에서 →[늑]  : 늙지[늑찌] , 늙도록[늑또록]
       └ ㄴ 앞에서          →[능]  : 늙는[능는]
```

- 전통성 : 음의 길이(음장)와 같이 잘 구분되지 않는 것들에 대한 규정도 전통성을 고려하여 표준 발음을 정한다.
- 합리성 : 표준 발음의 규정에서 예외가 되는 것은 ‘다만’이라는 규정을 두어 좀더 합리적으로 처리할 수 있도록 한다.

(2) 표준어의 실제 발음과 합리성의 문제

‘맛있다’의 경우 [마딛따]가 어법에 적합하나, [마싣따]도 많이 쓰이므로 두 가지를 모두 표준 발음으로 삼는 것처럼 두 가지 기준을 모두 고려해야 할 경우가 있다.

10. 헷갈리는 표준 발음의 실제와 유의사항

1 이중모음 발음 문제

제5항은 ‘ㅑ ㅒ ㅕ ㅖ ㅘ ㅙ ㅛ ㅝ ㅞ ㅠ ㅢ’를 이중모음으로 발음하도록 한 규정이다.

<다만1> 용언의 활용형에 나타나는 ‘져, 쪄, 쳐’는 [저, 쩌, 처]로 발음한다.

가지어→가져[가저]　찌어→쪄[쩌]　다치어→다쳐[다처]

<다만2> ‘예, 례’ 이외의 ‘ㅖ’는 [ㅔ]로도 발음한다.

계집[계 : 집/게 : 집]　계시다[계 : 시다/게 : 시다]

시계[시계/시게]　　연계[연계/연게]

<다만3> 자음을 첫소리로 가지고 있는 음절의 ‘ㅢ’는 [ㅣ]로 발음한다.

늴리리[닐리리]　닝큼[닝큼]　무늬[무니]

<다만4> 단어의 첫음절 이외의 ‘의’는 [ㅣ]로, 조사 ‘의’는 [ㅔ]로 발음함도 허용한다.

주의[주의/주이]　우리의[우리의/우리에]

2 긴소리 문제

(1) 원칙

제6항 모음의 장단을 구별하여 발음하되, 단어의 첫 음절에서만 긴소리가 나는 것을 원칙으로 한다.

‘눈보라[눈 : 보라], 말씨[말 : 씨], 밤나무[밤 : 나무]’의 첫 음절이 이에 해당한다.
‘첫눈[천눈], 참말[참말], 쌍동밤[쌍동밤]’처럼 첫 음절이 아닌 경우는 짧은 소리로
발음한다.

(2) 주의 1

다만 합성어의 경우에는 둘째 음절 이하에서도 분명한 긴소리를 인정하는데, ‘반신반의

[반 : 신 바 : 늬], 재삼재사[재 : 삼 재 : 사]'가 이에 해당한다. 이 규정에는 "용언의 단음절 어간에 어미 '-아/-어'가 결합되어 한 음절로 축약되는 경우에도 긴소리를 발음한다."는 조항이 덧붙어 있다. 이에 따르면 '보아→봬[봐 :], 기어→겨[겨 :]'가 된다.

(3) 주의 2

제7항에서는 긴소리를 가진 음절이라도 짧게 발음하는 경우를 규정하였다.

① 첫째는 '단음절인 용언 어간에 모음으로 시작된 어미가 결합되는 경우'이다. 예를 들어 '감대[감 : 다]-감으니[감으니], 밟대[밥 : 다]-밟으면[발브면], 신대[신 : 따]-신으면[시느면]'이 이에 해당한다. 그런데 이 규정에는 '끌대[끌 : 다]-끌어[끄 : 러], 없대[업 : 따]-없으니[업 : 쓰니]'처럼 예외도 있다.

② '용언 어간에 피동, 사동의 접미사가 결합되는 경우'이다. '감대[감 : 다]-감기대[감기다], 꼬대[꼬 : 다]-꼬이대[꼬이다], 밟대[밥 : 따]-밟히대[발피다]'가 이에 해당한다. 여기에도 예외가 있는데, '끌리대[끌 : 리다], 벌리대[벌 : 리다], 없애대[업 : 쌔다]'는 긴소리로 발음한다.

3 받침 발음

(1) 받침에 올 수 있는 자음 (7개) - ㄱ, ㄴ, ㄷ, ㄹ, ㅁ, ㅂ, ㅇ

    ㅅ, ㅆ, ㅈ, ㅊ, ㅌ→ㄷ : 옷→[옫] , 꽃→[꼳]
    ㄲ, ㅋ→ㄱ : 닦다→[닥따]
    ㅍ→ㅂ : 앞→[압]

(2) 겹받침

① 제4장 받침의 발음(제8항~제16항) : 제10항은 "겹받침 'ㄳ', 'ㄵ', 'ㄼ, ㄽ, ㄾ', 'ㅄ'은 어말 또는 자음 앞에서 각각 [ㄱ, ㄴ, ㄹ, ㅂ]으로 발음한다."는 규정이다. 이에 따르면 '넋[넉], 앉대[안따], 넓대[널따], 핥대[할따]'가 된다. 다만 '밟-'은 자음 앞에서 [밥]으로 발음하는데, '밟대[밥 : 따], 밟소[밥 : 쏘], 밟게[밥 : 께]'가 된다. '넓-'은 '넓죽하다[넙쭈카다], 넓둥글대[넙뚱글다]'에서 [넙]으로 발음한다.

② 제11항은 겹받침 'ㄺ, ㄻ, ㄿ'은 어말 또는 자음 앞에서 각각 [ㄱ, ㅁ, ㅂ]으로 발음하는 규정이다. 이에 따르면 '닭[닥], 흙과[흑꽈], 맑대[막따], 삶[삼], 젊대[점 : 따]'가 된다.
    * 주의 : 다만 용언의 어간 말음 'ㄺ'은 'ㄱ' 앞에서 [ㄹ]로 발음되는데, '맑게[말께], 묽

고[물꼬], 읽거내[얼꺼내]'가 된다.

③ 제14항은 "겹받침이 모음으로 시작된 조사나 어미, 접미사와 결합되는 경우에는, 뒤엣 것만을 뒤 음절 첫소리로 옮겨 발음하는 현상"을 규정하였다. 이 규정은 제13항과 크게 다르지 않다.

④ 제15항은 "받침 뒤에 모음 'ㅏ, ㅓ, ㅗ, ㅜ, ㅟ'들로 시작되는 실질 형태소가 연결되는 경우에는, 대표음으로 바꾸어서 뒤 음절 첫소리로 옮겨 발음하는 현상"을 규정하였다. '밭 아래[바다래], 늪 앞[느밥]. 맛없다[마덥따]' 등이 이에 해당한다. 다만 '맛있다, 멋 있다'는 '[마싣따/마딛따], [머싣따/머딛따]'를 모두 인정한다.

* 주의 : 이에 따르면 '뜻있다'의 경우는 [뜨싣따]를 인정하지 않는 셈이다. 이를 유의 해야 한다.

⑤ 제16항은 "한글 자모의 이름은 그 받침소리를 연음하되, 'ㄷ, ㅈ, ㅊ, ㅋ, ㅌ, ㅍ, ㅎ'의 경우에는 특별히 발음하는 현상"을 규정하였다. 예를 들어 '디귿이[디그시], 디귿을[디 그슬], 디귿에[디그세]'처럼, '지읒이[지으시], 치읓이[치으시], 키읔이[키으기], 티읕이 [티으시], 피읖이[피으비], 히읗이[히으시]'로 발음하도록 하였으므로 유의해야 한다. 이러한 현상은 15세기 구별되던 받침의 'ㄷ'과 'ㅅ'이 그 이후에 'ㄷ'으로만 소리 나다 가 다시 일부 조건에서 'ㅅ'이 살아나는 현상이라고 할 수 있다.

4 소리의 동화 : 제5장 소리의 동화(제17항~제22항)

(1) 제18항은 비음화(콧소리되기) 현상이다. 받침 'ㄱ, ㄷ, ㅂ(대표소리가 되는 것도 모두 포함)'은 'ㄴ, ㅁ' 앞에서 [ㅇ, ㄴ, ㅁ]으로 발음한다. 예를 들어 '먹는[멍는], 국물[궁물], 있는 [인는], 없는[엄는], 앞마당[암마당]' 등이 있다. 이러한 동화 현상은 반드시 일어나는 현상 (필연적 변동)이다. 특히 두 단어를 이어서 한 마디로 발음하는 경우에도 이 현상이 적용된 다. 예를 들어 '책 넣는대[챙넌는다], 흙말리대[홍말리다]' 등이 있다.

(2) 제19항은 "받침 'ㅁ, ㅇ' 뒤에 연결되는 'ㄹ'은 [ㄴ]으로 발음한다."는 규정이다. 이 규 정은 유의하여 익혀야 한다. 예를 들어 '담력[담녁], 침략[침냑], 강릉[강능], 항로[항노], 대 통령[대통녕]' 등이 있다. 일부 화자들은 이러한 단어들을 [ㄹ]로 내는 경우도 있기 때문에 틀리기 쉽다. '막론[막논→망논], 백리[백니→뱅니], 협력[협녁→혐녁], 십리[십니→심 니]'처럼 제19항이 적용된 뒤 비음화가 일어나기도 한다.

(3) 제20항은 "'ㄴ'은 'ㄹ'의 앞이나 뒤에서 [ㄹ]로 발음한다."는 규정이다. 'ㄹ'소리가 유음

(흐름소리)이므로 유음화에 해당한다.

5 소리의 첨가 : 제7장 소리의 첨가(제29항~제30항)

(1) 제29항은 'ㄴ'소리를 첨가하는 경우와 관련된 규정이다. 합성어 및 파생어에서, 앞 단어나 접두사의 끝이 자음이고 뒤 단어나 접미사의 첫 음절이 '이, 야, 여, 요, 유'인 경우에는 'ㄴ'소리를 첨가하여 [니, 냐, 녀, 뇨, 뉴]로 발음한다. '솜이불[솜 : 니불], 막일[망닐], 내복약[내 : 봉냑], 한여름[한녀름], 남존여비[남존녀비], 신여성[신녀성], 직행열차[지캥녈차], 담요[담 : 뇨], 눈요기[눈뇨기], 영업용[영엄뇽], 식용유[시굥뉴], 국민윤리[궁민뉼리]' 등이 있다.

(2) 제29항의 'ㄴ'소리 첨가와 관련된 조항에는 예외가 있다. 'ㄴ'소리를 첨가하여 발음하는 것과 표기대로 발음하는 것을 모두 인정하는 경우이다. '이죽이죽[이중니죽/이주기죽], 야금야금[야금냐금/야그마금], 검열[검 : 녈/거 : 멸], 욜랑욜랑[욜랑뇰랑/욜랑욜랑], 금융[금늉/그뮹]'의 예들이 그것이다.

제29항의 <붙임1>은 'ㄹ' 받침 뒤에 첨가되는 'ㄴ'소리는 [ㄹ]로 발음하는 규정이다. '들일[들 : 릴], 솔잎[솔립], 설익다[설릭따], 물약[물략], 불여우[불려우], 서울역[서울력], 물엿[물렫], 휘발유[휘발류], 유들유들[유들류들]'이 있다.

<붙임2>는 두 단어를 이어서 한 마디로 발음하는 경우에도 <붙임1>처럼 발음하는 경우이다. '한 일[한닐], 옷 입다[온닙따]' 등이 있다. 다만 '6·25[유기오], 3·1절[사밀쩔], 송별연[송 : 벼련], 등용문[등용문]'은 'ㄴ(ㄹ)'소리를 첨가하여 발음하지 않는 경우이다.

제30항 사이시옷이 붙은 단어의 표준 발음 규정과 관련된 문제이다.

제14장

외래어 표기법과 로마자 표기법

1. 외래어 표기법

▮1 외래어 표기법의 본질

외래어 표기법은 국어와 다른 외래어가 여러 가지로 표기될 경우 혼란스러움을 방지하기 위해 정한 규범이다. 따라서 외래어 표기법은 외래어의 본 발음을 뜻하는 것이 아니라 국어의 구조에 맞게 정한 표기 규칙이다.

▮2 외래어 표기법의 원리

제 1 항 외래어는 국어의 현용 24 자모만으로 적는다.

flash[flæʃ] → 플래시   vision[viʒən] → 비전   chart[tʃɑːt] → 차트

제 2 항 외래어의 1 음운은 원칙적으로 1 기호로 적는다
그러나 예외적으로 'p'나 'f'를 모두 'ㅍ'로 적거나, 'p'를 'ㅍ, ㅂ, 프'로 적기도 한다.

piano[piano] → 피아노   gap[gæp] → 갭   cape[keip] → 케이프

제 3 항 받침에는 'ㄱ, ㄴ, ㄹ, ㅁ, ㅂ, ㅅ, ㅇ'만을 쓴다.
한국어에서 잎은 모음 '이'와 결합하면 [이피-]로 소리 나지만 'coffee shop'은 모음 '이'와 결합했을 때, [커피쇼피]가 아니라 [커피쇼비]로 발음되는 것이 일반적이다. 이처럼 발음되지도 않는 'ㅍ'을 받침으로 표기할 필요가 없으므로 'ㅍ' 대신 'ㅂ'으

로 표기한다.

workshop *워크숖→워크숍

‘t’의 경우 음절말에서 ‘ㄷ’으로 소리나더라도 모음이 연결될 때 ‘ㅅ’으로 소리나므로 ‘ㅅ’을 쓴다.

diskette *디스켙→디스켓

제4항 파열음 표기에는 된소리를 쓰지 않는 것을 원칙으로 한다.
외래어에서 울림소리, 안울림소리의 대립이 있는 파열음을 한글로 표기할 때, 이전에는 유성 파열음([b, d, g])이나, 무성 파열음([p, t, k])을 된소리로 적기도 하였다. 영어의 무성 파열음은 국어의 거센소리, 프랑스어나 일본어의 무성 파열음은 국어의 된소리에 가깝기 때문이다. 그러나 일관성을 유지하기 위해 유성 파열음은 예사소리로, 무성 파열음은 거센소리로 통일하였다.

gas *[까스]→가스   bus *[뻐스]→버스   gown *[까운]→가운
Paris *[빠리]→파리   conte *[꽁트]→콩트   pierrot *[삐에로]→피에로
jazz *[째즈]→재즈   symphohy *[씸포니]→심포니   show *[쑈]→쇼

태국어나 베트남어는 예외적으로 된소리 표기를 인정한다.

푸껫(태국), 꽌(베트남)

제5항 이미 굳어진 외래어는 관용을 존중하되, 그 범위와 용례는 따로 정한다.

drama[dramə] *드라머 → 드라마 amateur[æmətʃuər] *애머추어 → 아마추어
chokolate[tʃɔkəlit] *초컬릿 → 초콜릿

[표기 세칙]

1 자음의 표기

(1) 파열음

① [b, d, g] : 어말과 모든 자음 앞에 오는 ‘[b, d, g]’는 ‘으’를 붙여 ‘브, 드, 그’로 적는다.

② [p, t, k] : 짧은 모음 다음이나, 짧은 모음과 유음([l], [r]), 비음([m], [n]) 이외의 자음 사이에 오는 ‘[p, t, k]’는 받침 ‘ㅂ, ㅅ, ㄱ’으로 적는다. 이 경우 이외의 어말과 자음 앞의 ‘[p, t, k]’는 ‘으’를 붙여 ‘프, 트, 크’로 적는다.

> ㉮ gap[gæp]　갭
> ㉯ act[ækt]　액트
> ㉰ cake[keik]　케이크
> ㉱ sickness[siknis]　시크니스

(2) 마찰음

① [s, z, f, v, θ, ð] : 어말 또는 자음 앞의 [s, z, f, v, θ, ð]는 ‘으’를 붙여 ‘스’, ‘즈’, ‘프’, ‘브’, ‘스’, ‘드’로 적는다.

② [ʃ] : 어말의 [ʃ]는 ‘시’로 적고, 자음 앞의 [ʃ]는 ‘슈’로, 모음 앞의 [ʃ]는 뒤따르는 모음에 따라 ‘샤’, ‘섀’, ‘셔’, ‘셰’, ‘쇼’, ‘슈’, ‘시’로 적는다.

③ [ʒ] : 어말 또는 자음 앞의 [ʒ]는 ‘지’로 적고, 모음 앞의 [ʒ]는 ‘ㅈ’으로 적는다.

> ㉮ jazz[ʤæz]　재즈
> ㉯ thrill[θril]　스릴
> ㉰ flash[flæʃ]　플래시
> ㉱ shrimp[ʃrimp]　슈림프
> ㉲ fashion[fæʃən]　패션
> ㉳ vision[viʒən]　비전

(3) 파찰음

① [ts, dz] : 어말 또는 자음 앞의 [ts, dz]는 ‘츠’, ‘즈’로 적는다.

② [ʧ, ʤ] : 어말 또는 자음 앞의 [ʧ, ʤ]는 ‘치’, ‘지’로 적고, 모음 앞의 [ʧ, ʤ]는 ‘ㅊ’,

‘ㅈ’으로 적는다.

> ㉮ Keats[ki : ts]　키츠
> ㉯ switch[switʃ]　스위치
> ㉰ bridge[bridʒ]　브리지
> ㉱ chart[tʃɑ : t]　차트

(4) 비음과 유음

① [m, n, ŋ] : 어말 또는 자음 앞의 비음은 모두 받침 ‘ㅁ, ㄴ, ㅇ’으로 적는다.

② [l] : 어말 또는 자음 앞의 [l]은 받침 ‘ㄹ’로 적는다. 어중의 [l]이 모음 앞에 오거나, 모음이 따르지 않는 비음([m], [n]) 앞에 올 때에는 ‘ㄹㄹ’로 적는다. 다만, 비음([m], [n]) 뒤의 [l]은 모음 앞에 오더라도 ‘ㄹ’로 적는다.

> ㉮ steam[sti : m]　스팀
> ㉯ hint[hint]　힌트
> ㉰ ink[iŋk]　잉크
> ㉱ slide[slaid]　슬라이드
> ㉲ film [film]　필름
> ㉳ Hamlet[hæmlit]　햄릿

2 모음의 표기

(1) 단모음

① [ə]와 [ʌ] : 모두 ‘어’로 적는다.

② [æ] : ‘애’로 적는다.

③ [ɔ]와 [o] : 모두 ‘오’로 적는다.

> ㉮ digital[didʒitəl]　디지털
> ㉯ honey[hʌni]　허니
> ㉰ accessory[æksesəri]　액세서리
> ㉱ concert[kɔnsə : rt]　콘서트

(2) 이중모음

① [ai], [au], [ei], [ɔi] : 이중모음은 각각 단모음의 음가를 살려서 ‘아이’, ‘아우’, ‘에이’,

‘오이’로 적는다.

② [ou], [auə] : [ou]는 ‘오’로, [auə]는 ‘아워’로 적는다.

   ㉮ time[taim]　타임
   ㉯ snow[snou]　스노
   ㉰ tower[tauə]　타워

3 복합어의 표기

따로 쓸 수 있는 말의 합성으로 이루어진 복합어는 그것을 구성하고 있는 말이 단독으로 쓰일 때의 표기대로 적는다. 그리고 원어에서 띄어 쓴 말은 띄어 쓴 대로 한글 표기를 하되, 붙여 쓸 수도 있다.

   ㉮ headlight[hedlait]　헤드라이트
   ㉯ outlet[autlet]　아웃렛
   ㉰ top class[tɔpklæs]　톱클래스

4 인명 · 지명 표기의 원칙

(1) 외국인의 인명, 지명도 원지음을 따라서 표기한다.

(2) 원지음이 아닌 제3국의 발음(Caesar, 시저)이나 번역명(Black Sea, 흑해)이 통용되고 있는 경우에는 관용을 따른다.

(3) 중국 인명은 과거인과 현대인을 구분하여 과거인은 종전의 한자음대로 표기하고(孔子, 공자), 현대인은 원칙적으로 중국어 표기법에 따라 표기하되(鄧小平, 덩샤오핑), 필요한 경우 한자를 병기한다.

(4) 중국의 역사 지명으로서 현재 쓰이지 않는 것은 우리 한자음대로 하고(江南, 강남), 현재 지명과 동일한 것은 중국어 표기법에 따라 표기하되(廣州, 광저우), 필요한 경우 한자를 병기한다.

(5) 일본의 경우에는 인명(伊藤博文, 이토 히로부미)과 지명(大阪, 오사카)에서 과거와 현대의 구분 없이 일본어 표기법에 따라 표기하는 것을 원칙으로 하되, 필요한 경우 한자를 병기한다. 하지만 중국(上海, 상해 & 상하이) 및 일본(東京, 동경 & 도쿄)의 지명 가운데 한국 한자음으로 읽는 관용이 있는 것은 이를 허용하고 있다.

6 바다, 섬, 강 산 등의 표기 세칙

(1) '해, 섬, 강, 산' 등이 외래어에 붙을 때에는 띄어 쓰고 우리말에 붙을 때는 붙여 쓴다.

　　카리브 해, 북해, 발리 섬, 목요섬

(2) 바다는 '해(海)'로 통일한다.

　　홍해, 발트 해, 아라비아 해

(3) 우리나라를 제외하고 섬은 모두 '섬'으로 통일한다.

　　타이완 섬, 코르시카 섬 (제주도, 울릉도)

(4) 한자 사용 지역(일본, 중국)의 지명이 하나의 한자로 되어 있을 경우, '강, 산, 호, 섬' 등은 겹쳐 적는다.

　　주장 강(珠江), 도시마 섬(利島)

(5) 지명이 산맥, 산, 강 등의 뜻이 들어 있는 것은 '산맥, 산, 강' 등을 겹쳐 적는다.

　　몬테로사 산(Monte Rosa)
　　몽블랑 산(Mont Blanc)

2. 로마자 표기법

1 로마자 표기법의 본질

국어의 로마자 표기법은 우리의 인명, 지명 등의 고유 명사를 명함이나 관광지 안내판, 안내 책자, 지도 등에 국제 문자인 로마자로 표기하는 규범을 말한다.

2 로마자 표기법의 원리

국어를 로마자로 표기할 경우에는 국어의 형태를 고려하여 글자대로 표기하는 '전자법(轉

字法)’과 국어의 소리를 반영하여 표기하는 ‘전음법(轉音法)’이 있다. 현행 로마자 표기법은
전음법을 기본으로 한다.

3 기본 원칙

(1) 국어의 로마자 표기는 국어의 표준 발음법에 따라 적는 것을 원칙으로 한다.

속리산[송니산] : Songnisan   국민[궁민] : gungmin
굳이[구지] : guji   청량리[청냥니] : Cheongnyangni
벚꽃[벋꼳] : beotkkot

(2) 로마자 이외의 부호는 되도록 사용하지 않는다.

(3) 자음과 모음은 다음과 같이 적는다.

① 자음

파열음 :	ㄱ	ㄲ	ㅋ	ㄷ	ㄸ	ㅌ	ㅂ	ㅃ	ㅍ
	g,k	kk	k	d,t	tt	t	b,p	pp	p

파찰음 :	ㅈ	ㅉ	ㅊ
	j	jj	ch

마찰음 :	ㅅ	ㅆ	ㅎ
	s	ss	h

비 음 :	ㄴ	ㅁ	ㅇ
	n	m	ng

유 음 :	ㄹ
	r,l

② 모음

단모음 :	ㅏ	ㅓ	ㅗ	ㅜ	ㅡ
	a	eo	o	u	eu

	ㅣ	ㅐ	ㅔ	ㅚ	ㅟ
	i	ae	e	oe	wi

이중모음 :	ㅑ	ㅕ	ㅛ	ㅠ	ㅒ	ㅖ
	ya	yeo	yo	yu	yae	ye

	ㅘ	ㅙ	ㅝ	ㅞ	ㅢ
	wa	wae	wo	we	ui

③ 받침의 발음

    k : ㄱ ㅋ ㄲ (박, 부엌, 밖)

    p : ㅂ ㅍ (입, 잎)

    t : ㄷ ㅌ (듣, 숱)

④ 겹받침의 발음

음절 끝에서는 하나만 발음되므로 하나로 표기한다.

닭[닥] : dak   샀[삭] : sak   여덟[여덜] : yeodeol   삶[삼] : sam   값[갑] : gap

[붙임 1] 'ㄱ, ㄷ, ㅂ'은 모음 앞에서는 'g, d, b'로, 자음 앞이나 어말 앞에서는 'k, t, p'로 적는다.

구미 Gumi   영동 Yeongdong   호법 Hobeop   월곶 Wolgot   벚꽃 Beotkkot

[붙임 2] 'ㄹ'은 모음 앞에서는 'r', 자음 앞이나 어말에서는 'l'로 적는다. 단, 'ㄹㄹ'은 'll'로 적는다.

4 표기 세칙 : 주의할 점

(1) 음운 변화의 결과를 반영한다.

종로2가[종노2가] : Jongno2-ga   학여울[항녀울] : Hangnyeoul
해돋이[해도지] : haedoji   북일, 부길[부길] : Bugil

(2) 체언에서 거센소리되기와 된소리되기 현상은 반영하지 않는다.

집현전[지편전] : Jiphyeonjeon]   팔당[팔땅] : Paldang

(3) 발음의 혼동이 우려되는 경우 붙임표의 사용이 가능하다.

중앙 : Jungang[준강/중앙] →jun-gang / jung-ang

(4) 사람 이름 표기는 성-이름 순서로, 이름은 음절을 각각 표기한다.

홍낙민[Hong Nakmin] →이름이 발음상 음운 변화를 일으키더라도 반영 안 함.

(5) 행정 구역 명 '시, 도, 군, 구, 읍, 면, 동, 리' 앞에 반드시 '-'(붙임표)를 붙인다.

제주도 : Jeju-do   당곡리[당공니] : Danggok-ri

행정 구역의 붙임표 앞뒤에서 음운 변화를 일으키더라도 표기에는 반영하지 않는다. 단, 시, 군, 읍의 행정 단위는 생략 가능하다.
자연 지물 명, 문화재 명, 인공 축조물 명은 붙임표 없이 붙여 쓴다.

남산 Namsan   금강 Geumgang
안압지 Anapji   독립문 Dongnimmun
촉석루 Chokseongnu

(6) 고유명사의 첫 글자는 대문자를 쓴다.
부산 : Busan   세종 : Sejong

(7) 로마자를 영어와 동일시하지 않도록 한다.
영 : *young → yeong

(8) 인명, 회사, 단체 명은 그동안 써 오던 표기를 쓸 수 있다.

삼성 : Samsung   현대 : Hyundai
대우 : Daewoo

(9) 학술 논문(특수 분야)에서 한글 복원을 전제로 할 때 한글의 표기는 이 규칙을 따르지 않을 수 있다.

집 : jib   값 : gabs
독립 : doglib   굳이 : gud-i
물엿 : mul-yeos   없었습니다 : eobs-eoss-seubnida
좋다 : johda   붓꽃 : buskkoch

제2부

형태론, 통사론

제1장

형태소와 단어

1. 형태소

1 형태소의 정의

형태소란 가장 작은 문법 단위로 최소의 유의적 단위이다.

2 형태소의 유형

(1) 자립성 유무의 기준

① 자립 형태소 : 혼자 쓰일 수 있는 형태소. 명사, 대명사, 수사, 관형사, 부사, 감탄사 등
이 포함된다.

   예 꽃, 새, 잘, 어머나, 하늘, 우리, 한, 셋

② 의존 형태소 : 혼자 쓰일 수 없는 형태소. 조사, 용언 어간, 어미, 접사 등이다.

   예 먹-, 뛰-, -어라, 이/가, 갓-

(2) 의미의 구체성 유무에 따른 기준

① 실질 형태소

의미의 구체성이 있어 어휘적 의미를 표시하므로 어휘 형태소라고도 하며, 자립 형태소
전부와 용언의 어간이 들어간다.

   예 꽃, 하나, 잘, 책, 읽-, 벌써

② 형식 형태소

의미의 구체성이 없어 말과 말 사이의 형식적인 문법적 역할만 담당하는 것으로 문법 형

태소라고도 하며 조사, 어미, 접사가 들어간다.

> 예 가, 었, 을/를
>
> ※ 접사는 조사, 어미와 달리 어휘적 의미를 가진 어근에서 발달한 것이 많아서 실질 형태소로 보는 견해도 있으나(김광해 외, 국어지식탐구) 학교 문법을 비롯한 대부분의 연구서에서 형식 형태소로 보고 있다.

(3) 유일 형태소(특이 형태소, 불구 형태소)

유일 형태소란 한정된 분포만을 보이는 형태소이다.

> 예 '오솔-길', '소리-개', '착-', '아름-', '느닷-'

3 형태와 이형태

(1) 교체

한 형태소가 환경에 따라 달라지는 것을 교체라 하고, 달리하는 각각의 모습을 형태라 하며, 한 형태소의 교체형들을 그 형태소의 이형태라고 한다.

(2) 상보적 분포

한 형태소의 이형태들은 서로 분포되는 환경이 겹치지 않는다. 주격 조사 '이'가 와야 할 환경에는 '가'가 오지 못하며, 목적격 조사 '을'이 와야 할 자리에는 '를'이 오지 못한다. 이처럼 서로 의미가 같은 형태들이 동일한 환경에 오지 못하는 문법적 특성을 상보적 분포라고 한다.

> 예 '을'과 '를', '맞-, 만-, 만-'

(3) 기본형

① 어떤 형태소가 여러 이형태들을 지니고 이들이 서로 교체될 때 하나를 택하여 대표로 삼게 되는데, 대표되는 이형태를 기본형이라 한다.

② 기본형 중에 실제 발음에 존재하지 않는 형태로 정해진 이론적 기본형이 있다. '집을 짓는다'에서 '짓고, 짓는다'로 쓰는 것은 '짓-'을 기본형으로 삼았기 때문이다.

③ 기본형을 정하는 원칙

　㉠ 역사적인 사실을 고려하여 기본형을 정한다.

ⓛ 순리적으로 설명이 가능한 것을 기본형으로 삼는다.
ⓒ 조건이 똑 같을 경우, 어느 하나를 임의로 기본형으로 삼는다.

4 교체의 유형

(1) 연결 조건에 따라

① 음운론적 교체 : 음운론적 조건에 따른 교체.
  예 조사 '이/가'나 '을/를'이 자음 아래에서는 '이, 을', 모음 아래에서는 '가, 를'로 교체되는 경우.

② 형태론적 교체 : 형태론적 조건에 따른 교체.
  예 '오너라'에서, '오-'라는 형태 뒤에서 '-어라'가 '-너라'로 교체되는 경우.

(2) 필연성 여부에 따라

① 자동적 교체 : 국어의 발음 규칙상 불가피하게 나타나거나, 음운 규칙으로 인해 필연적으로 나타나는 경우.
  예 '값도'에서 'ㅅ' 탈락, '앉더니'에서 'ㅈ', '흙손'에서 'ㄹ' 탈락

② 비자동적 교체 : 발음은 가능하지만 말하는 사람의 습관상 일어나는 교체이거나 자연스럽게 발음될 수 있는데도 교체가 일어나는 경우.
  예 듣-/들-, 이/가

(3) 규칙성 여부에 따라

① 규칙적 교체 : 일정한 조건에서 항상 교체가 일어나는 경우.
  예 조사 '이/가'나 '을/를'은 자음 아래에서는 '이'와 '을', 모음 아래에서는 '가'와 '를'이 되므로 규칙적이다.

② 불규칙적 교체 : 일정한 조건을 명시할 수 없는 경우.
  예 '듣고'와 '들어라'의 '듣-~들-'의 교체.

2. 단어

1 단어의 의미

(1) 단어의 정의 및 특성

① 단어는 문법상의 일정한 뜻을 가지는 말의 최소 단위이다.

② 단어는 최소의 자립 형식(minimal free form)이다.

(2) 단어의 기준

① 휴지와 분리성 : 단어는 그 내부에 휴지를 둘 수도 없고 다른 단어를 끼워 넣을 수도 없는 의미 단위이다.

  ㉠ 휴지 : 휴지는 숨을 끊어 발음할 수 있느냐 없느냐 하는 것이다.

    예 작은집, 산토끼

  ㉡ 분리성 : 어떤 단위의 내부에 다른 것이 들어가 분리될 수 있느냐의 여부를 가리킨다.

    예 *산 예쁜 토끼, 작은 우리의 집

② 최소의 자립성 : 단어는 최소의 자립성이 있어야 한다.

  ㉠ 체언과 조사 : '꽃이, 나무가, 책을'과 같은 예에서, '꽃, 나무, 책' 등은 자립성을 가지므로 단어가 된다. 그런데, 조사의 경우는 자립성은 없지만 앞 단어와의 분리성을 가진다는 점에서 단어로 인정된다.

  ㉡ 용언의 어간과 어미 : '먹다, 자다, 보다'와 같은 예에서, '-다'를 분리해 내면 남는 '먹-, 자-, 보-'는 자립성이 없으므로 단독으로 단어가 되지 못하고 반드시 어미와 결합해야 한다. 이처럼 어미는 조사와 달리 분리성이 없으므로 단어로 인정되지 못한다.

  ㉢ 그 밖의 품사 : 그 밖의 품사는 다 단어가 된다. 관형사와 같은 경우는 뒤에 꾸밈을 받는 말이 와야만 하므로 자립성이 떨어지지만 다른 단어에 형태적으로 의존하지 않으므로 단어가 된다.

2 단어의 구성

형태소가 단어를 형성할 때 어떠한 역할을 하느냐에 따라 어근과 접사로 나뉜다.

(1) 어근

실질적 의미를 나타내는 중심 부분이다.

    예 어근이 둘 모여 단어를 이룬 경우 : 고무–신, 숯–불, 떠–오르다, 낮–잠, 붙–잡다

① 어근의 구분

    ㉠ 규칙적 어근

        • 어근의 품사가 분명하고 다른 말과 자유롭게 통합될 수 있다.

        • 규칙적 어근과 접사의 결합 예로는 '사람–답다', '행복–하다' 등을 들 수 있다.

    ㉡ 불규칙적 어근

        • 품사가 명백하지 않으며, 다른 말과의 통합에도 제약이 따른다.

        • 불규칙적 어근과 접사의 결합 예로는 '아름–답다', '따뜻–하다' 등을 들 수 있다.

② 어근과 어간의 구별

    ㉠ 어근은 실질적 의미를 나타내는 중심 부분으로 단어 형성시의 불변 요소이고, 어간은 활용시의 불변 요소로 기본형에서 '–다'를 뺀 부분이다.

    ㉡ 단어를 분석했을 때 어근과 어간은 모두 실질 형태소이고 접사와 어미는 형식 형태소이다.

(2) 접사

어근에 붙어 그 주변부를 형성하는 형태소를 접사라 한다. 접사는 늘 어근과 어울려야만 쓰일 수 있으므로 의존 형태소이며 형식 형태소이다.

    예 어근과 접사가 함께 한 단어를 이룬 경우 : 덧–신, 군–소리, 치–뜨다, 심술–꾸러기, 막–히다

① 일반적으로 접사는 파생 접사를 말하는데, 학자에 따라 조사나 어미를 포함하여 말하기도 한다.

    ㉠ 굴절 접사 : 문법적 관계를 나타내며 한 단어의 굴절을 담당하는 것으로, 체언에 연결되는 조사, 용언의 어간에 연결되는 어미를 가리킨다.

    ㉡ 파생 접사 : 어근에 붙어 새로운 단어를 파생하는 것으로, 어근과 결합하는 자리에 따라 접두사와 접미사로 나눈다.

    예 '짓누르다, 맨손, 햇과일, 풋사과' 등에서의 '짓–, 맨–, 햇–, 풋–' 등은 파생 접두사, '먹이, 무덤, 지붕' 등에서의 '–이, –엄, –웅' 등은 파생 접미사

② 접사의 구분

   ㉠ 한정적 접사 : 어근의 뜻만 제한한다.

      예 새-, 짓-, 맨-, 햇-

   ㉡ 지배적 접사 : 어근에 붙어 품사를 변화시키거나 문장 구조의 변화를 가져온다.

      예 -이, -엄, -웅, -님, -히

2 단어의 구조

(1) 단일어

① 단일어는 어근이 하나의 형태소로 이루어진 단어를 말한다. '꽃, 나무, 하늘' 등은 어근이 하나인 형태소로, 형태소인 동시에 단어가 된다. 용언의 경우는 '먹다, 높다'에서 '먹-, 높-' 등이 하나의 어근을 가진 단일어가 된다,

② 단어의 분석에서는 어근의 구조를 파악하고, 어근에 굴절 접사가 붙는가 아니면 파생 접사가 붙는가를 파악해야 한다.

(2) 복합어

복합어는 구성 요소 중 한 쪽의 접사 여부에 따라 합성어와 파생어로 구분된다. 직접 구성 요소 분석을 했을 때 어느 한쪽이 접사이면 파생어, 둘 다 어근이면 합성어가 된다.

(3) 직접 구성 요소

① 구성을 층위적으로 나누었을 때 맨 처음 분석되는 두 구성 요소를 직접 구성 요소(Immediate Constituent, IC)라고 하고, 이렇게 분석하는 것을 IC 분석(Analysis)이라고 한다.

② IC 분석의 예

   ㉠ 합성어로 분석되는 경우 : 싸움-터, 피-바다, 눈꽃-송이

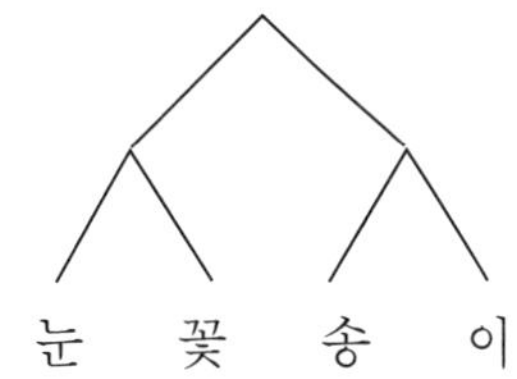

ⓛ 파생어로 분석되는 경우 : 친-형제, 높낮-이

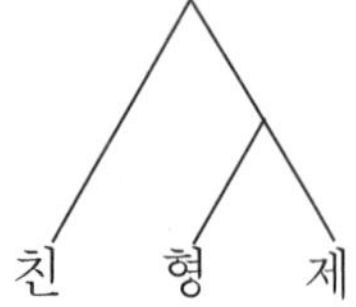 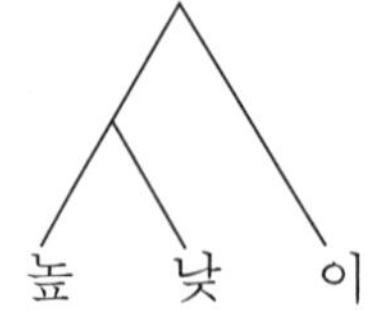

(4) 직접 구성 요소 분석의 기준

① 의미와의 관련성

② 더 작은 단위에 의한 대치 가능성

③ 언어 전체 구조에 의한 지원도

다음과 같은 낱말들은 합성어인지 파생어인지 논란이 되지만, 언어 전체 구조에 의한 지원을 받아 합성어로 판단되는 예들이다. 즉 이러한 분석을 뒷받침할 만한 다른 예들을 찾아볼 수 있다는 것이다.

> 밥-벌이, 눈-웃음, 윷-놀이
> 시집-살이, 머슴-살이, 고기-잡이, 바람-잡이
> 오줌-싸개, 똥-싸개, 불-돋우개, 심-돋우개

그러나 학자에 따라서 이를 파생어로 보기도 하므로 <우리말문법론>에서는 종합합성어로 분류하고 있다.

3 파생어

(1) 의미

① 단어의 어근에 파생 접사가 붙는 단어를 파생어라 한다.

② 파생어는 접사가 어근 앞에 붙는 접두어와 접사가 어근 뒤에 붙는 접미어로 나눌 수가 있다.

(2) 접두사에 의한 파생어

① 접두사는 지배적 접사에 의해 어근의 품사를 바꾸는 통사적 파생법은 없고, 어근의 의미만을 한정하는 한정적 접사에 의한 어휘적 파생법이 있다. 그러나 예외적인 경우도

있다.

> 예 메-마르다, 강-마르다, 숫-되다, 엇-되다 (동사 → 형용사)

② 접두사는 접미사보다 단조롭고 그 수효도 적다.

③ 유형

    ㉠ 체언에만 결합하는 접두사

        예 군-침, 날-감자, 돌-배, 들-기름, 맨-발, 선-잠, 숫-총각, 알-부자, 풋-과일

    ㉡ 용언에만 결합하는 접두사

        예 되-감다, 드-높다, 빗-나가다, 설-익다, 엇-갈리다, 짓-누르다, 치-뜨다

    ㉢ 체언(명사)과 용언(동사) 둘 다에 결합이 가능한 접두사

        예 갓-마흔/ 갓-피다, 덧-신/ 덧-나다, 헛-소문/ 헛-돌다

(3) 접미사에 의한 파생어

파생 접미사는 접두사에 비해 수도 많고 한정적 기능과 지배적 기능을 다 가지고 있다. 어휘적 파생뿐 아니라, 품사를 바꾸거나 통사 구조를 바꾸는 통사적 파생이 가능하다.

① 파생 명사

    ㉠ 어휘적 파생

        • 명사와 결합 : 심술-꾸러기, 가난-뱅이, 말-씨, 망-아지, 노동-자, 욕심-장이, 바느-질, 눈-치

    ㉡ 통사적 파생

        • 동사나 형용사의 어간과 결합 : 더하-기, 웃-음, 먹-이, 높-이, 무덤(묻-엄), 노래(놀-애)

② 파생 동사

    ㉠ 어휘적 파생

        예 밀치다, 넘치다

    ㉡ 통사적 파생

        밥하다, 공부하다 <명사에서>

        밝히다, 좁히다, 맞추다 <형용사에서>

        철렁거리다, 바둥바둥하다 <부사에서>

        먹이다, 먹히다, 울리다, 깨지다 <통사구조 바꿈>

③ 파생 형용사
   ㉠ 어휘적 파생
      말갛다, 거멓다, 높다랗다
   ㉡ 통사적 파생
      가난하다, 학생답다, 슬기롭다, 행복스럽다 <명사에서>
      미덥다, 놀랍다, 미쁘다 <동사에서>
      울긋불긋하다, 반듯반듯하다 <부사에서>
④ 파생 부사
   ㉠ 어휘적 파생
      오뚝이, 곰곰이, 더욱이, 생긋이
   ㉡ 통사적 파생
      마음껏, 참으로, 정말로 <명사에서>
      높이, 많이, 빨리, 어렵사리, 매우, 용감히 <형용사에서>
      비로소, 마주 <동사에서>
⑤ 접사의 생산성
   접사가 새 말을 형성할 수 있는 정도를 가리킨다.
   ㉠ 생산적인 접사 : -이, -히
      예 먹이다, 잡히다, 많이
   ㉡ 비생산적인 접사 : -아지, -엄, -우, -업 등
      예 모가지, 무덤, 자주, 미덥다

4 합성어

(1) 합성어의 의미

① 합성어는 둘 이상의 어근인 실질 형태소가 모여 이루는 단어 형성이다. 이때 형성된 새 단어의 뜻은 단순히 어근의 뜻만 가지는 것은 아니다.

② 합성어는 구나 절과 구별이 안 되는 경우가 많다. 합성어는 하나의 단어이기 때문에 띄어쓰기 유무, 분리성 유무, 서술성 유무, 의미의 특수성 유무 등에 의해 구분하지만 때로는 그 기준 설정이 모호해질 때가 있다.

(2) 합성어의 유형

① 통사적 합성어 : 통사적 합성어는 그 성분의 배열 방식이 구나 문장에서의 단어 배열 방식과 일치하는 것이다.

　ㄱ 통사적 합성 동사 : 재미-나다, 철-들다, 눈-부시다, 본-받다, 힘-쓰다, 살펴-보다, 앞-세우다, 가로-지르다

　ㄴ 통사적 합성 명사 : 고무-신, 손-톱, 꽃-잎, 눈-물, 첫-사랑, 각-살림, 그-것, 늙은-이, 큰-집, 건널-목

　ㄷ 통사적 합성 형용사 : 재미-있다, 발-빠르다, 배-부르다, 손-쉽다

② 비통사적 합성어 : 비통사적 합성어는 그 성분의 배열 방식이 정상적인 국어 문장에서의 배열과는 다른 합성어이다. 단어가 아닌 어근이 섞여 있거나 용언의 어간끼리 결합한 합성어, 또는 사이시옷이 개재한 합성어 등이다.

　ㄱ 비통사적 합성 동사 : 날-뛰다, 여-닫다, 얽-매다, 얕-보다

　ㄴ 비통사적 합성 명사 : 곗-돈, 촛-불, 치맛-바람, 늦-더위, 산들-바람

　ㄷ 비통사적 합성 형용사 : 검디-검다, 머나-멀다, 검-푸르다, 재-빠르다

③ 반복 합성어 : 같은 말 또는 비슷한 말들이 반복되어 형성된 합성어이다.

　ㄱ 얼마간 음상을 달리하는 반복 합성어 : 얼룩덜룩, 싱글벙글, 싱숭생숭, 허겁지겁

　ㄴ 한 어근이 그대로 반복되는 합성어 : 가지가지, 차례차례, 바리바리, 구석구석, 굽이굽이, 반짝반짝, 소곤소곤

3. 한자어의 형성

(1) 한자어의 종류

우리말에는 중국에서 들어온 한자어가 상당히 많이 쓰이고 있다. 어떤 것은 독립적으로 주말(週末), 국내(國內) 등과 같이 한자 그대로 쓰이는가 하면, 때로는 우리말과 결합해 산불(山-), 머릿방(-房) 등과 같은 단어를 형성한다. 또한 근대 이후에 일본에서 들어온 한자어가 급증하였다. 학술 용어는 거의 다 일본에서 만들어진 한자어인데, 대표적인 것이 '명사(名詞), 대명사(代名詞), 동사(動詞)'와 같은 용어들이다. 그 외에 우리나라에서 만들어진 한자어도 있다. '삼촌(三寸), 대지(垈地), 시댁(媤宅)' 등이다.

(2) 한자어 조어법의 특징

한자어는 고유어에 비해 새로운 단어를 만드는 힘이 강하다. 하나의 형태가 앞과 뒤에 다 나타날 수 있고, 어근과 접미사의 기능을 모두 담당하기도 한다. 또 약어를 만드는 힘이 강하다.

(3) 한자어의 단어 형성 방식

우리말에서는 목적어가 앞에 오고 서술어가 뒤에 오거나 부사어가 서술어 앞으로 오는데 비해, 한자어에서는 서술어와 목적어의 순서로 이루어지거나 서술어와 부사어의 순서로 이루어져 한문 자체의 구성 순서를 유지하는 단어가 많다.

① 한자어 조어법의 유형

    ㉠ 주어+서술어 : 가빈(家貧), 야심(夜深)

    ㉡ 서술어+목적어 : 讀書(독서), 報恩(보은), 入國(입국)

    ㉢ 서술어+부사어 : 在鄕(재향), 在中(재중)

    ㉣ 관형어+명사 : 妙技(묘기), 戰士(전사), 美人(미인)

    ㉤ 부사+서술어 : 必勝(필승), 北上(북상)

② 접두사나 접미사로 쓰이는 한자

    ㉠ 접두사의 예 : 內, 末, 本, 生, 再, 假, 無, 初, 總, 別, 沒

    ㉡ 접미사의 예 : 街, 界, 機, 的, 化, 家, 系, 術, 別, 工, 課, 學, 式

(4) 한자어의 파생어와 합성어

① 파생어 : 高-次元(고차원), 未-開拓(미개척), 地域-別(지역별)

② 합성어 : 學-力(학력), 夫-婦(부부), 父-母(부모), 江-土(강토), 法-學(법학)

품사는 단어를 문법적 특성에 따라 몇 갈래로 묶어 놓은 것이다. 1963년에 공포된 학교 문법 통일안에 따르면 국어의 품사는 9품사 체계이다.

1. 품사 분류

1 품사 분류의 세 가지 관점

(1) 분석주의적 관점

◆ 주시경의 「국어문법」(1910)

① 명사(임), 형용사(엇), 동사(움), 조사(겻), 접속사(잇), 관형사(언), 부사(억), 감탄사(놀), 종지사(끗)의 9품사를 설정하였다.

② 명사는 대명사, 수사를 포괄하는 명칭으로 쓰고, 형용사, 동사는 그 어간 부분만을 가리키고 어미는 독립한 단어로서 종결어미가 종지사, 연결어미가 접속사로 처리되었다. 체언에 연결되는 보통 조사는 조사, 접속을 뜻하는 조사는 접속사로 하였다.

(2) 종합주의적 관점

◆ 정열모의 「신편고등국어문법」(1946)

품사를 '명사, 동사, 관형사, 부사, 감동사'의 5품사로 나누었고, 어미는 물론 조사까지도 단어로 인정하지 않는 입장을 취하였다.

(3) 준종합주의적(절충적) 관점

◆ 최현배의 「우리말본」(1971)

① 활용을 인정하여 용언의 어미를 단어로 인정하지 않고, 종합적인 분류법을 채택했다.

② 명사(이름씨), 대명사(대이름씨), 수사(셈씨), 동사(움직씨), 형용사(그림씨), 지정사(잡음
씨), 관형사(매김씨), 부사(어찌씨), 감동사(느낌씨), 조사(토씨)의 10품사를 설정하였다.

2 학교 문법의 품사 분류

① '명사, 대명사, 수사, 조사, 동사, 형용사, 관형사, 부사, 감탄사'의 아홉 가지 품사로 분
류한다.

② 품사 체계는 조사만 단어로 인정하고 어미는 단어로 인정하지 않는 입장을 취하고
있다.

③ 품사 체계는 지정사 문제를 제외하면 최현배의 품사 분류론을 그대로 계승했다.

3 접속사, 지정사, 존재사의 문제

① 접속 부사 '그리고, 그러나' 등을 접속의 기능을 한다고 하여서 '접속사'로 설정하는 경
우가 있다.

② 지정사 '이다,' '아니다'를 독립시켜 지정사로 부르기도 한다. 학교 문법에서는 '아니
다'는 형용사에 소속시키고 '이다'는 조사로 보고 있다.

③ 존재사는 존재의 뜻을 나타내는 '있다, 없다'를 가리키는데 현행 학교 문법에서는 이를
독립된 품사로 인정하지 않고, 형용사에 소속시키고 있다. 그러나 '있다'는 존재의 뜻
을 나타낼 때에는 동사의 성격이 강하고, 소유의 뜻을 나타낼 때에는 형용사의 성격이
강하다.

4 품사분류의 기준

(1) 형태

단어의 형태적 특징을 의미한다. 단어가 변화하느냐(가변어) 변화하지 않느냐(불변어)에
따라 구분되고 또한 변한다면 어떤 방식으로 변화하느냐에 따라 구분된다.

① 가변어

㉠ 어미 변화를 하는 용언, 즉 동사와 형용사와 서술격 조사는 가변어이다.

ⓛ 이들은 형태가 변한다는 점에서는 공통적이지만 형태가 변화하는 방식은 동일하지 않다.

② 불변어

㉠ 체언은 조사가 붙는다는 점에서 용언과 비슷하지만 분리성이 강하기 때문에 불변어에 포함된다.

ⓛ 체언 외에 관형사, 부사, 감탄사와 서술격 조사를 제외한 모든 조사는 불변어이다.

(2) 기능

① 한 단어가 문장 가운데에서 다른 단어와 맺는 관계를 가리킨다.

② 기능을 고려한 하위 범주

㉠ 체언 : 명사, 대명사, 수사를 통칭하는 말로 격조사를 취하며 관형어의 수식을 받을 수 있다.

ⓛ 용언 : 동사, 형용사를 통칭하는 말로 어미를 취하여 굴절하는 단어이다.

ⓒ 수식언 : 관형사, 부사를 통칭하는 말로 격조사와 어미를 취하지 못하고, 체언과 용언을 수식하는 단어이다.

ⓔ 독립언 : 독립적으로 문장을 이룰 수 있는 품사인 감탄사를 이르는 말로 낱말을 수식하지 않고, 수식받지도 않는다.

ⓜ 관계언 : 관계언은 다른 낱말의 문법적 관계를 규정해 주는 품사인 조사를 이르는 말이다.

(3) 의미

품사를 명사, 대명사, 수사, 조사, 관형사, 부사, 동사, 형용사, 감탄사로 분류하는 것은 의미에 따른 명칭 부여이다. 여기에서의 의미는 단어의 개별적인 어휘적 의미가 아니라 품사 분류에 필요한 형식적인 의미로서 단어의 공통적인 유개념을 말한다.

① 명사 : 주로 사물의 명칭을 나타내는 품사이다.

② 대명사 : 다른 체언을 대신하는 역할을 하는 품사이다.

③ 수사 : 수나 차례를 나타내는 말이다.

④ 동사 : 주로 사물을 움직임을 나타내며, 명령형과 청유형의 어미 변화를 할 수 있는 품사이다.

⑤ 형용사 : 사물의 상태와 성질을 나타내는 품사이며, 활용을 하지만 명령형과 청유형의
  어미 변화를 할 수 없는 품사이다.

⑥ 관형사 : 체언을 수식하는 품사이다.

⑦ 부사 : 용언을 수식하는 품사이다.

⑧ 감탄사 : 어미 변화와 수식을 하지 않으면서 문장의 다른 단어들과 직접적인 관계를 가
  지지 않는 품사이다.

⑨ 조사 : 체언의 뒤에 붙어 문법적 관계를 규정해주는 품사이다.

2. 체언 : 명사, 대명사, 수사

1 체언의 특성

① 조사의 도움을 받아 문장에서 주체의 구실을 하는 단어로, 명사·대명사·수사가 이에
  속한다.

② 관형어의 수식을 받으며 뒤에 조사가 결합될 수 있다.

③ 주로 주어, 목적어, 보어 등 문장의 뼈대를 이루는 역할을 하지만 서술어, 관형어, 부사
  어, 독립어로도 쓰일 수 있다.

④ 용언과 함께 국어의 품사 중에서 가장 큰 비중을 차지한다.

2 명사

명사(名詞)는 사물의 이름을 가리키는 품사로서 문장의 모든 성분이 될 수 있고 불변어(不
變語)이며, 관형어의 수식을 받는다.

(1) 보통 명사와 고유 명사

① 보통 명사

  ㉠ 같은 성질을 가진 대상에 대해서는 두루 이름 붙일 수 있는 명사를 말한다.

  ㉡ 같은 범주에 속하는 것이면 다 동일한 이름을 갖는다.

② 고유 명사

  ㉠ 같은 성질의 대상 가운데서 어느 하나를 다른 것과 특별히 구별할 필요가 있을 때
    사용되는 명사이다. 어느 특정한 사물 하나만을 가리킨다.

　　例 통일벼, 밀양3호, 수원2호, 광복절, 대한민국, 삼국사기, 주시경

　　ⓛ 관형어의 수식에 많은 제약을 받는다.

(2) 자립 명사와 의존 명사

① 자립 명사 : 관형어의 수식 없이 혼자서 문장에 쓰일 수 있는 명사.

　　例 학생, 교실, 책상, 가방, 집

② 의존 명사

　　㉠ 자립성이 없어 그 앞에 관형어의 수식이 없으면 문장이 성립되지 않는 명사를 말
　　　한다.

　　ⓛ 의존 명사의 종류

　　　• 보편성 의존 명사 : 주어, 목적어, 서술어, 부사어 등 여러 성분으로 두루 쓰이는
　　　　것

　　　　　例 것, 데, 분, 이, 바

　　　• 주어성 의존 명사 : 주격 조사와 결합해 주어로 쓰이는 것

　　　　　例 리, 나위, 지, 수

　　　• 서술성 의존 명사 : 서술격 조사와 결합하여 서술어로 쓰이는 것

　　　　　例 뿐, 터, 따름

　　　• 부사성 의존 명사 : 부사어로 쓰이는 것

　　　　　例 체, 척, 만큼, 등, 대로, 양, 듯, 뻔, 만

　　　• 단위성 의존 명사 : 수관형사 아래 수량 단위로 쓰이는 것

　　　　　例 원, 명, 개, 마리, 자, 섬, 평, 그루, 켤레

(3) 무정 명사와 유정 명사

① 가리키는 대상의 감정의 유무에 따라 유정 명사와 무정 명사로 나뉜다.

　　㉠ 유정 명사 : 사람, 언니, 운전수, 젊은이, 소, 돼지, 참새, 잠자리

　　ⓛ 무정 명사 : 달, 교실, 자동차, 소나무, 바위, 정부

② 유정 명사는 여격 조사로 '에게'나 '한테'를 취할 수 있으나 무정 명사는 '에'만을 취할
　　수 있다.

(4) 기타

① 가산성에 따른 분류
　　㉠ 가산 명사 : 셀 수 있는 대상을 나타내는 명사
　　　예 사람, 나무
　　㉡ 비가산 명사 : 셀 수 없는 대상을 나타내는 명사
　　　예 물, 바람 등
② 구체성에 따른 분류
　　㉠ 구상 명사 : 실체성을 가진 대상을 나타내는 명사
　　　예 나무, 연필 등
　　㉡ 추상 명사 : 실체성을 가지지 못한 대상을 나타내는 명사
　　　예 사랑, 미움 등
③ 높임말과 낮춤말
　　㉠ 높임말 : '아버님, 어머님, 형님, 누님' 등
　　㉡ 낮춤말 : '아비, 어미, 여식, 졸고' 등

3 대명사

(1) 개념

사물에 구체적인 이름을 붙이지 않고 다만 가리키기만 하는 품사이다.

(2) 특성

① 명사의 특징을 대부분 가지지만, 관형어의 수식을 받을 수는 있어도 관형사의 수식은 받을 수 없다는 차이가 있다.
② 상황 지시적 특성을 가지고 있다. 이는 화자를 중심으로 하여 상황이 달라짐에 따라 그 명칭이나 지시 내용이 달라지게 되는 현상을 말한다.
　예 이것 - 그것 - 저것, 나-너-그, 여기-거기-저기

(3) 대명사의 종류

① 인칭 대명사
　　㉠ 사람을 가리키는 대명사이다.

ⓛ 인칭 대명사는 1인칭, 2인칭, 3인칭 대명사로 나뉘어진다.

ⓒ 형태 면에서 특수성을 보인다. 다음의 예는 복수형에서 그 형태가 달라진다.

   예 나-우리, 너-너희, 저-저희

ⓔ '내, 네, 제' 등은 주격 조사 앞에서의 교체형일 수도 있고 '의' 또는 '에' 결합형일 수도 있다.

   예 내+가/나+의→내, 제+가/저+의→제, 나+에게→내게

ⓜ 3인칭 대명사의 분류 : 근칭, 중칭, 원칭 대명사와 미지칭 대명사, 부정칭 대명사로 나뉜다.

- 근칭 대명사 : 애, 이이, 이분
- 중칭 대명사 : 그, 걔, 그이, 그분
- 원칭 대명사 : 쟤, 저이, 저분
- 미지칭 대명사 : 누구
- 부정칭 대명사 : 아무

② 지시 대명사

ㄱ 사물이나 장소 및 시간을 가리키는 대명사

- '이것, 그것, 저것' 등과 같이 사물을 가리키는 것
- '여기, 거기, 저기'처럼 처소를 가리키는 것
- '입때, 접때'처럼 시간을 가리키는 것을 대명사로 보기도 하는데, 논란의 여지가 있다.

ⓛ 지시 대명사의 복수형은 '-들'만 사용되고 '-네'는 사용되지 않는다.

ⓒ 중칭 대명사인 '그, 그들'이나 원칭 대명사인 '저, 저들'은 인칭 대명사로만 사용되지만, 근칭 대명사인 '이, 이들'은 인칭 대명사와 지시 대명사로도 사용된다.

③ 재귀 대명사

ㄱ 앞에 나온 체언을 도로 가리켜 이르는 것을 말한다.

ⓛ 대체로 3인칭의 유정물 주어를 선행사로 한다. 그러나 특수한 경우에 '저'는 1, 2인칭에 사용된다.

   예 나도 제 허물은 압니다./ 너도 제 새끼는 귀여워하는구나.

ⓒ 재귀 대명사의 등급 : '당신'은 높임의 재귀 대명사, '저'는 낮춤의 재귀 대명사, '자기'는 예사 재귀 대명사로 쓰인다.

　④ 수사

① 사물의 수량이나 순서를 가리키는 품사이다. 지시한다는 점에서 대명사와 같지만, 대
　명사와 달리 객관적으로 가리킨다.
② 단독으로 주어가 될 수 있으며, 조사가 붙을 수도 있다.
③ 관형사의 수식을 받지 못하고, 관형어의 수식이 매우 제한된다는 점에서 대명사와 비
　슷하고, 독립된 품사로서의 독자성이 약하다.
④ 수사의 분류
　㉠ 고유어계 수사와 한자어계 수사
　　• 고유어계 수사 예 하나, 둘, 첫째, 둘째
　　• 한자어계 수사 예 일(一), 이(二), 제일(第一), 제이(第二)
　㉡ 양수사와 서수사
　　• 양수사 : 수량을 나타내는 수사 예 하나, 둘, 일, 이, 삼
　　• 서수사 : 순서를 나타내는 수사 예 첫째, 둘째, 제일, 제이

3. 용언 : 형용사, 동사

　1　용언의 특성

용언은 어간(語幹)과 어미(語尾)로 되어 있는데, 문장의 서술어로 기능하며, 어미의 활용에
의하여 문법적 기능이 표시된다.

　2　동사

(1) 동사의 개념

동사는 주어를 서술하는 문장의 서술어로서 사람이나 사물의 동작이나 움직임을 나타내
는 품사이다.

(2) 동사의 분류

① 능동사와 피동사
　㉠ 능동사 : 스스로 제 힘으로 행하는 동작을 나타내는 뜻을 가진 동사

㉐ 빨다, 끊다, 보다, 잡다

    ⓛ 피동사 : 남의 행동을 입어서 행해지는 동작을 나타내는 뜻을 가진 동사

      ㉐ 빨리다, 끊기다, 보이다, 잡히다.

② 주동사와 사동사

    ㉠ 주동사 : 어떤 동작이나 행위를 주체가 스스로 행하는 동작을 나타내는 동사

      ㉐ 빨다, 안다, 돋다, 먹다, 잡다, 일다, 낮다

    ⓛ 사동사 : 남으로 하여금 어떤 동작을 하게 하는 뜻을 지닌 동사

      ㉐ 빨리다, 안기다, 돋우다, 먹이다, 잡히다, 일구다, 낮추다

③ 자동사와 타동사

    ㉠ 자동사 : 동작이나 움직임이 주어에만 미치는 동사로 목적어를 필요로 하지 않는다.

      ㉐ 뛰다, 쉬다, 자다, 가다, 오다, 자라다

    ⓛ 타동사 : 목적어를 필요로 하는 동사로 동작이나 움직임이 주어 이외의 목적어에도 미친다.

      ㉐ 알다, 깨닫다, 보다, 잡다, 듣다, 만들다

④ 이동 동사와 대칭 동사

    ㉠ 이동 동사 : 장소의 이동을 의미하는 동사

      ㉐ 가다, 오다, 다니다, 떠나다

    ⓛ 대칭 동사 : 같은 자격을 가진 둘 이상의 성분이 문법적·의미적으로 상정될 것을 요구하는 동사

      ㉐ 만나다, 닮다

3   형용사

(1) 형용사의 개념

주어의 성질이나 속성, 상태를 표시하는 품사이다. 동사와 달리 자동과 타동, 주동과 사동, 능동과 피동의 구분이 없다.

(2) 형용사의 분류

형용사는 크게 성상 형용사와 지시 형용사로 나뉜다. 성상 형용사는 다시 주관성 형용사와 객관성 형용사로 나눌 수 있다. 그러나 관점에 따라서 달리 나누기도 한다.

① 지시 형용사 : 이러하다, 그러하다, 저러하다

② 성상 형용사

    ㉠ 주관성 형용사 : 싫다, 좋다

    ㉡ 객관성 형용사 :

        • 감각 : 검다, 밝다, 달다

        • 평가 : 착하다, 모질다

        • 비교 : 같다, 다르다

        • 존재 : 있다, 없다

이외에도 대칭 형용사(같다, 비슷하다), 수량 형용사(많다, 적다)를 설정하기도 한다.

4. 수식언 : 관형사, 부사

1 개념

① 다른 말을 꾸미는 기능을 하는 요소이다. 부사, 관형사가 이에 속한다.

② 관형사와 부사의 공통점 : 어미나 격조사를 취하지 않는다.

③ 관형사와 부사의 차이점 : 관형사는 체언, 부사는 동사나 다른 부사 또는 문장을 꾸민다.

2 수식언의 종류

(1) 관형사

① 개념 : 체언 앞에 놓여 그 체언의 뜻을 분명하게 꾸며 주는 수식언이다.

    ㉮ <u>새</u> 옷을 입고 나갔다.

    ㉯ <u>이</u> 책은 누구의 책이냐?

    ㉰ <u>세</u> 아이가 모두 손을 들고 지나간다.

② 관형사의 특징

    ㉠ 형태상으로 불변어이고, 조사나 어미를 취하지 못한다.

    ㉡ 시제나 높임의 표시가 없다.

    ㉢ 관형사의 궁극적인 수식 대상은 명사이다.

    ㉣ 수사는 관형사나 용언의 관형사형의 수식을 받기 어렵다. ('어느 하나, 다른 하나'

를 예외적으로 보기도 하나 이들은 명사로 볼 수도 있다.)

③ 관형사의 종류

　　㉠ 성상 관형사

　　　• 명사의 성질이나 상태를 수식해 주는 구실을 한다.

　　　　[예] 맨, 새, 옛, 근(近), 순(純), 신(新)

　　　• 문장 내에서 성상 관형사는 지시 관형사나 수 관형사 뒤에 놓인다.

　　㉡ 수 관형사

　　　• 사물의 수량이나 순서의 수 개념을 가진 관형사이다.

　　　　[예] 한, 두, 세, 한두, 두세, 서너, 첫, 첫째, 둘째, 한두째, 두세째, 서너째

　　　• 주로 단위성 의존 명사 앞에 오지만 자립 명사 앞에도 온다.

　　㉢ 지시 관형사

　　　• 어떤 대상을 가리키는 지시성을 띠고 있는 관형사이다.

　　　　[예] 이, 그, 저, 요, 고, 어느, 무슨, 본(本), 당(當), 폐(幣)

　　　• 통사적 배열상 수 관형사나 성상 관형사보다 앞에 온다.

④ 관형사와 접두사의 비교

　　㉠ 관형사와 접두어의 유사점 : 뒤에 오는 체언과 관련을 가진다.

　　㉡ 관형사와 접두사의 차이점

　　　• 관형사에는 분리성이 있고 접두사에는 없다. 관형사는 체언과 띄어 쓰고, 접두사는 붙여 쓴다.

　　　• 관형사와 체언 사이에는 다른 요소가 들어갈 수 있지만, 접두사와 체언 사이에는 들어갈 수 없다.

　　　• 관형사는 체언 앞에 두루 쓰이나 접두사는 특정한 체언에만 붙어 쓰인다.

(2) 부사

① 개념 : 용언을 꾸며서 그 뜻을 더 세밀하고 분명하게 해 주는 품사이다.

② 부사의 특징

　　㉠ 어형이 고정되어 있어서 활용하지 않는 불변어이며, 시제나 높임의 표시가 없다.

　　㉡ 관형사에 비해 수식의 위치가 좀더 자유롭다.

　　㉢ 용언 이외에 다른 부사와 관형사, 체언 등을 수식할 수 있다.

③ 부사의 종류

　㉠ 성분 부사 : 특정한 성분을 수식하는 부사로, 성상 부사와 지시 부사, 부정 부사로
　　나뉜다.

　　• 성상 부사 : 용언의 성질이나 상태를 나타낸다.

　　• 지시 부사 : 공간적인 방향이나 장소를 가리킨다.

　　• 부정 부사 : 용언의 의미를 부정한다.

　㉡ 문장 부사 : 문장 전체를 꾸며주는 부사로, 양태 부사와 접속 부사가 있다.

　　• 양태 부사 : 화자의 태도를 표시하는 부사이다.

　　　예 과연, 설마, 아마, 제발, 부디, 다행히, 도저히

　　• 접속 부사 : 문장과 문장, 성분과 성분을 이어주면서 뒤의 말을 수식하는 부사로,
　　성분 접속 부사(혹은, 및, 또는, 그리고)와 문장 접속 부사(그러면, 그러므로, 그리
　　고, 그러나, 곧, 즉)로 나뉜다.

5. 관계언 : 조사

1 개념

조사는 자립성이 있는 말이나 어절 혹은 문장에 붙어 문법적 관계를 나타내거나 어떤 의
미를 추가해 주는 품사이다.

2 특징

① 대체로 체언에 붙지만 때로는 연결 어미, 부사, 조사 혹은 문장 뒤에 붙기도 한다.
② 자립성은 없으나 분리성이 있으므로 단어로 인정된다.

3 조사의 분류

(1) 격조사

① 앞에 오는 체언으로 하여금 문장 성분으로서의 일정한 자격을 가지도록 해주는 조사
　이다.

　㉮ 철수가 극장에 간다.

　㉯ 철수가 회장이 되었다.

㉔ 철수는 도서관에 있다.

② 격조사의 종류 : 주격, 서술격, 목적격, 보격, 관형격, 부사격, 호격 조사가 있다.

(2) 보조사

① 앞에 오는 체언에 어떤 의미를 더해 주는 조사이다.

㉮ 철수는 가라.

㉯ 철수도 가라.

㉰ 철수조차 가다니.

② 때로는 생략되기도 하며, 체언뿐만 아니라 부사와 용언의 연결어미 뒤에도 오고, 격조사 앞 혹은 뒤에 나타나기도 한다.

(3) 접속 조사

① 둘 이상의 단어를 같은 자격으로 이어주는 기능을 하는 조사이다.

㉮ 그는 영어와 중국어를 말할 줄 안다.

㉯ 종이하고 연필하고 다 준비해야 한다.

② 접속 조사는 생략이 가능하나 그때는 그 자리에 반드시 쉼표를 두어야 한다.

6. 독립언 : 감탄사

1 감탄사의 특성

감탄사는 어느 한 성분과 관련을 가지지 않고 문장 전체와 관련을 가지며 쓰이는 품사이다.

① 관형사와 부사처럼 활용하지 않으며, 조사와 결합할 수가 없다.

② 문장에서의 위치는 자유로우며, 독립어가 된다.

③ 구어체에 많이 쓰인다.

④ 하나만으로 문장을 이루기도 한다.

2 감탄사의 분류

① 의지 감탄사 : 듣는 사람을 고려하여 자신의 의도를 나타내는 감탄사이다.

　　예 여보, 이봐, 네, 예, 아니오

② 감정 감탄사 : 상대방을 그다지 의식하지 않고 본능적으로 감정을 표현하는 말에 사용

　　되는 감탄사이다.

　　예 아, 에구, 허어, 하하, 엣, 에끼

③ 입버릇이나 더듬거림 : 입버릇으로 특별한 뜻이 없이 내는 감탄사이다.

　　예 머, 그래, 말이지, 에, 저, 거시기

제3장

문장의 성분

1. 문장 성분의 의미

① 문장이 성립하기 위해서는 일정한 문법적 기능을 하는 몇 가지 요소가 필요하다. 이를 문장 성분이라고 한다.

② 문장 성분의 종류

    ㉠ 주성분 : 필수적이며 주 골격을 이룬다. – 주어, 서술어, 목적어, 보어

    ㉡ 부속 성분 : 주성분을 꾸며주는 수의적 성분이다. – 관형어, 부사어

    ㉢ 독립 성분 : 다른 성분과 직접적인 관련이 없다. – 독립어

2. 문장 성분의 종류

1 주성분

(1) 주어

① 주어는 동작이나 상태 또는 성질의 주체를 나타내는 성분이다.

② 주로 체언이나 혹은 체언 구실을 하는 말에 주격 조사가 붙는다.

    예 이/가, 께서, 에서 등

③ 어떤 조사도 없이 체언만으로, 또는 보조사만 결합하여 주어가 되기도 한다.

④ 주격 조사 뒤에 보조사가 결합하는 경우도 있다.

    예 주격 조사 '께서'나 '에서' 뒤에 보조사 '는, 도'의 결합

⑤ 주어는 필수 성분이지만 생략되는 경우도 있다.

㉠ 선생님이 어디 계셔요? →(선생님이) 운동장에 계셔요

⑥ 한 문장에 주어가 두 개 나타나는 현상을 이중 주어라고 하는데, 학교 문법에서는 서술절로 설명하고 있다.

(2) 서술어

① 서술어는 주어를 서술하는 부분으로 주어의 동작, 상태, 성질 등을 언급하는 기능을 가진다.

② 서술어는 동사, 형용사, 서술절 혹은 체언이나 체언 구실을 하는 말에 서술격 조사가 붙어서 이루어진다.

③ 서술어의 자릿수 : 문장이 성립되기 위해 서술어가 필요로 하는 필수 성분의 수를 말한다.

　㉠ 자동사 : 주어 하나만을 요구한다. (한 자리 서술어)

　㉡ 타동사 : 주어 외에 목적어를 요구한다. (두 자리 서술어)

　㉢ 자동사나 타동사 중에는 주어와 목적어 외에 다른 성분을 요구하는 것이 있다.

　　㉮ 어른이 아이에게 속았다. (두 자리 서술어)

　　㉯ 아이가 편지를 우체통에 넣는다. (세 자리 서술어)

　㉣ 동사나 형용사 중에는 하나의 용언이 자릿수를 달리 갖는 경우도 있다.

　　㉮ 바람이 세게 분다. (한 자리 서술어)

　　㉯ 경미가 입김을 분다. (두 자리 서술어)

④ 체언에 '이다'가 붙거나 '-하다'가 붙는 동사는 '이다'나 '-하다'가 생략되기도 한다.

⑤ 서술어는 높임법과 시제, 서법을 나타내며, 문장의 끝에 오지만 때로 앞으로 그 위치를 바꾸어 강조의 뜻으로 쓰이기도 한다.

⑥ 서술어가 반복되거나 화자와 청자가 그 내용을 알고 있는 상황에서는 생략도 가능하다.

(3) 목적어

① 체언이나 체언 구실을 하는 말에 목적격 조사 '을/를'이 붙으며, 서술어의 동작의 대상이 되는 문장 성분이다.

② 목적어는 타동사 앞에 오며, 문장의 필수적인 성분이므로 생략될 수 없다.

③ 이중 목적어 : 한 문장에 목적어가 겹치어 나오는 경우로 이때는 뒤에 나오는 목적어가 부분과 전체의 관계로 이루어지거나, 방향이나 수량 등을 나타낼 때 쓰인다.

㉮ 왜 아무 죄도 없는 <u>사람을</u> <u>가슴을</u> 때려?

㉯ 시청 앞 마트에 <u>배를</u> <u>다섯 상자를</u> 배달시켰다.

④ 동족 목적어

㉠ 특수한 목적어로, 자동사로 하여금 타동사의 노릇을 하게 한다.

㉡ 자동사는 동족 목적어를 취함으로써 타동사로 쓰인다.

(4) 보어

① 체언 혹은 체언 구실을 하는 말에 보격 조사 '이/가'가 붙어 이루어진다.

㉮ 구름이 <u>비가</u> 된다.

㉯ 이것은 <u>잎이</u> 아니다.

② 필수적 부사어를 보어로 인정해야 한다는 주장이 있으나 학교문법에서는 '되다, 아니다' 앞에 보격 조사 '이/가'가 붙는 경우에만 보어로 보고 있다.

2 부속 성분

(1) 관형어

① 체언을 꾸며주며, 관형어가 없어도 문장이 이루어질 수 있으므로 관형어는 수의적 성분이다.

② 언제나 체언 앞에 오며 단독으로는 쓰일 수 없다.

③ 관형사 단독으로, 또는 체언에 조사 '의'가 붙거나, 용언에 관형사형 어미가 붙어 관형어가 된다.

④ 체언이 의존 명사이면 반드시 관형어가 있어야 한다.

⑤ 용언이나 서술격 조사의 관형사형은 수식을 받는 체언의 서술어가 되는 경우가 보통이며 그 관형사형은 시제 표현이 가능하다

(관형사형 어미 : '-는, -(으)ㄴ, -(으)ㄹ, -던')

㉮ 가는 (간) 사람을 왜 붙잡니? (사람이 간다.)

㉯ 독서의 계절인(이었던) 가을이 왔다.(가을은 독서의 계절이다.)

(2) 부사어

① 보통 서술어 앞에 놓여 그 뜻을 한정하는 수의적 성분이다.

② 부사 단독으로, 또는 체언에 부사격 조사가 붙거나 용언에 부사형 어미가 붙어 부사어가 된다.

③ 의존 명사 '만큼, 대로, 채' 등은 그에 딸린 관형어와 함께 부사어가 될 수 있다.(의존명사의 부사어화)

④ 부사어의 구분

　　㉠ 성분 부사어 : 문장 속의 한 성분을 수식하는 부사어로 서술어, 관형어, 부사어, 체언을 수식한다.

　　　　㉮ 아주 새 옷을 입었구나.

　　　　㉯ 바로 옆집이 철수네 집이다.

　　㉡ 문장 부사어 : 문장 전체를 꾸며주는 부사로 주로 화자의 심리적 태도를 나타내는 양태 부사나 접속 부사가 문장 부사어가 된다.

　　　　㉮ 설마 오늘도 비가 올려구?

　　　　㉯ 의외로 돈이 적게 들었다.

　　　　㉰ 그리고 철수도 학교에 갔다.

3 독립 성분

① 독립어 : 문장의 어느 성분과도 직접적인 관련성을 가지지 않는 독립된 성분을 뜻한다.

② 독립어 외의 다른 성분과 구조적인 상관 관계를 맺지 않으므로, 생략해도 문장은 성립한다.

③ 독립어의 성립

　　㉠ 감탄사나 제시어, 호칭어가 독립어가 된다. 호칭어는 체언에 호격 조사가 붙거나 때로는 생략된 채로 쓰인다.

　　㉡ 한 단어 혹은 한 어절인 일어문의 문장도 독립어가 된다.

3. 문장 성분과 격조사

1 격의 개념

① 격이란 본래 서술어가 각각의 논항과 가지는 문법적 관계를 가리키는 것인데, 우리말
에서는 꼭 서술어와의 관계뿐 아니라 한 문장 성분이 문장 속의 다른 문장 성분과 갖
게 되는 문법적 관계를 가리킨다.
② 우리말에서 격은 원칙적으로 격조사에 의해 표현된다.
③ 격의 종류 : 격에는 주격, 관형격(속격), 목적격(대격), 보격, 부사격, 호격, 서술격 등이
있다.

2 격조사의 종류

(1) 주격 조사

① 결합된 논항이 주어임을 나타내 주는 조사로, '이/가'가 대표적이다.
② '께서'는 주어가 존칭 명사일 때 '이/가' 대신 쓰인다.
③ '에서'는 주어가 단체임을 나타내는 주격 조사의 일종이지만, 본래 처격 조사의 하나
였다.
④ '서'를 인수에 붙는 주격 조사로 처리하기도 한다.
⑤ 주격 조사 '이/가'와 보조사 '은/는'의 비교
　　㉠ '은/는' : 이미 주어진 정보를 표현한다.
　　㉡ '이/가' : 새로운 정보를 나타낸다.

(2) 목적격(대격) 조사

① 결합된 논항이 목적어임을 나타내 주는 조사로, '을/를'이 대표적이다.
② 동족 목적어에 '을/를'이 쓰이기도 한다. 동족 목적어란 자신을 지배하는 동사의 의미
와 같은 의미를 지니고 있는 목적어를 말하는데, 이러한 동족 목적어를 취하는 동사는
대개 자동사이다.
③ 이동 동사는 원래 자동사에 가까운데, 시간이나 장소 표현을 목적어로 취한다.
　예 날다, 다니다, 떠나다, 가다, 걷다, 기다, 뛰다, 지나다
④ 목적격이 이중으로 나오는 경우는 '전체-부분' 관계이거나 '명사구+수량사구'의 구문

으로 볼 수 있을 때이다.

(3) 보격 조사

① 결합된 논항이 보어임을 나타내주는 조사로 '이/가'로 실현된다.
② 주격 조사와 다른 점은 서술어 '되다/아니다' 앞에 오는 체언에 붙는 '이/가'에 한정된다는 점이다.
　㉮ 물이 얼음이 되었다.
　㉯ 그는 바보가 아니다.

(4) 서술격 조사

① 체언에 결합되어 서술어의 자격을 가지도록 해주는 조사이다. '이다'로 실현된다.
　㉮ 철수가 이제 어엿한 학생이다.
　㉯ 너는 학생이니 학생의 본분을 지켜야 한다.
② 다른 조사와 달리 '활용'을 한다.
③ 서술격 조사에 대한 다양한 관점이 있다.
　㉠ 지정사설 – 하나의 단어에 한정된다는 점, 띄어쓰기를 할 수 없다는 점, 용언으로서의 의미가 분명하지 않다는 문제점이 있다.
　㉡ 접미사설 – 거의 모든 체언에 결합된다는 점에서 조사에 가깝다.
　㉢ 매개 모음설 – 선행 음운이 자음일 경우 '이'가 매개되는 것으로 보나, 모음일 때도 '이'가 들어갈 수 있다는 점에서 설명력이 약하다.
　㉣ 서술격 조사설 – 서술격이라는 것이 일반 언어학적 관점에서 보편적이 아니라는 문제점이 있다.

(5) 관형격 조사

① 두 체언 사이의 관계를 나타내는 조사로 '의' 하나뿐이다. 서술어와의 관계를 나타내는 격조사와는 그 성격이 다르다.
② 소유격 조사, 속격 조사라고도 한다.
③ 두 명사를 '수식어＋피수식어'의 통사적 관계로 묶어 더 큰 명사구를 만들어 주는 기능을 한다.

(6) 부사격 조사

① 처소, 지향, 방위, 수단, 공동 등의 의미를 나타내 주는 조사로 '에, 로, 에서, 에게, 한
   테, 더러, 처럼, 만큼, 와/과' 등이 있다.

② 지향의 부사격 조사 '에/에게', '한테', '더러'의 용법

    ㉠ '에'는 무정 명사 뒤에, '에게'는 유정 명사 뒤에 쓰인다.

        ㉮ 버리지 말고 필요한 <u>곳에</u> 기증해라.

        ㉯ <u>영희에게</u> 책을 주어라.

    ㉡ 존칭 체언 아래에는 '께'가 사용된다.

    ㉢ '한테'와 '더러'는 '에게'와 동일한 기능을 갖지만 구어체에 주로 쓰인다.

③ '와/과'의 용법

    ㉠ 공동의 부사격 조사로서의 쓰임 : '함께 함'을 나타낸다.

        ㉮ <u>영수와</u> 함께 노래해라.

        ㉯ 모두가 <u>영수와</u> 사이좋게 지낸다.

    ㉡ 접속 조사로서의 쓰임 : 앞의 명사와 뒤의 명사를 병렬적으로 접속시켜 주는 역할
      을 한다. 그 다음에 '은/는'이나 '도', '만' 등과 결합할 수 없고, '명사+와'를 그 뒤
      의 명사 다음으로 옮길 수 없다.

        ㉮ <u>경미와</u> 나는 둘 다 재수생이었다. → * <u>경미와는</u> 나는 둘 다 재수생이었다.

        ㉯ 나는 중학교 때 <u>음악과 미술을</u> 좋아했다. → * 나는 중학교 때 <u>미술을 음악과</u>
          좋아했다.

(7) 호격 조사

① 무엇을 부를 때 그 부르는 대상을 가리켜 주는 격조사로, '아/야'가 대표적이다.

② 말을 듣는 사람들이 말하는 사람과 동등한 지위이거나 낮을 때만 사용된다.

3 격조사의 생략

(1) 주격과 목적격 조사의 생략

① 주격 조사와 목적격 조사는 특히 생략이 잘 일어난다. 주격과 목적격이 어순만으로도
   쉽게 파악되기 때문이다.

㉮ 이 가방(이) 누구(의) 가방이지?

㉯ 영수(가) 일(을) 다 끝마쳤니?

② 그러나 내포문의 주어나 초점, 새로운 정보에 결합된 조사는 생략이 어렵다.

㉮ 여기가 <u>이순신이</u> 태어난 곳이다.(내포문의 주어)

㉯ 다음 번엔 <u>영수가</u> 가야 해.(주어가 담화상의 초점)

㉰ 철수는 <u>딸기를</u> 무척 좋아한다.(목적어가 담화상의 초점)

(2) 관형격 조사의 생략

① 관형격 조사도 생략이 잘 된다. '명사구+의+명사구'의 구성에서 두 명사구의 관계가 '소유주 -피소유주'나 '전체-부분', 친족 관계일 때 잘 생략된다.

② 그러나 생략이 어려운 경우도 있다. 다음과 같은 경우는 생략이 어렵다.

㉠ 평화의 종소리

영수의 소망

주격, 목적격, 관형격처럼 쉽게 생략되는 것을 구조격, 부사격 조사처럼 잘 생략되지 않는 것을 어휘격이라고 하여 구분하기도 한다.

4. 보조사

1 보조사의 특성

① 격 관계를 나타내는 것이 아니라, 어떤 의미적 정보를 나타내 주는 조사로 특수조사라고도 한다.

② 격 관계를 나타내지 않기 때문에 어느 자리에나 올 수 있는 특성을 가진다.

㉮ 영희도 용감하다.

㉯ 나는 철수도 싫어한다.

㉰ 이 사과는 철수도 하나 주어야 겠다.

㉠의 '도'는 주어 자리, ㉡의 '도'는 목적어 자리, ㉢의 '도'는 부사어의 자리에 쓰였다.

③ 체언, 부사, 어미 뒤에 오기도 하나 관형사 뒤에는 오지 않는다.

(1) '은/는'

① 기본적으로 대조(對照) 및 배제(排除)의 의미를 가진다.

  • 철수가 <u>국어는</u> 잘 한다.

② 문두에 쓰일 때는 대체로 화제를 표시해 주는 기능으로 쓰인다.

  • <u>어린이는</u> 나라의 보배다./cf. 어린이가 나라의 보배다.

③ 화제의 의미를 가진 '은/는'은 내포문의 주어 자리에는 쓰이지 못한다.

  • 그의 <u>주장{이/*은}</u> 옳았음을 우리는 나중에야 깨달았다.

④ '은/는'과 '이/가'의 의미 차이

  ㉠ '은/는'이 관심의 초점이 서술부임에 반해 '이/가'는 주어에 초점이 놓인다.

  ㉡ '은/는'은 이미 '알려진 정보'를, '이/가'는 '새 정보'를 도입할 때 쓰인다.

(2) '만'과 '도'

① '만'은 '단독'이나 '오직' 정도의 의미를 나타낸다.

② '도'는 '만'과 달리 다른 것과 함께 그것도 동류로 포함됨의 의미를 나타낸다.

③ '도'가 결합한 '아무도'는 부정문에만 쓰이는 부정 극성(極性, polarity)을 가진다.

  • <u>아무도</u> 그 문제는 못 푼다.

(3) '조차', '까지', '마저'

이들은 '도'와 비슷한 '또한, 역시' 정도의 의미를 나타내지만 미묘한 차이가 있다.

① '조차' : 대체로 예상하지 못한 일에 쓰이며, 명령문이나 청유문과 어울리지 못한다.

  • 당연히 합격하리라고 생각했던 <u>영우조차</u> 시험에서 떨어졌다.

② '마저' : '하나 남은 마지막'이라는 의미가 강하다.

  • 그는 주머니에 남아 있던 <u>칠십 원마저</u> 공중전화를 거는 데 써 버렸다.

③ '까지'

  ㉠ 주어진 범위에서의 한계점이라는 의미 특성을 갖는다.

  ㉡ 화자의 인식 영역에서 어떤 한계를 설정하고 그 마지막 한계점을 나타낼 때 쓰인다.

• 어디 한번 <u>가는 데까지</u> 가 보자.

(4) '(이)나', '(이)나마', '(이)라도'

① '(이)나'

　㉠ 일차적으로 기대에 차지 않은 선택, 소극적 선택, 차선의 선택일 때 쓴다.
　　'~는 안 되니 ~나' 정도의 의미를 내재하고 있다.
　　　• 밥이 없으니 <u>빵이나</u> 먹어야겠다.
　㉡ 객관적인 서술을 위한 문장에는 잘 쓰이지 않는다.
　㉢ 희망을 나타내는 조건문, 명령문에도 쓰인다.
　　　• <u>비나 오면 좋겠다. / 비나 와라.</u>
　㉣ 수량사나 정도 부사 등에 결합되어서 강조의 의미로 쓰이는 경우가 있다.
　　　• 나는 한 달 사이에 몸무게가 <u>5kg이나</u> 빠졌다.

② '(이)나마'

　㉠ 최상의 선택이 아니라는 점에서 '(이)나'와 유사하다.
　　　• 무더위 속에 소나기가 내려 잠시나마 시원함을 느꼈다.
　㉡ '(이)나마'에 의한 선택은 불만스럽지만 아쉬운 대로 양보하는 상황이다.
　　　• 단 <u>며칠이나마</u> 쉬고 싶어요
　㉢ 겸허의 의미를 동반한다.
　　　• <u>이렇게나마</u> 챙겨주셔서 감사합니다.

③ '(이)라도'

　㉠ 아주 만족스럽지는 않으나 아쉬운 대로 그것을 선택함을 나타낸다.
　　　• 특별히 하고 싶은 일이 없으면 <u>극장이라도</u> 가자.
　㉡ 극단의 선택을 상정할 경우에 쓰인다. 화자가 전달하고자 하는 바를 강조하는 효과
　　가 있다.
　　　• 그는 병약하기는커녕 <u>쇠붙이라도</u> 소화할 수 있을 것 같더라.

(5) '(이)야'

① '은', '는'과 비슷한 의미로서 '대조'의 기본 의미에서 나아가 대조 대상을 강조해서 배
　제하는 조사로, '물론', '당연히' 등의 의미를 나타낼 수 있다.

- 너야 얼굴도 예쁘고 공부도 잘하잖아.

② 화자의 주관적인 느낌이 더 들어가는 조사이다.

③ '(이)야' 뒤에 '말로'를 결합시킨 '(이)야말로'는 '는 정말'의 정도의 의미로, 선택된 것
에 대하여 한정과 강조의 의미를 나타낸다.

- 독서야말로 마음을 살찌우는 지름길이다.

제4장

문장의 짜임새

1. 문장의 종류

문장은 기본적으로 주어와 서술어로 구성된다. 한 문장 속에는 주어와 서술어가 한 번만 나타날 수도 있고, 주어와 서술어가 두 번 이상 나타날 수도 있다.

(1) 홑문장(단문)

① 하나의 문장 속에 주어와 서술어가 한 번만 나타난다.

- 우리는 황령산에서 광안리 바다를 바라보았다.

  (주어 : 우리는, 서술어 : 바라보았다)

② 주어가 두 개의 단어라도 단순하게 이어지는 것(복합 주어)은 홑문장이다.

- 철수와 영철이는 서로 비슷하다.

(2) 겹문장(복문)

① 하나의 문장 속에 주어와 서술어가 두 번 이상 나타난다.

② 홑문장이 다른 문장에 안기는 경우와, 홑문장이 대등하거나 종속적으로 이어지는 경우가 있다.

  ㉮ 우리는 그가 정당했음을 깨달았다.

  ㉯ 형은 학교에 가고, 동생은 놀이터에서 논다.

  ㉰ 비가 와서 길이 질다.

㉮는 '그가 정당했음'이라는 절이 목적어로 쓰이고 있다. 이처럼 그 속에 특정한 절을 안고 있는 문장을 '안은 문장'이라 한다.

㉯는 '형은 학교에 간다'와 '동생은 놀이터에서 논다'가 연결어미인 '-고'에 의해 이어져서 겹문장이 되었다. ㉰는 '-어서'에 의해 이어져 겹문장이 되었다. 이처럼 연결어미에 의해서 앞절과 뒷절이 이어져서 성립되는 문장은 '이어진 문장'이라고 한다.

③ 홑문장들이 모여 하나의 겹문장이 되는 과정을 문장의 확대라고 한다.

2. 안은 문장

다른 문장 속에 들어가서 한 성분처럼 쓰이는 홑문장을 안긴 문장이라 하고, 이 홑문장을 안고 있는 문장을 안은 문장이라고 한다. 안긴 문장에는 명사절, 관형절, 부사절, 서술절, 인용절의 다섯 가지가 있다.

① 한 문장이 다른 문장에 종속적으로 내포될 때는 그 문장이 일단 한 단어의 자격으로 바뀌어야 한다.

② 한 문장이 한 단어의 자격을 갖는 가장 일반적인 방법은 전성어미에 의한 것이다.

③ 전성어미 외에 조사에 의하거나(인용절), 아무런 변화 없이 이루어지기도(서술절) 한다.

1 명사절

(1) 명사형 어미

① 명사형 어미는 한 문장을 명사와 같은 자격으로 바꾸어 주는 어미를 말한다.

② 국어의 명사형 어미에는 '-(으)ㅁ'과 '-기'가 있는데, '-는 것'을 명사형 어미에 포함시키기도 한다. (표준국어문법론, <비상>문법교과서)

(2) 명사형 어미의 기능

① 명사절은 문장 속에서 주로 주어나 목적어로 쓰인다.

    ㉮ 그 사람이 마을 사람들을 속였음이 드러났다. (주어)

    ㉯ 농부들은 비가 오기를 간절히 기다린다. (목적어)

② 명사형 어미 '-(으)ㅁ'이 쓰인 문장은 '-는 것'이 쓰인 문장으로 바꾸어 쓸 수 있다. 구어체에서는 '-(으)ㅁ'보다는 '-는 것'을 더 많이 사용한다.

    • 인호가 축구에 소질이 있음이 학교에 알려졌다. → 인호가 축구에 소질이 있다는 것이 학교에 알려졌다.

③ 명사형 어미 '-(으)ㅁ'과 '-기'는 의미상의 차이를 보인다.

  ㉮ 저 사람이 우리 마을 사람들을 속였음이 드러났다. (완료)

  ㉯ 우리나라가 월드컵에서 우승하기가 쉽지 않다. (미완료)

④ 명사형 어미 '-(으)ㅁ'은 이미 이루어진 일에 주로 쓰이기 때문에 '결정성, 사실성, 과거성'의 의미 특성을 지니고, '-기'는 아직 이루어지지 않은 일에 주로 쓰이기 때문에 '비결정성, 비사실성, 미래성'의 의미 특성을 지니는 것으로 보인다.

⑤ '-(으)ㅁ'과 어울리는 용언

  ㉠ 평가를 나타내는 서술어 : 분명하다, 확실하다, 사실이다, 필요하다 등

  ㉡ 인식을 나타내는 서술어 : 알다, 깨닫다, 모르다, 의식하다 등

  ㉢ 지각을 나타내는 서술어 : 보다, 듣다, 느끼다 등

⑥ '-기'와 어울리는 용언

  ㉠ 심리 상태를 나타내는 서술어(심리 형용사, 심리 타동사) : 싫다, 좋다, 쉽다, 싫어하다, 좋아하다 등

  ㉡ 미래의 동작이나 행동을 나타내는 서술어 : 기대하다, 원하다, 요청하다, 명령하다 등

2 관형절

(1) 관형사형 어미

① 한 문장을 관형사와 같은 자격으로 바꾸어 주는 어미를 말한다.

② 관형사형 어미의 종류에는 '-(으)ㄴ', '-는', '-(으)ㄹ', '-던'이 있다.

  ㉠ '-는, -던'은 교착적 선어말어미 '-느-'와 '-더-'와의 복합 형식이므로 국어의 관형사형 어미는 '-ㄴ, -ㄹ'에 국한된다고 할 수 있다.

  ㉡ '-(으)ㄴ'과 '-는'과 '-던'의 '-ㄴ'은 모두 [+기정]의 뜻이 있고 '-(으)ㄹ'은 [+미정]의 뜻이 있어 기능상 서로 대립된다.

(2) 관형사형 어미의 기능

관형사형 어미는 시제와 서법의 기능을 동시에 가지고 있다.

① '-(으)ㄴ, -는, -(으)ㄹ, -던'은 체언을 수식하는 기능과 함께 각각 '과거, 현재, 미래, 회상'을 표현하는 기능을 겸하고 있다.

㉮ 이 섬에는 고기를 잡-은 사람이 없다. (과거)

㉯ 이 섬에는 고기를 잡-는 사람이 없다. (현재)

㉰ 이 섬에는 고기를 잡-을 사람이 없다. (미래)

㉱ 이 섬에는 고기를 잡-던 사람이 없다. (회상)

② '-(으)ㄹ'은 미정 또는 추측의 사건을 보인다.

③ 서술어가 형용사인 경우에 '-(으)ㄴ'이 현재(또는 비과거) 시제를, '-던'이 주로 과거, 과거 중단을 나타낸다.

(3) 관형절의 종류

① 관형절은 그것이 수식하는 체언과의 문법적인 관계에 따라서 '관계 관형절'과 '동격 관형절(보문 관형절)'로 구분된다.

② 관계 관형절과 동격 관형절로 나누는 기준 : 관형절 안에 수식을 받는 명사와 동일한 명사가 있으면 관계 관형절이 되고 그렇지 않으면 동격 관형절이 된다.

③ 관계 관형절

  ㉠ 관계 관형절은 관형절 속의 문장 성분 가운데서 표제 명사와 동일한 대상을 표현하는 문장 성분이 생략되면서 형성된 관형절이다.

    ㉮ 백두산에서 호랑이를 잡은 사람은 김 포수였다.

      ← [e   백두산에서 호랑이를 잡-] 사람

    ㉯ 저희들은 손님들이 좋아하는 음식을 많이 준비했습니다.

      ← [손님들이 e   좋아하-] 음식

    ㉰ 우리가 머물렀던 호텔에서 불이 났다.

      ← [우리가 e   머물렀-] 호텔

  ㉡ 위에서 보듯이 관형절 속에서 특정한 문장 성분으로 쓰인 체언과 표제 명사(피수식어)가 동일하다.

④ 동격 관형절

  ㉠ 한 문장의 모든 성분을 다 완전하게 갖추고 있다.

  ㉡ 동격 관형절이 관계 관형절과 다른 점은 이들이 특수한 명사 앞에서만 쓰인다는 점이다.

◆ 동격 관형절을 취하는 명사

- 일반 명사 : 결심, 경우, 경험, 계획, 고백, 기적, 까닭, 독촉, 명령, 목적, 보도, 불상사, 사건, 사실, 소문, 소식, 약점, 연락, 욕심, 일, 점, 정보, 죄, 증거, 질문
- 의존 명사 : 것, 바 ; 적, 때문, 데, 줄, 수, 법, 리

⑤ 관계 관형절의 경우 관형절이 생략되어도 문장의 성립에 이상이 없지만, 동격 관형절의 경우 관형절이 생략되면 문장이 불완전해지거나 성립할 수 없다.

3 부사절

(1) 부사절의 특성

① '부사절'은 문장에서 부사어로 기능하는 절로서, 용언의 어간에 '-이', '-게', '-도록', '-듯이', '-ㄹ수록', '-다시피' 등이 붙어서 이루어진다.

② ㉮ 그는 소리도 없이 내게 다가왔다.

   ㉯ 그 곳은 꽃이 아름답게 피었다.

   ㉰ 우리는 아이들이 지나가도록 길을 비켜 주었다.

   ㉱ 붉은 해가 불이 타듯이 솟아오르고 있다.

   ㉲ 세월이 갈수록 허망함을 느낀다.

   ㉳ 너도 알다시피 요즘 경제가 어려워졌다.

위의 예들은 6차 교육과정에서 부사절로 인정된 것들이다. 6차 교육과정에서는 부사형 어미를 인정하지 않았기 때문에 부사 파생의 접사 '-이'와, 연결 어미 '-게, -도록, -듯이' 등에 의해서 부사절이 이루어진다고 보았다.

7차 교육과정에서는 이러한 접사, 어미를 부사형 어미로 처리하고, 6차에서 종속적으로 이어진 문장으로 분류한 것을 부사절로 볼 수 있다고 하였다. 그리하여 6차처럼 부사절과 종속적으로 이어진 문장을 다 인정하는 체계와, 종속적으로 이어진 문장을 부사절 속에 포함시키는 체계를 각각 제시하였다.

4 인용절

한 문장이 인용의 부사격 조사 '고'나 '라고', '하고'가 연결되어 다른 문장 속으로 들어가

다른 사람의 말이나 생각을 전달하는 것을 말한다.

(1) 인용절의 유형

① 직접 인용절 : 다른 사람의 말을 그대로 옮기는 인용절로서 부사격 조사인 '라고', '하고'가 붙는다.

  • 선생님께서 "너도 금강산 관광을 다녀왔느냐?"라고(하고) 물으셨다.

② 간접 인용절 : 다른 사람의 말을 전달하되 그 말을 전달하는 이의 입장에서 형식을 바꾸어서 표현하는 인용절로서 '고'가 붙는다.

  ㉮ 친구는 나에게 다음 주에 서류를 주겠다고 하였다. (평서형)

  ㉯ 그는 나에게 어디에 사느냐고 물었다. (의문형)

  ㉰ 선생님께서는 내일 학교에 오라고 하셨다. (명령형)

  ㉱ 영주는 나에게 밥 먹으러 가자고 말했다. (청유형)

  ㉲ 어머니께서는 아기에게 꽃이 참 예쁘다고 하셨다. (감탄형)

(2) 인용절을 취하는 서술어

① '말하다' 류의 동사 : 말하다, 주장하다, 우기다, 외치다, 밝히다, 묻다, 명령하다, 제안하다, (말을) 하다 등

② '생각하다' 류의 동사 : 생각하다, 판단하다, 여기다, 의심하다, 보다 등

5 서술절

절 전체가 서술어의 기능을 할 때, 이 절을 서술절이라고 한다.

(1) 서술절의 유형

서술절을 안고 있는 문장 전체는 주어가 두 개 있는 것처럼 보이는데 앞에 나오는 주어를 제외한 나머지가 서술절에 해당한다.

  ㉮ 철수가 키가 아주 크다.

  ㉯ 저 사람은 아들이 유명한 화가이다.

  ㉰ 네 옷이 흙이 묻었구나!

  ㉱ 이 산은 나무가 많습니다.

(2) 서술절의 특징

① 서술절은 절을 나타내는 표지가 없다.

② 서술절은 여러 겹으로 안길 수가 있다.

- 서울은 <u>집이 마당이 좁다</u>.

③ 서술절은 주절의 성분이 서술절 속으로 이동할 수 있는 경우가 있다.

- 철수가 키가 크다→키가 철수가 크다.

④ 서술절을 안은 문장의 전체 주어가 주격 조사 '가/이'를 취할 수 없는 경우가 있다.

- 김 선생은(*김선생이) 김 선생이 직접 차를 운전합니다.

(3) 서술절에 대한 다른 관점

주어가 두 개 이상 이어지는 명사구를 서술절로 보는 것 외에 다양한 관점이 있다.

① 대주어와 소주어로 보는 관점

② 주제- 설명으로 보는 관점

③ 심층의 다른 격조사가 '이/가'로 실현된 것으로 보는 관점

3. 이어진 문장

이어진 문장은 대등적으로 이어진 문장과 종속적으로 이어진 문장으로 나뉜다.

1 대등적으로 이어진 문장

(1) 개념

① '대등적으로 이어진 문장'은 앞절이 뒷절에 '나열, 선택, 대조' 등의 의미적인 관계로
  이어져서, 앞절과 뒷절의 의미적인 관계가 대등한 문장이다.

② 대등적으로 이어진 문장에서 앞절과 뒷절을 이어 주는 연결어미를 '대등적 연결어미'
  라고 하는데, 이에는 '-고, - (으)며 ; -든지, -거나 ; -지만, -(으)나, -는데' 등이 있다.

  ㉮ 바람도 <u>잠잠하고</u> 하늘도 맑다. (나열)

  ㉯ 결혼을 <u>하든지</u> 이혼을 <u>하든지</u> 내 마음이지. (선택)

  ㉰ 부산은 기온이 <u>영상이지만</u> 서울은 기온이 영하이다. (대조)

(2) 대등적으로 이어진 문장의 특징

① 대등적으로 이어진 문장의 앞절과 뒷절은 구조적으로나 의미적으로 대칭성이 있다.

② 대등적으로 이어진 문장은 앞절과 뒷절의 순서를 바꾸어도 의미에 변화가 생기지 않는 교호성도 함께 나타난다. 그러나 항상 그러한 것은 아니다. 특히 대조의 의미는 교호성을 갖기 어려워 이를 종속적으로 이어진 문장으로 처리하기도 한다.

③ 대등적으로 이어진 문장은 선행절을 후행절 속으로 자유롭게 이동시킬 수 없다. 그러나 종속적으로 이어진 문장은 가능하다.

　㉮ 인생은 짧고 예술은 길다→*예술은, 인생은 짧고, 길다.

　㉯ 날씨가 추워서 철이는 집안에만 있었다. → 철이는 날씨가 추워서 집안에만 있었다.

④ 대등적으로 이어진 문장은 선행절과 후행절에 보조사 '은/는'을 쓸 수 있지만, 종속적으로 이어진 문장은 쓸 수 없다.

　• 인생은 짧고 예술은 길다./ *봄은 오면 꽃은 핀다.

2 종속적으로 이어진 문장

(1) 개념

① 종속적으로 이어진 문장은 앞절과 뒷절의 의미가 서로 독립적이지 못하고, 앞절의 의미가 뒷절의 의미에 이끌리는 관계에 있는 이어진 문장이다.

② 종속적으로 이어진 문장의 앞절과 뒷절은 종속적 연결어미에 의해서 이어진다.

(2) 특징

종속적으로 이어진 문장은 앞절이 뒷절에 이끌리므로, 앞절과 뒷절 사이에 대칭성과 교호성이 없다.

　㉮ <u>첫눈이 내리니까</u> 강아지들이 매우 좋아한다. (이유)

　㉯ <u>봄이 오면</u> 우리는 고향으로 갈 수 있다. (조건)

(3) 종속적 연결어미의 종류와 의미

종속적 연결어미는 '계기, 이유, 양보, 가정, 상황, 목적, 결과, 전환, 비유, 점층, 필연' 등 다양한 의미로 앞절과 뒷절을 이어 준다.

의미		연 결 어 미
시간	동시	-으며, -으면서
	계기	-고(서), -자, -자마자, -아(서)/어(서)
이유나 원인		-아/어(서), -으니까, -으므로, -으매, -이라(서), -다(고), -느라고, -은지라, -(으)ㄹ쌔, -기에, -기로(서니)
양보		-아/어도, -라도, -더라도, -든지, -으나, -은들, -을지라도, -을망정
가정 조건		-으면, -거든, -더라도, -되
상황 조건		-으니, -는데, -건만, -은즉, -은바, -을진대, -거니와, -더라니
의도나 목적		-으러, -으려(고), -고자
결과		-게, 도록
전환		-다가
비유		-듯, -듯이
점층		-을수록
필연		-아야/어야

㉮ 진달래가 온 산에 흐드러지게 피었습니다.(결과)

㉯ 군인들은 무턱대고 돌격하다가 많이 죽습니다.(전환)

㉰ 나그네가 시골길을 구름에 달 가듯이 걸어간다.(비유)

㉱ 날이 갈수록 세상은 각박해져 간다.(점층)

㉲ 하늘을 봐야 별을 따지.(필연)

㉳ 요즈음 학생들은 음악을 들으면서 공부한다.(동시)

㉴ 농부들은 들일을 마치고(서) 점심을 먹었다.(계기)

㉵ 실내 공기가 나쁘므로 창문을 좀 열어 둡시다.(이유)

㉶ 내일 비가 와도 축구 대회는 열립니다.(양보)

㉷ 날이 밝으면 수색 작업을 다시 시작한다.(가정)

㉸ 하늘은 맑은데 빗방울이 떨어지네.(상황)

㉹ 고기를 잡으러 바다로 갈까요?(목적)

(1) 주어 관련 제약

① 동일 주어 제약을 보이는 연결어미

　　'-고자, -(으)러, -(으)려고'

　　㉮ *나는 영희를 <u>만나려고</u> 그는 거기로 나갔다.

　　㉯ *철수는 책을 <u>읽고자</u> 영희는 도서관에 갔다.

　　㉰ *소년은 돼지를 <u>만나러</u> 소녀는 서울로 갔다.

선행절과 후행절의 주어가 동일해야 한다는 제약이 있음을 알 수 있다.

(2) 시제 관련 제약

① '-느라고', '-(으)려고', '-고자', '-(으)면서'

　　㉮ 책을 {*샀느라고 / *사겠느라고} 용돈을 다 썼다.

　　㉯ 나는 학교에 {*갔으려고 / *가겠으려고} 버스를 탔다.

　　㉰ 철수는 책을 {*읽었고자 / *읽겠고자} 도서관에 갔다.

　　㉱ 그는 달을 {*보았으면서 / *보겠으면서} 나에게 가만히 속삭였다.

② '-더라도', '-(으)ㄹ망정'

　　㉮ 철수가 {떠났더라도 / *떠나겠더라도} 영희는 미워하지 않을 것이다.

　　㉯ 남편이 {미웠을망정 / *밉겠을망정} 아이까지 버릴 수 있을까?

과거와 미래 시제 형태소의 결합에 제약이 있음을 알 수 있다.

(3) 문장 종결법(문체법) 관련 제약

① '-지만', '-(으)나', '-되'

　　㉮ *비가 <u>그쳤지만</u> 아직 날이 개지 않았느냐?

　　㉯ *철수는 <u>떠나나</u> 영희는 떠나지 않느냐?

　　㉰ *날씨가 <u>춥되</u>, 너는 가느냐?

후행절에 의문문이 실현되는 데 제약이 있다.

② '-고자', '-느라고', '-는데'

　　㉮ 책을 <u>읽고자</u> 도서관에 {*가라. / *가자.}

㉯ 영화를 <u>보느라고</u> 숙제를 {*하지 마라./ *하지 말자.}

㉰ 철수는 사과를 <u>먹었는데</u>, 영희는 배를 {*먹어라./ *먹자.}

후행절에 명령문과 청유문이 실현되는 데 제약이 있다.

③ '-거든'

㉮ 비가 <u>그치거든</u> {*떠난다./ *떠나려느냐?}

후행절에 평서문과 의문문이 실현되는 데 제약이 있다.

④ '-(으)ㄴ들', '-(으)ㄹ진대'

㉮ 꽃이 <u>예쁜들</u> 한 송이 {*가져온다./ *가져오느냐?/ *가져오너라./ 가져오겠느냐?}

㉯ 너처럼 <u>건강할진대</u> 걱정이 {*되겠다./ *되겠느냐?/ 되겠느냐?)

후행절에 평서문이나 명령문, 일반적인 의문문이 오는 데 제약이 있다. 수사 의문문만 올 수 있다.

제5장

문장 종결법

1. 문장의 종결 표현

1 어미의 분류

국어는 어미(語尾, ending)가 매우 발달되어 그 종류도 많고 기능도 매우 다양하다.

① 선어말어미
- ㉠ 분리적 선어말어미(주체 높임, 시제, 공손) : -시-/-는, -었-, -겠-/-옵-
- ㉡ 교착적 선어말어미(상대 높임, 서법) : -ㅂ-/-느-, -더-, -리-, -것-, -니-

② 어말어미
- ㉠ 종결어미(평서형, 의문형, 명령형, 청유형, 감탄형)

   종결어미로 실현되는 문장은 각각 평서문, 의문문, 명령문, 청유문, 감탄문이다.
- ㉡ 비종결어미
  - 연결어미 : 대등적 연결어미, 종속적 연결어미, 보조적 연결어미
  - 전성어미 : 명사형 전성어미, 관형사형 전성어미, 부사형 전성어미

2 종결어미

① 종결(문말)어미는 한 문장을 종결시키는 기능을 하는 어미이다.

② 평서문, 의문문, 명령문, 청유문 등과 같은 문형을 결정하고 문장의 맨 뒤에 나타난다.

③ 종결어미는 상대높임법 체계를 나타낸다.

3 문장의 종결

① 어미 '-다' 다음에는 새로운 문장만이 온다.

② 종결어미 다음에는 보조사 '-그려', '-요' 등이 올 수 있다. 이 중 '-요'는 선행 종결 어미와 결합하여 상대높임법의 '해요체'를 이룬다.
- 이번 겨울에 우리 누나가 결혼을 해-요

③ 문장에 필요한 정보를 발화 장면에서 미처 언급하지 못해 종결어미 다음에 추가로 언급해야 하는 경우도 있다.
- 내가 (   ) 여행을 떠난다. 기차로

2. 문장 종결법의 유형

문장 종결법에는 평서문, 감탄문, 의문문, 명령문, 청유문의 다섯 가지가 있고, 상대 높임법과 밀접하게 관련되어 있다. 상대 높임법은 발화 상황에 따라 그 쓰임의 범위가 달라진다.

1 평서문

① 평서문은 진술에 따라 듣는 이에 대한 말하는 이의 일방적 진술과 듣는 이의 질문에 대한 말하는 이의 응답 진술로 구분할 수 있다. 일방적 진술은 사태에 대한 화자의 인식 내용을 진술하는 것이다.

② 평서형 어미의 종류 : -다, -네, -오, -(스)ㅂ니다, -아, -아요 등

③ 해라체는 '-다', 하게체는 '-네', 하오체는 '-오', 하십시오체는 '-(스)ㅂ니다', 해체는 '-아', 해요체는 '-아요'가 쓰인다.

예 문	구 분
철수는 지금 떠난다.	해라체
철수가 지금 떠나네.	하게체
철수가 지금 떠나오	하오체
철수가 지금 떠났습니다.	하십시오체
철수가 지금 떠나.	해체
철수가 지금 떠나요.	해요체

④ 평서문에는 약속을 의미하는 특수한 평서문이 있다. 이를 약속평서문이라 부르기도 한다.
㉠ 약속형 어미류 : -(으)마, -(으)ㅁ세, -(으)리다, -(으)오리다, -(으)ㄹ게, -(으)ㄹ게요

ⓛ 현대에서는 격식체에 주로 '-(으)마'가 쓰이고 '-(으)ㄹ게'는 두루낮춤의 구어체에서 사용된다.

ⓒ 서술문, 의문문과 달리 동사하고만 어울린다.

ⓔ 명령문, 청유문과 공통점은 과거시제가 사용될 수 없다는 점이고 차이점은 행동 주체가 언제나 화자 자신이라는 점이다.

ⓜ 간접 인용문에서 종결어미가 독자적으로 사용된다.

2 의문문

① 말하는 이가 듣는 이에게 질문을 하여 그 답을 요구하는 종결 양식이다.

② 의문형 어미의 종류 : -(으)냐/느냐, -(으)ㄴ가/는가, -오, -(스)ㅂ니까, -니/아, -아요 등

③ 해라체 '-냐'는 하게체에서는 '-는가', 하오체는 '-오', 하십시오체는 '-ㅂ니까'로 된다.

예 문	구 분
너도 지금 떠나겠느냐?	해라체
자네도 지금 떠나겠는가?	하게체
당신도 지금 떠나겠오?	하오체
선생님도 지금 떠나시겠습니까?	하십시오체
너도 지금 떠나?	해체
당신도 지금 떠나요?	해요체

④ 의문형 어미의 기능

ⓐ 기본 기능 : 청자에게 정보를 확인한다.

- 판정 의문문 : 듣는 이에게 긍정 및 부정의 대답을 요구하는 의문문이다.
- 설명 의문문 : 어떠한 사실에 대하여 구체적 정보의 설명을 요구하는 의문문이다.
- 지금 거기서 무얼 하고 있니?

ⓑ 다른 문형을 대신하는 기능 : 수사적 표현, 공손한 명령 또는 제안과 같은 기능을 한다.

⑤ 수사 의문문

형태는 의문문이면서 의미상으로는 의문문이 아닌 의문문을 말한다.

㉠ 반어 의문문
  • 합격의 기쁨을 어찌 말로 다 표현할 수 있으랴?
 ㉡ 감탄 의문문
  • 그 사람을 다시 만날 수만 있다면 얼마나 좋으랴?
㉢ 확인(부가) 의문문
  • 철수는 부산에 갔지 않니?

3 명령문

① 말하는 이가 듣는 이에게 무엇을 시키거나 행동을 요구하는 문장 종결 양식으로서 명령형 종결어미로 문장을 종결시킨다.
② 직접 명령문의 대표적인 형태는 '-어라'이다.

명령형 어미의 종류 : -라/아라, -게, -오, -ㅂ시오, -아지, -아요

예 문	구 분
지체 말고 빨리 가 보아라.	해라체
지체 말고 빨리 가 보게.	하게체
지체 말고 빨리 가 보오	하오체
지체 말고 빨리 가 보십시오	하십시오체
지체 말고 빨리 가 봐.	해체
지체 말고 빨리 가 봐요	해요체

해라체에는 '다오'의 '-오'가 추가될 수 있다.

  • 철수야, 그 책을 나에게 다오

③ 문장의 주어가 청자가 되기 때문에 하오체부터는 주체높임법 '-시-'가 동시에 실현되는 경우가 많다.
 ㉠ '-시-오', '-시-어요(-세요)', '-시-ㅂ시오(십시오)' 등
 ㉡ 하십시오체의 경우는 '-시'의 주체높임의 기능에 아무런 변화가 없기 때문에 주체높임의 '-시'가 거의 의무적으로 쓰인다.
⑤ 해라체와 하라체
 ㉠ '-아라' : 직접 청자에게 명령할 때 쓰인다.
 ㉡ '-(으)라' : 중립적인 명령형 어미로 다수의 불특정 청자나 또는 간접 인용절에 쓰인

다. 이를 간접 명령법, 중립 명령법이라 하는데 '하라체'라 부르기도 한다.

⑥ '-게나', '-구려', '-(으)렴', '-(으)려무나' 등을 명령형 어미에서 분리하여 허락형 어미로 다루기도 한다. 이는 완곡한 명령 또는 허가의 기능을 보이기 때문이다. 허락문은 화자가 청자에게 그 행동 수행을 기꺼이 허락하는 것이기 때문에 청자에게 불이익을 주는 상황에서는 허락문이 쓰일 수 없다.

- 이번 시험에는 네가 떨어지려무나.

4 청유문

① 말하는 이가 듣는 이에게 같이 행동할 것을 요청 제안하는 문장 종결 양식으로 청유형 종결어미로 문장을 종결한다.

② 청유문의 대표적 형태는 '-자'이다.

청유형 어미의 종류 : -자, -세, -ㅂ시다, -시지요, -아, -아요

예 문	구 분
빨리 가자.	해라체
빨리 가세.	하게체
빨리 갑시다.	하오체
빨리 가시지요	하십시오체
빨리 가.	해체
빨리 가요	해요체

③ 청유형은 상대 높임의 등급 분화가 확실하지 못하다.

청유형 하십시오체는 '-ㅂ시다'가 되어야 할 것이나 이를 하오체로 분류하는 것은 '하십시오체'에 이 어미를 쓰면 어울리지 않기 때문이다.

5 감탄문

① 말하는 이가 듣는 이를 별로 의식하지 않거나 거의 독백하는 상태에서 자기의 느낌을 표현하는 문장 종결 양식으로, 감탄형 종결어미로 문장을 종결한다. 평서문 어미와 본질적으로 같지만 화자의 감정적 태도를 보이는 어미라는 점에서 차이가 있다.

② 감탄형 어미의 종류 : '-구나, -구료(현재 시제의 동사의 경우는 '-는구나', '-는구료'), -네' 등

③ 감탄형 어미는 상대 높임법 체계를 갖추고 있지 못하고, 간접 인용절의 내포문을 이끌

지 못한다.

④ 감탄문은 모든 활용어에 두루 나타난다.

예 문	구 분
네가 벌써 고등 학생이 <u>되는구나!</u>	동사
오늘은 달도 참 <u>밝구나!</u>	형용사
그것이 네가 가지고 싶어하던 <u>장난감이로구나!</u>	서술격 조사

⑤ '-구나'는 청자를 의식하지 않는 표현, '-네'는 청자를 의식하는 표현이라고 할 수
있다.

　　• 어, 갑자기 비가 오네./ 비가 오네요

6 종결어미로 쓰이는 '-아', '-지'

① 평서문, 의문문, 명령문, 청유문 등의 문형에 '-아'와 '-지'는 같은 형태로 쓰인다.

　　㉠ 각각의 문형에서 '-아'와 '-지'는 서로 다른 어미가 아니고, 문장 종결의 기능을 보
　　　이던 것도 아니었다.

　　㉡ '-아'와 '-지'는 부정적 종결어미로 어떤 문형을 결정할 수 없다.

　　㉢ '-지'에는 화자가 말하는 내용을 기정 사실화하고 청자의 동의를 구하는 의미 기능
　　　이 들어 있다.

3. 용언의 활용

국어 용언의 특징은 문장 속에서 담당하고 있는 기능에 따라서 형태가 달라진다는 점이
다. 용언이 문장에서 쓰일 때 고정된 부분인 어간에 어미가 결합하는 현상을 활용이라 한다.

　　• 기본형 : 어간에 '-다'가 결합한 것, 모든 활용형을 대표하여 표제어로 사전에 오른다.

　　• 불규칙 활용 : 용언이 활용할 때 어간이나 어미의 기본 형태가 달라지는 경우를 말하는
　　　데 이런 용언을 불규칙 용언이라 부른다.

1 어간이 바뀌는 경우

갈래	내용(조건)	용 례	규칙 활용 예
'ㅅ'불규칙	'ㅅ'이 모음 어미 앞에서 탈락	잇+어→이어, 짓+어→지어, 낫+아→나아	벗어, 씻어
'ㄷ'불규칙	'ㄷ'이 모음 어미 앞에서 'ㄹ'로 변함	걷(步)+어→걸어, 묻(問)+어→물어	묻(埋)어, 얻어
'ㅂ'불규칙	'ㅂ'이 모음 어미 앞에서 '오/우'로 변함	눕+어→누워, 줍+어→주워, 돕+아→도와	잡아, 뽑아
'ㄹ'불규칙	'르'가 모음 어미 앞에서 'ㄹㄹ'형태로 변함	흐르+어→흘러, 이르+어→일러, 나르+어→날라	따라, 치러
'우'불규칙	'우'가 모음 어미 앞에서 탈락	푸+어→퍼	주어, 누어

2 어미가 바뀌는 경우

갈 래	내용(조건)	용 례	규칙 활용 예
'여'불규칙	'하-'뒤에 오는 어미'-아/어'가 '-여'로 변함	공부하+어→공부하여	파+아→파
'러'불규칙	어간이 '르'로 끝나는 일부 용언에서 어미 '-어'가 '러'로 변함	이르(至)+어→이르러, 누르(黃)+어→누르러	따르+어→따라
'너라'불규칙	명령형 어미인 '-거라'가 '-너라'로 변함	오+거라→오너라	가거라, 있거라
'오'불규칙	'주다'의 보충법 형태인 '달/다-'의 명령형 어미 '-어라'가 '오'로 변함	달/다+아라→다오	주어라

3 어간과 어미가 바뀌는 경우

갈래	내용(조건)	용 례	규칙 활용 예
'ㅎ'불규칙	'ㅎ'으로 끝나는 어간에 '-아/어'가 오면 어간의 일부인 'ㅎ'이 없어지고 어미도 변함	파랗+아→파래	좋+아서 → 좋아서

제6장

높임 표현

1. 높임법의 특성

1 높임법의 의미

① 화자가 언어 내용을 전달할 때 청자나 문장에 등장하는 주체 및 객체에 대하여 화자와의 관계에 따라 높이거나 낮추는 정도를 언어적으로 구별하여 표현하는 문법적 장치를 의미한다.

② 경어법, 존대법, 존경법, 존비법, 대우법 등으로 불린다.

③ 높임법은 담화에 관련되는 각 요소를 고려하여 다음과 같은 구조를 상정할 수 있다.

> 화자 – [s주체 – 객체 – V] – 청자

2 높임의 실현

① 한국어 높임법 실현의 객관적 요인은 대체로 상대의 나이, 가족 관계, 사회적 신분, 계급 등이다.

② 문법적 실현 : 주체높임법, 상대높임법, 객체높임법 등이 있다.

③ 어휘적 실현 : 어휘 및 어휘적 요소에 의한 높임 표현을 말한다.

④ 높임법 실현은 대상과의 친소 관계(親疏關係)도 한 요인으로 작용한다. 즉, 동일한 대상이라고 하더라도 친한 사람과 덜 친한 사람에 따라 높임의 등분이 달라질 수 있다.

⑤ 높임법은 격식의 유무에 따라서도 영향을 받는다. 동일 대상이라고 하더라도 격식성 여부에 따라 높임법이 달라질 수 있다.

(1) 청자 중심 주의와 화자 중심 주의

  ① 청자 중심 주의는 청자를 중심으로 높임법이 이루어지는 것을 말한다.

  ② 청자가 없을 때는 화자 중심 주의로 문장에 등장하는 인물을 높이고, 청자가 있을 때는 청자가 포함되기 때문에 청자 중심 주의나 화자 중심 주의가 된다.

  ③ 압존법은 청자 중심 주의의 높임법이다.

  ④ 최근의 높임법은 화자 중심 주의가 청자 중심 주의보다 우세해서 압존법은 가족 관계에서만 이루어지는 경향이 있다.

    ㉮ 할아버지, 아버지 왔어요

    ㉯ ²부장님, 과장이 왔습니다. / 부장님, 과장님이 왔습니다(오셨습니다).

(2) 자기 낮춤 원리와 대중 최우선 원리

① 자기 낮춤 원리 : 자기 관련 인물이나 사물에 대하여는 가능한 한 낮춤말을 사용한다.

② 대중 최우선 원리 : 청자 중에서도 대중은 가장 높은 위치에 있기 때문에 대중을 상대로 이야기할 때에는 화자에게 존귀한 인물이라 할지라도 낮춤말을 사용한다.

(3) 존대 파급 원리와 일관성의 원리

① 존대 파급의 원리 : 청자가 높은 인물일 때는 관련 인물에 대해서뿐만 아니라 그와 관련된 사물에 대하여도 높임말을 쓴다.

  • 선생님께서는 따님이 있으시다.

② 일관성의 원리 : 한 인물을 높이고자 할 때는 높임이 어느 한 부분에서만 이루어져서는 안 된다. 주어 대상을 높인 경우에 서술어도 높임법을 써야 한다.

  ㉾ 선생님께서 간다 → 선생님께서 가신다.

2. 주체높임법

1 높임의 실현

① 주어 명사구가 화자에게 높임의 대상이 된다고 생각할 때 그 서술어에 선어말어미

‘-(으)시-’가 쓰여서 실현된다.

② 주체높임법에서 주체를 존대하는 표현은 [께서⋯-시-]요소 이외에 별도의 동사에 의하여 실현될 수도 있다. 주체에 대한 어휘적 높임에 쓰이는 용언에는 ‘계시다, 잡수시다, 주무시다, 자시다’ 등이 있다.

2 주체높임법의 특성

① 주어 명사구가 높임의 대상이라 하더라도 그보다 높은 대상이 대화의 현장에 있으면 주어 명사구를 높일 수 없다. - 압존법

② 같은 주어 명사구라 하더라도 화자의 인식에 따라 높이거나 높이지 않을 수 있다.
- 세종대왕은 1443년에 한글을 <u>창제하였(시었)</u>다.

③ 주체높임은 주어 명사구에 관련된 일이나 사물을 높일 때도 실현된다. 이를 간접높임이라고 한다.
㉮ 할머니께서는 아직 귀가 <u>밝으십니다</u>.
㉯ 선생님의 말씀이 <u>타당하십니다</u>.

3 어휘에 의한 높임

① ‘-(으)시-’와 어휘에 의한 높임이 상보적으로 나타나기도 한다.
㉮ 학교에는 선생님이 <u>계신다</u>.
㉯ 다음에는 선생님의 말씀이 <u>있으시겠습니다</u>(*계시겠습니다).

①의 ㉯에서는 그 주어가 ‘말씀’이기 때문에 ‘있으시다’가 쓰여야 적격한 표현이 된다.

3. 상대높임법

1 높임의 실현

화자가 청자(상대)에 대하여 높임이나 낮춤의 태도를 나타내는 문장 종결 형식을 통해 실현된다.

2 상대높임법의 등급

① 상대높임법은 높임만을 나타내는 것이 아니라 상대에 따라 ‘낮춤’도 나타낼 수 있기 때문에 여러 등급으로 분화되어 실현된다. 이러한 등급을 ‘담화 등급’혹은 ‘화계(話階)’

라고 한다.

상대높임법의 등급표

				평서문	의문문	명령문	청유문	감탄문
격식체	높임	아주높임	하십시오체	가십니다	가십니까?	가십시오	가시지요	–
		예사높임	하오체	가(시)오	가(시)오?	가(시)오 가구려	갑시다	가는구려
	낮춤	예사낮춤	하게체	가네, 감세	가는가?, 가나?	가게	가세	가는구먼
		아주낮춤	해라체	간다	가냐?, 가니?	가(거)라, 가렴	가자	가는구나
비격식체	두루높임		해요체	가요	가요?	가(세/셔)요	가(세/셔)요	
	두루낮춤		해체(반말)	가, 가지	가?, 가지?	가, 가지	가, 가지	

② 학교문법에서의 등급

　㉠ 아주높임(하십시오체) : 상대방을 가장 높여 대접하는 청자 대우법으로 상대를 가장 높여서 정중하게 대하고자 할 때 쓰인다.

　㉡ 예사높임(하오체) : 친구나 아랫사람을 하게체보다 더 극진히 높여 대접하는 등급이다. 이 하오체는 격식을 차리는 말투로서 편지글 등에서 주로 쓰이고 있고, 대화체에서는 잘 쓰이지 않는 말씨라고 할 수 있다.

　㉢ 예사낮춤(하게체) : 평교간(平交間)의 친구나 아랫사람에게 쓰는 것으로서 해라체나 반말체보다 상대방을 어느 정도 높여 대접하는 등급의 말씨이다.

　㉣ 아주낮춤(해라체) : 화자가 청자에게 아주 낮추는 뜻을 나타내는 대우 등급이다.

　㉤ 두루높임(해요체) : 하십시오체 다음으로 상대를 높여 대접하는 대표적인 표현이다.

　㉥ 두루낮춤(해체) : 주로 상대와의 대화에서 쓰이는 표현으로서 친밀한 사이에서는 해라체와 거의 차이 없이 쓰이지만, 상대방을 좀 어려워하는 경우에도 쓰인다. '-어/어, -지, -(으)ㄹ까, -거든, -군, -구먼, -(으)ㄴ걸, -다나, -다니까, -라니까, -자니까, -다니, -라니, -(느)냐니, -자니, -다면서, -(으)ㄴ지, -(으)ㄴ가' 등과 같이 연결어미가 종결형으로 쓰이면서 두루낮춤의 의미 기능을 하는 경우가 많다.

③ 격식체와 비격식체

　　㉠ 격식체 : 공식적이며 의례적인 자리에서 쓰이거나 상대가 가까운 사람이 아닐 때
　　　　쓰인다.

　　㉡ 비격식체 : 가까운 사이에서 사적으로 쓰는 말이다.

3 등급의 구분 문제

① 상대높임법의 등급은 현대 사회의 변화에 따라 변화된다. 하오체의 쓰임 영역이 줄어
　　들고, 하게체가 거의 쓰이지 않게 되고, 하십시오체 일부가 해요체로 통합되어 쓰인다
　　든가 하는 등의 현상이 나타난다.

② 격식체의 4원적 체계는 심하게 동요되어 위축되고 '해, 해요'의 2원적 체계가 지배적
　　이다. 이 둘은 서로 섞여 쓰이는데 해체는 하십시오체를 제외한 높임법과 섞여 쓰이고
　　해요체는 해라체를 제외한 높임법과 섞여 쓰인다.

③ 하오체는 높임에 속하나 어떠한 경우에도 상위자에게 쓸 수는 없다.

　　• *아버님, 이 꽃이 예쁘오

4. 객체높임법

1 높임의 실현

　　객체높임법은 화자가 문장의 목적어나 부사어가 지시하는 대상, 곧 서술의 객체에 대하여
높임의 태도를 나타내는 것이다. 중세국어에서는 '-습-', '-숩-', '-줍-' 과 같은 선어말어미
가 객체높임을 담당했지만, 현대국어에서는 '드리다, 모시다, 뵙다, 여쭙다'와 같은 어휘에
의해서 실현된다.

2 객체 높임말의 특성

① 객체높임법은 중세국어에서는 활발하게 쓰였으나, 현대에서는 그 쓰임이 매우 한정되
　　어 있다. 몇몇 특수한 겸양동사에 의하여 실현될 뿐이다.

② 객체높임법은 주체와 객체 사이의 존비 관계로 성립되기 때문에, 주체에 의하여 객체
　　를 높이는 것이 아니라 객체에 대하여 주체의 행위를 낮추어서 객체를 높이는 높임법
　　이라고 할 수 있다.

③ '모시다, 드리다'는 주체 겸양동사이기 때문에 객체가 화자보다 높더라도 주체가 객체보다 높으면 쓰이기 어렵다.

㉮ *할아버지께서 아버지를 모시고 약속 장소로 갔다.

㉯ *할아버지께서 어머니께 용돈을 드렸다.

할아버지의 행위가 아버지나 어머니에 대하여 낮추어지는 표현이 되기 때문에 비문이 된다.

제7장

시간 표현

1. 시간 표현의 특성

1 시제의 정의

① 시제란 발화시를 기준으로 하여 어떤 사건이나 상황의 시간적 위치를 나타내는 문법 범주이다.

② 자연 시간은 현재 미래 과거가 분명하게 나뉘어지지 않는 물리적 시간이지만, 시제는 이러한 물리적 시간이 아니다. 자연계의 시간을 인위적으로 구분한 언어 표현이다.

③ 시간 관념은 문법적인 범주로만 표현되는 것이 아니라 어휘나 '어휘적 복합 표현'(오늘, 내일, 그제 등)으로도 표현된다.

2 기준시 및 사건시

① 발화시 : 화자가 말을 하는 시간을 말하는데, 언제나 현재이다.

② 기준시 : 기준점이 되는 시간으로 일반적으로 발화시가 기준이 된다.

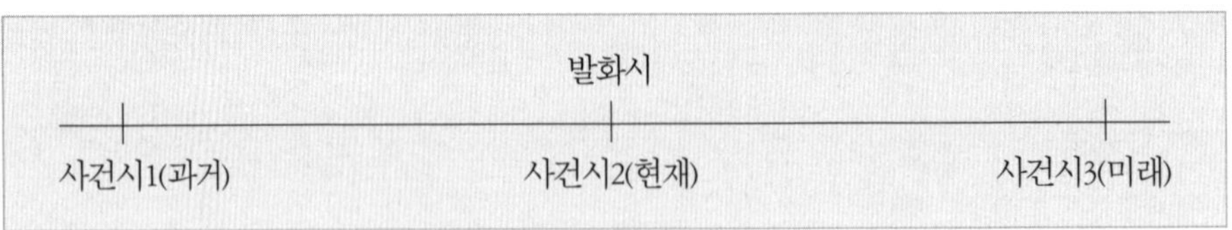

③ 사건시 : 어떤 사건이나 상황이 일어난 시간을 말한다.

2. 국어의 시제

1 시제와 상

(1) 시제

① 절대시제 : 발화시를 기준으로 하는 시제이다. 종결형과 독립성이 강한 연결형에서 표시된다.

② 상대시제 : 주절의 사건시를 기준으로 하는 시제이다. 관형사형과 독립성이 약한 연결형에서 표시된다.

(2) 상(相)

① 어떤 상황의 내적인 시간적 윤곽이나 시간의 폭을 나타내는 개념이다.

② 상은 시간상의 위치에 대한 제약을 가지지 않는다. 시간상 어떠한 위치에 놓이든 진행은 진행으로서, 완료는 완료로서 동일한 의미 기능을 가지게 된다.

2 국어의 시제 체계에 대한 여러 가지 견해

(1) 국어에 시제가 있다고 보는 견해

① 일원적 체계 - 발화시 중심의 체계이다.

　　㉠ 삼분 체계 - 현재, 과거, 미래시제를 인정한다.

　　㉡ 사분 체계 - 삼분 체계에 과거완료나 대과거를 추가한다.

　　㉢ 이분 체계 - 과거 : 비과거의 대립으로 보는 견해이다.

② 이원적 체계 - 발화시 기준과 인식시(회상시)를 기준으로 하는 체계

(2) 무시제 체계

우리말에 시제가 없다고 보는 견해이다. 시제 형태소들이 시제를 나타낸다기보다 양태적 의미를 갖는다고 본다.

(3) 시상 체계

시제와 상을 분리하지 않는 체계이다.

3 국어의 시제에 대한 논의가 어려움을 겪는 이유

① 하나의 형태가 여러 가지 기능을 가지는 일이 있다.

② 다른 시제 형태가 같은 시간 관계를 표현하는 것으로 보이는 예가 있다.

③ 국어의 시제 형태는 인식 양태와 관련되는 특성을 강하게 가진다.

3. 국어의 기본 시제

1 현재시제

(1) 현재시제의 특성

① 현재시제 : 어떤 사건이나 상태가 일어난 시점이 발화시와 같은 시점임을 언어적으로 나타내는 것을 말한다.

② 현재시제를 나타내는 대표적인 이형태 : 동사는 '-는/ㄴ-'으로, 형용사는 무형태로 실현된다.

    ㉮ 영수가 지금 공원으로 <u>간다.</u>

    ㉯ 아이들이 내 다리를 <u>잡는다.</u>

    ㉰ 순희가 키가 <u>크다.</u>

    ㉱ 그 실험실에 학생들이 <u>많다.</u>

(2) 현재시제 형태 : '-는/ㄴ-'

학교문법에서는 현재시제 형태로 '-는/ㄴ-'을 설정하고 있지만, 형용사나 서술격조사에서는 실현되지 않고, 동사에서도 평서문과 감탄문에서만 실현되기 때문에 이를 시제 형태소로 보지 말아야 된다는 주장도 있다. 그렇게 되면 현재시제는 무형태로 실현되는 것이다.

① 무형태 가설

    ㉠ 현재시제를 무형태로 보는 입장이다. 형용사의 경우를 강조한다.

    ㉡ 형용사의 경우 '-다'로, 동사의 경우 '-ㄴ다-'나 '-는다'로 표현된다.

    ㉢ 무형태 가설의 문제점

'-ㄴ다/는다'를 현재시제를 나타낸 것으로 본다면 과거시제나 미래시제와 구조적 일치가 되지 않는다는 문제가 있다. 또한 국어에는 절대문이 있어서 현재시제와 구별되지 않는다는

문제도 있다.

② 유형태 가설

    ㉠ 현재시제를 나타내는 선어말어미를 '-는/ㄴ-'으로 보는 입장이다. 동사의 경우를 강조한다.

    ㉡ 형용사의 경우 현재시제 형태가 나타나지 않고, 동사에서도 의문형, 명령형, 청유형의 경우 특정 어미 없이 쓰인다는 문제가 있다.

(3) 현재시제가 확대되어 쓰인 경우

① 역사적 현재의 경우

- 적군이 몰려 오자 강감찬 장군은 주먹을 불끈 <u>쥔다.</u>

② 항구적인 진리를 나타내는데 현재시제 표지를 사용한 경우

    ㉮ 물은 섭씨 0도에서 <u>언다.</u>

    ㉯ 지구는 태양 주위를 <u>돈다.</u>

③ 사건시와 발화시가 불일치한 경우

    ㉮ 나는 내일 <u>돌아온다.</u>

    ㉯ 이 꽃은 곧 <u>시든다.</u>

2 과거시제

(1) 과거시제의 특성

① 과거시제는 발화시를 기준시로 했을 때 사건시가 더 앞선 경우이다.

② 과거시제는 선어말어미 '-았/었/였-' (대표 : '-았-')으로 실현된다.

③ '-았-'은 '실현 인식'의 양태적 의미로 해석된다.

(2) 회상시제

① 회상시제란 과거 어느 때의 일이나 경험을 돌이켜 생각하는 것을 나타내는 경우이다.

② 선어말어미 '-더-'가 쓰인다.

③ '-더-'와 인칭 제약

    ㉠ '-더-'는 의문문에서는 주어가 2인칭일 때, 평서문에서는 주어가 1인칭일 때 사용이 제약된다.

ⓛ 그러나 심리 형용사나 느낌을 나타내는 서술어는 이러한 제약이 없다.

  • <u>나는</u> 그 집 자장면이 <u>맛있더라.</u>

(3) '-았었-'

① 발화시보다 훨씬 오래 전에 일어나 현재와는 더 강하게 단절된 사건을 표현하기 위해
　서는 '-았었-' 과 같은 형태를 쓰는 경우가 있다.

② 시제가 과거라는 점을 명백히 하기 위해 '-았었-'을 쓴 것으로 볼 수 있다. 그래서 이
　를 대과거라 부르기도 한다.

③ 겹쳐 쓰인 '-었-'은 '확인'의 양태적 의미를 가졌다고 할 수 있다.

④ '-았었-'을 시제로 보지 않고 상(단속상)으로 보기도 한다.

3 미래시제

(1) 미래시제의 특성

① 미래시제는 사건시가 발화시 뒤에 오는 경우이다.

② 미래시제는 선어말어미 '-겠-', '-리-'로 실현된다.

③ 미래시제 표지는 양태적인 의미가 두드러지며, 추측, 의지, 가능성의 의미를 띤다.

　㉠ 내일은 눈이 <u>내리겠다.</u> (추측)

　㉡ 저는 이번 시험에 반드시 <u>합격하겠습니다.</u> (의지)

　㉢ 그 일은 나도 할 수 <u>있겠다.</u> (가능)

④ '-겠-'은 통사적 구성 '-(으)ㄹ 것'과 비슷하게 쓰이는데 이 둘의 차이는 다음과 같다.

　㉠ '-겠-'은 외적 사실이나 현상에서 추측되는 일의 기술에 쓰인다.

　㉡ '-ㄹ/을 것'은 내적인 근거나 주관적인 믿음에 의한 추측을 기술할 때 쓰인다.

　㉢ 그러므로 판단의 근거가 강할 때는 '-겠-', 약할 때는 '-(으)ㄹ 것'이 쓰인다고 할
　　수 있다.

④ '-겠-'이 미래를 나타내지 않는 경우도 미래적인 함축을 가진다.

　㉠ 처음 <u>뵙겠습니다.</u>

　㉡ (이 서류 다시 해 와!) 네, <u>알겠습니다.</u>

　㉢ 이르시는 말씀을 잘 <u>알겠습니다.</u>

① 한 문장이 관형사절로서 안은문에 내포되어 명사를 수식하게 될 때는 그 관형사절에도 시제가 나타난다.

② 동사와 연결된 관형사형 어미
   ㉠ 현재 '-는'
   • 철수가 <u>읽는</u> 책을 나도 읽고 싶다.
   ㉡ 과거 '-(으)ㄴ'
   • 영희가 <u>입은</u> 옷이 아름답다.
   ㉢ 미래 '(으)ㄹ'
   • 이것은 아이들이 <u>좋아할</u> 선물이다.
   * '때'나 '적'이 쓰일 때 그것을 수식하는 관형사의 '-(으)ㄹ'은 미래의 뜻을 가질 수 없다.
   ㉮ 집에 <u>갔을(간/가는)</u> 때, 집에는 아무도 없었다.
   ㉯ 집에 <u>갔을/갈(간/가는)</u> 적에, 그런 생각을 하였다.

③ 형용사에 연결된 관형형 어미
   ㉠ 현재 '-(으)ㄴ'
   • 마음이 <u>너그러운</u> 사람이 친구가 많다.
   ㉡ 과거 '-던'
   • 그는 마음이 <u>너그럽던</u> 사람이다.
   ㉢ 미래 '(으)ㄹ'
   • 그는 마음이 <u>너그러울</u> 사람이다.

4. 절대시제와 상대시제

① 절대시제 : 발화시를 기준으로 하여 대상 시제의 사건이 발화시와 같은 시점에 일어났는지 아니면 발화시 이전에 일어났는지를 따져서 현재와 과거의 시제를 정하는 체계이다.

② 상대시제 : 주문장의 사건시에 의해 결정되는 시제이다. 서술어가 둘 이상 나타나는 내포문이나 두 문장이 접속된 경우 절대시제와 상대시제의 구별이 문제된다.

• 철수는 어제 <u>청소하시는</u> 어머니를 도와드렸다.(상대시제는 현재)

③ 대등 접속 구성에서 선행절은 절대시제 해석이 가능하다. 종속절은 연결어미의 종류에 따라 가능할 수도 있다.

㉮ 철수가 <u>오고</u>, 영희가 왔다.(과거)

㉯ 철수가 공부를 <u>하러</u> 도서관에 왔다.(절대시제 해석 불가)

㉰ 날이 <u>저물어</u> 남편이 돌아오리라.(현재나 미래)

5. 동작상

동작상(aspect)이란 진행, 완료와 같은 동작의 양상이 일정한 형태로 표시되는 현상을 말한다.

국어의 동작상은 보조적 연결어미와 보조동사의 결합에 의해 표시되며 연결어미에 의해서도 표시될 수 있다.

(1) 완료상

㉮ 철수도 의자에 <u>앉아 있다.</u>

㉯ 헌 옷을 <u>벗어 버리고</u> 새 옷으로 갈아입었다.

㉰ 종소리를 <u>듣고서</u> 학교에 갔다.

(2) 진행상

㉮ 학생들이 도서관에서 책을 <u>읽고 있다.</u>

㉯ 빨래가 다 <u>말라 간다.</u>

㉰ 동생이 <u>울면서</u> 과자를 달라고 조른다.

(3) 예정상

㉮ 우리도 그 곳에서 <u>살게 되었다.</u>

㉯ 아이들은 못 들어 <u>가게 한다.</u>

㉰ 저도 같이 <u>가고자</u> 합니다.

제8장
피동문

1. 피동문의 개념

주어의 행동이 다른 사람이나 사물에 의해 이루어지는 것을 문법적 표지로 나타낸 문장이다.

2. 피동문의 특징

1 능동문과의 관계

피동문과 능동문은 통사적으로, 의미론적으로 매우 밀접한 관련성을 지닌다.

① 주어 논항과 목적어 논항 간의 의미론적 관계가 능동과 피동에서 대개 규칙적으로 대립되는 모습이 나타난다.

   예 영수가 철수의 손을 잡는다.　　　철수의 손이 영수에게 잡힌다.

       행동주 – 대상 – 능동사　　　　　대상 – 행동주 – 피동사

   [＋유정성] – [＋구상성] – 능동사　[＋구상성] – [＋유정성] – 피동사

② 능동문과 이에 대응하는 피동문의 의미는 근본적으로 같지만, 말하는 상황에 따라 능동문으로 나타내기도 하고, 피동문으로 나타내기도 한다.

③ 능동문에 대하여 피동문은 문장 성분이 바뀌고, 동사의 모습이 바뀐다. 그래서 변형문법에서는 능동문과 피동문의 관계를 '변형 관계'로 파악했다.

④ '받다, 당하다'와 같이 어휘의 개별적인 의미 특성에 따른 피동은 피동문에 포함시키지 않는다.

2 능동사와 피동사

능동문을 이루는 동사를 능동사, 피동문을 이루는 동사를 피동사라 한다.

① 능동사 : 주어가 제 힘으로 행하는 동작을 나타내는 동사이다.

② 피동사는 능동사에 '-이-, -히-, -리-, -기-'와 같은 피동 접사를 첨가함으로써, 명사 어근에 '-되'가 결합함으로써 형성된다.

> 예 보이- ← 보+-이-
>
> 먹히- ← 먹+-히-
>
> 갇히- ← 가두+-히-
>
> 열리- ← 열+-리-
>
> 정복되- ←정복+되-

③ 국어에서 능동사와 피동사는 통사적인 관계가 아닌 어휘적인 파생 관계이다.

> ㉠ 국어의 능동사와 피동사의 관계는 매우 불규칙하다.
>
> ㉡ 국어의 피동문은 능동문과 통사적인 연관으로 생성되는 것이 아니라 피동사에 의해 독자적으로 생성된다.
>
> > ㉮ 요즘은 탤런트들의 얼굴이 팔린다. / *요즘은 누가 탤런트들의 얼굴을 판다.
> >
> > ㉯ 서점에서는 책이 잘 팔린다. / *사람들이 서점에서 책을 잘 판다.

위의 예에서 보듯이 능동은 능동문대로, 피동은 피동문대로 각기 따로따로 생성된다.

> ㉢ 피동사 결여의 주된 연원은 '하-' 동사가 피동사를 가지지 않는 데 있다.

④ '빨다-빨리다', '잡다-잡히다' 등과 같은 예의 '빨리다, 잡히다'는 피동사이기도 하고 사동사이기도 하여 동음이의(同音異義) 형태로 취급된다.

⑤ 피동사가 준비되었어도 문맥에 따라 능동과 피동의 관계가 형성되지 않는 경우가 있다.

> ㉮ 날씨가 풀렸다. / *누가 날씨를 풀었다.(누구=하느님)
>
> ㉯ 저절로 넥타이가 풀렸다. / *누가 저절로 넥타이를 풀었다.

3 피동문의 의미적 특성

(1) 피동문의 탈행동성

국어 피동의 탈행동성이나 비행동성은 사건이 자연적인 작용 또는 상황적인 요인에 의해 일어남을 나타낸다.

(2) 피동 접사 뒤의 '-우-'

① 피동 접사 뒤에 나타나는 '-우-'는 행동주의 행동성을 강화하는 요소이다.
② '먹다-먹히다-먹히우다', '잡다-잡히다-잡히우다', '자르다-잘리다-잘리우다', '덮다-덮히다-덮히우다', '팔다-팔리다-팔리우다' 등의 예가 있다.
  ㉮ 요즘은 몸이 좋아져, 밥이 잘 먹힌다.
  ㉯ 요즘은 몸이 좋아져, 밥이 잘 먹히운다.

4 피동 구성의 특이성

(1) 자동사의 피동사

① 국어에는 자동사가 피동 접사를 가지는 일이 있다.
  피동 접사의 기능은 다른 힘에 의한 작용을 나타내는 것이므로 타동사에 붙는 것이 일반적인데 예외적으로 자동사 어간에 연결되어 동일한 기능을 하는 경우가 있다.
  ⑩ 날다-날리다, 울다-울리다, 졸다-졸리다, (바람이) 불다-불리다, (열매가) 열다-열리다, (이슬이) 맺다-(이슬이) 맺히다, 튀다-튀기다
② 자동사와 피동 접사 어형이 표현하는 의미는 동일하지 않다.
  ㉠ 피동 접사를 가지지 않은 자동사 : 작용이나 움직임이 제 힘으로 저절로 이루어진다.
  ㉡ 피동 접사를 가진 동사 : 다른 힘에 의해 움직임이나 작용이 이루어진다. 일반적으로 사동사는 피동사를 가지지 않는다.
    ⑩ 평화의 종이 운다. / 평화의 종이 울린다.

3 피동문에 나타나는 '을/를'

① 피동문에 '을/를'을 가진 성분이 나타나는 예가 있다.
  ㉮ 그 일꾼은 전기톱에 손가락을 잘렸다.
  ㉯ 부정 공직자들이 목을 잘렸다.
  ㉰ 영수가 이름을 불렸다.
② 주어의 자리에 나타나는 성분에 '을/를' 조사가 쓰여, 주어가 다른 대상에 의해 불리한

행동 또는 작용을 당하는 입장을 표현한다. 이러한 피동문을 피해 피동이라 하기도
한다.

3. 피동문의 유형

1 어휘적 피동

① 어휘적 피동(접사적 피동, 형태적 피동) : 전형적인 피동문으로 '-이-, -히-, -리-, -기-,
-되-'와 같이, 피동 접미사가 첨가된 피동사에 의하여 구성된 형식을 말한다.
② 현재 학교문법에서는 '받다, 당하다' 등과 같은 요소들에 의해 표현된 경우는 피동문으
로 분류하지 않는다. 그러나 학자에 따라서는 이를 피동문의 범주에 넣기도 한다.(우리
말문법론)
㉮ 부하들이 상사에게 구박받는다/구박당한다.
㉯ 선생님이 학생들에게 존경을 받는다.

2 통사적 피동

① 피동사에 의한 피동문 외에 '-어지다, -게 되다'에 의해 피동문이 만들어지기도 하는
데, 이를 통사적 피동문이라고 한다.
② 어휘적 피동과 '-어지다' 피동의 표현 의미 : 비의도적인 문맥에서는 피동사 표현이 자
연스럽고, 의도적인 문맥에서는 '-어지다'에 의한 피동이 자연스럽다.
㉮ 굴뚝이 막혔다.
㉯ 굴뚝이 막아졌다.
③ 이중 피동
㉮ 나에게는 그 일은 분명 그의 잘못으로 <u>보여진다</u>.
㉯ 나는 그에게 이제는 <u>잊혀진</u> 사람이 되었다.
㉰ <u>찢겨진</u> 사진을 보니 마음이 아팠다.

이들은 잘못된 표현으로 지적되는 예들이지만 의미상의 차이가 있으므로 허용해야 한다
는 주장도 있다. '-어지다'가 추가됨으로써 '피동성의 강조'나 '과정성의 부가'의 효과를 얻
는 것으로 본다.

제9장

사동문

1. 사동문의 개념

사동주가 피사동주로 하여금 어떤 행위를 하게 하거나 어떤 상황에 처하게 하는 것을 문법적 표지로 나타낸 문장이다.

사동문에서 행동을 일으키는 주체를 사동주(제1 행동주), 그 행동을 받아 다른 행동을 일으키는 주체(목적어, 부사어)를 피사동주(제2 행동주)라 한다.

2. 사동문의 특징

1 주동문과 사동문

① 주동문은 동작주가 스스로 행하는 동작을 나타내는데, 주동문은 사동을 전제로 이에 대립되는 문장 형식이다.

㉮ 철수가 밥을 먹는다. (주동문)

㉯ 어머니가 철수에게 밥을 먹인다. (사동문)

② 주동문이 사동문이 되면 문장 성분이 바뀐다. 즉 주동문의 주어가 사동문에서는 부사어가 되고, 사동문에는 새로운 주어가 나타난다.

③ 주동문이 사동문이 되면 동사가 사동사로 바뀐다.

㉠ 일부 용언은 사동 접미사를 두 개 겹쳐 쓰기도 한다. (이중 사동)

　예 서다→서이우다→세우다

　　자다→자이우다→재우다

뜨다→뜨이우다→띄우다.

차다→차이우다→채우다.

ⓒ 특이한 사동 접미사

⑩ 없다→없애다(-애-), 젖다→적시다(-시)

④ 주동문과 사동문은 주동사와 사동사를 중심으로 한 독립적인 문장과 문장의 관계로 해석해야 한다.

2 사동문의 성립

① 사동문 성립 조건

㉠ 사동사에 의한 사동

㉡ '-게 하다'에 의한 사동

② 사동문으로 성립할 수 없는 경우

㉠ 명령 또는 언어적 전달에 의해 사동적인 사건이 상정될 수 있는 구성은 사동문에서 제외한다.

㉮ 사장이 사원들에게 집에 가라고 하였다.

㉮ 집에 가라.

㉡ 문법 요소가 아닌 어휘 요소에 의한 사동 표현은 원칙적으로 사동문이 될 수 없다.

㉮ 철수가 설렁탕을 <u>시켰다.</u>

㉯ 철수가 사람을 잘 <u>부린다.</u>

㉰ 그가 그 일을 <u>사주했다.</u>

3 사동문 설정의 한계

① 사동주가 사람이 아닌 경우는 사동문의 정의에서 벗어나지만 사동문의 범주에 속하는 것으로 본다.

• 그 영화가 나를 웃겼다.

② 형용사 어간에 접미사가 연결되어 타동사가 되는 경우

자동사나 타동사에 사동 접미사가 붙어서 사동사가 되는 경우만 인정하고 형용사 및 사동주나 피사동주가 무정성인 동사의 경우에는 사동에서 제외시키자는 주장도 있다.

⑩ 높다→높이다, 좁다→좁히다

넓다→넓히다, 밝다→밝히다

낮다→낮추다, 늦다→늦추다

④ 사동사의 설정

(1) 전형적인 사동사

① 사동사의 생성 : 사동사는 주동사에 '-이-, -히-, -리-, -기-, -(이)우-, -구-, -추-'가, 명사 어근에 '-시키'와 같은 사동 접사가 붙어 만들어진다.

   ㉠ 사동 접사 '-이-'에 의해 파생된 예

      기울다-기울이다, 끓다-끓이다, 녹다-녹이다, 늘다-늘이다 등

   ㉡ 사동 접사 '-히-'에 의해 파생된 예

      굽다-굽히다, 눕다-눕히다, 늙다-늙히다 등

   ㉢ 사동 접사 '-리-'에 의해 파생된 예

      갈다-갈리다, 끓다-끓리다, 놀다-놀리다 등

   ㉣ 사동 접사 '-기-'에 의해 파생된 예

      감다-감기다, 굶다-굶기다, 남다-남기다, 넘다-넘기다 등

   ㉤ 사동 접사 '-우-'에 의해 파생된 예

      깨다-깨우다, 끼다-끼우다, 내리다-내리우다, 돋다-돋우다 등

   ㉥ 사동 접사 '-구-'에 의해 파생된 예

      돋다-돋구다, 달다-달구다 등

   ㉦ 사동 접사 '-추-'에 의해 파생된 예

      맞다-맞추다, 들다-들추다, 늦다-늦추다, 낮다-낮추다 등

   ㉧ 사동 접사 '-시키-'에 의해 파생된 예

      훈련하다 - 훈련시키다, 정지하다 - 정지시키다, 교육하다 - 교육시키다 등

② '삭다-삭이다/삭히다, 썩다-썩이다/썩히다'는 각기 두 가지의 사동사를 가지며 쓰임도 차이가 있다.

③ '눕다-눕히다/누이다, 늘다-늘이다/늘리다, 덥다-덥히다/데우다'에서는 그 의미 차이가 더 커진다.

(2) 사동사가 아닌 경우

‘놀리다’는 ‘놀게 하다’의 뜻이 있으나 ‘희롱하다, 약이 오르게 하다’와 같은 뜻을 가질 때
는 사동사로 취급될 수 없다.

㉮ 사장이 사원들을 <u>놀린다</u>.

㉯ 아이들이 왼손잡이라고 허생원을 <u>놀린다</u>.

3. 단형 사동과 장형 사동

1 사동의 유형

사동 접사에 의한 사동을 ‘짧은 사동’, ‘단형 사동’이라 하고 ‘-게 하다’ 등에 의한 사동을
‘긴 사동’ 또는 ‘장형 사동’이라 한다.

① 단형 사동 : 제한적이긴 하지만 자동사나 형용사에도 붙을 수 있다는 점에서 단형 피동
　　보다는 더 넓은 분포를 가진다.

② 장형 사동 : 제약을 받지 않으며, 단형 사동이 불가능한 것도 가능하다.

2 단형 사동과 장형 사동의 차이

단형 사동은 주어가 객체에게 하는 행위가 직접과 간접 두 가지 다 가능하고, 장형 사동
은 간접적인 행위로만 해석된다. 이러한 의미는 용언 및 그와 함께 나타나는 다른 문장 성분
들과의 의미 관계 속에서 파악될 수밖에 없다.

(1) 통사적 차이

① 문장 성분의 차이

　　단형 사동의 피사동주는 ‘을/를’ 목적어 명사구나 ‘에게, 한테’를 갖는 부사어 명사구
　　로 나타나지만 장형 사동의 피사동주는 이뿐 아니라 ‘이/가’를 갖는 주어 명사구로 나
　　타나거나 ‘로 하여금’에 의한 부사어 명사구로 나타나기도 한다.

　　㉮ 어머니가 <u>아기를</u> 옷을 입게 했다.

　　　어머니가 <u>아기에게</u> 옷을 입게 했다.

　　　어머니가 <u>아기가</u> 옷을 입게 했다.

　　　어머니가 <u>아기로 하여금</u> 옷을 입게 했다.

㉯ 어머니가 <u>아기를</u> 옷을 입혔다.

어머니가 <u>아기에게</u> 옷을 입혔다.

*어머니가 <u>아기가</u> 옷을 입혔다.

*어머니가 <u>아기로 하여금</u> 옷을 입혔다.

② 부사의 수식 범위가 다르다.

㉮ 어머니가 아이에게 옷을 <u>빨리</u> 입혔다.

㉯ 어머니가 아이에게 옷을 <u>빨리</u> 입게 했다.

단형 사동에서는 부사 '빨리'가 사동주 '어머니'의 행동을 수식하지만, 장형 사동에서는 '아이'의 행동을 수식한다.

③ 단형 사동에는 같은 선어말어미가 한번만 쓰이지만, 장형 사동에는 같은 선어말어미가 두 번 쓰일 수 있다.

㉮ 어른이 아이를 <u>웃기신다.</u>

㉯ 아버님이 할아버님을 <u>웃으시게 하신다.</u>

(2) 의미적 차이

① 단형 사동은 주로 직접 사동의 의미를 갖지만 장형 사동은 간접 사동의 의미를 갖는다. 그런데 단형 사동이 항상 간접 사동으로만 해석되는 경우도 있다.

• 철수는 영희를 <u>웃겼다.</u>

이와 같은 동사에는 '읽히다, 울리다, 놀리다' 등이 있다.

② 단형 사동은 주동문을 함의하지만 장형 사동은 그렇지 않다.

㉮ 철수가 영수를 <u>죽였다.</u>/*철수는 영수를 죽였으나 영수는 죽지 않았다.

(영수가 죽었다가 함의됨)

㉯ 철수가 영수를 <u>죽게 했다.</u>/철수는 영수를 죽게 했으나 영수는 죽지 않았다.

(영수가 죽었다가 함의되지 않음)

제10장

부정문

1. 부정문의 개념

① 부정소(否定素)를 이용하여 명제를 부정하는 문장을 말한다.

② 부정소에는 부사 '아니(안), 못', 부정 서술어 '아니하다(않다), 못하다, 말다, 아니다' 등이 포함된다.

 ㉮ 철수가 회의에 안 갔다/못 갔다.

 ㉯ 철수가 회의에 가지 않았다(아니하였다)/못했다(못하였다).

 ㉰ 너는 집에 가지 마라.

 ㉱ 나는 학생이 아니다.

③ 어휘에 의한 부정적 의미의 표현이나 부정 접두사의 사용, 수사 의문에 의한 부정적 의미는 부정문에 포함되지 않는다.

 ㉮ 그는 우리 제안에 반대한다.

 ㉯ 그것은 아주 비현실적(非現實的)이다.

 ㉰ 철수가 그런 곳에 가겠습니까?

④ 이중 부정은 내용으로는 긍정이지만 부정소가 사용되었기 때문에 부정문으로 분류한다.

 • 철수가 회의에 안 가지 않았다.(이중 부정)

2. 부정문과 부정 극어

1 극어의 성격과 종류

① 극성(極性)이란 부정이나 긍정에 어울리는 특별한 성질을 가진 단어들의 성질을 말하고 극어(極語)는 이러한 극성을 가진 단어들을 말한다.

② 부정과 어울리는 '부정 극성'을 가진 단어를 '부정 극어'라 하고, 긍정과 어울리는 '긍정 극성'을 가진 단어를 '긍정 극어'라 한다.

    ㉮ 그는 <u>벌써</u> 왔다/ *안 왔다. (긍정 극어)

    ㉯ <u>아무도</u> 그 일에 관심을 가지지 않는다/ *가진다. (부정 극어)

③ '결코', '전혀' 등은 부정 극어라 할 수 있는데, '아무도, 손가락 하나(도), 더 이상, 하나도, 털끝만큼도, 눈꼽만큼도, 아무 것도, 아무 사람도, 아무 데도, 아무런 잘못도' 등은 하나의 단어라고 할 수 없으므로, '부정 극성 성분'이라 할 수 있다.

3. 단형 부정문과 장형 부정문

1 단형과 장형의 구별

① 단형 부정문 : 부정소 성분이 서술어 앞에 나타난다.

    • 철수가 오늘 학교에 <u>안</u> 갔다.

② 장형 부정문 : 서술어가 어미 '-지'를 가지고, 그 뒤에 부정 서술어가 나타난다.

    • 철수가 오늘 학교에 <u>가지 않았다</u>.

2 단형과 장형의 차이

① 선어말어미 '-(으)시-'가 쓰일 경우에는 단형에는 '-(으)시-'하나밖에 못 쓰지만 장형에는 두 개가 쓰일 수 있다.

    ㉮ 아버님께서 오늘 회의에 안 <u>가셨다</u>.

    ㉯ 아버님께서 오늘 회의에 <u>가시지</u> <u>않으셨다</u>.

② 단형과 장형 부정은 어떤 경우 비슷한 의미를 표현하는 일이 있으나, 구성적 특징이나 의미의 양상이 완전히 동일한 것일 수 없다.

    ㉮ 요즘도 그런 사람이 없지 않다/ *안 없다.

㉯ 그는 이 일을 모르지 않는다/ *안 모른다.

단형은 장형에 비해 제약이 심하다. 서술어로 쓰인 용언이 파생어나 합성어인 경우에는 단형을 허용하지 않는 경우가 많다.

　　㉰ *나는 그를 안 추천했다.

　　㉱ *오늘도 어제처럼 하늘이 안 새파랗다.

　　㉲ *그는 안 교육자답다.

③ 장형 부정에서 보문이 '-지'로 끝날 것을 요구하는 것은 '아니하다, 못하다, 말다'와 같은 부정 서술어의 어휘 선택 자질이다.

4. '안' 부정과 '못' 부정의 특징

1 부정의 종류

'안(아니)'과 '아니하다'가 무표적인 부정이라면 '못'과 '못하다'는 유표적인 부정이다.

① '안' 부정문 : 단순 부정을 나타내거나 의도 부정을 나타낸다.

② '못' 부정문 : 일반적으로 행동주의 능력을 부정하거나, 그 외의 다른 원인 때문에 그 행위가 일어날 수 없음을 표현하므로 이를 능력 부정, 혹은 가능 부정이라고도 한다.

　　㉠ ^{??}쌀이 없어 그 집은 밥을 먹지 않는다.

　　㉡ 쌀이 없어 그 집은 밥을 먹지 못한다.

2 '안' 부정문

① '안' 부정문은 '단순 부정'이나 '의도 부정'의 의미를 가지기 때문에 동작주의 능력을 전제로 하는 서술어와는 같이 쓰일 수 없다.

　　㉠ *한 시간도 안 견디고 항복했느냐?

　　㉡ *철수는 그 사실을 알지 않는다.

　　㉢ *나는 진리를 터득하지 않았다.

② 서술어가 '체언+서술격 조사'인 경우 '안' 부정문은 '아니다'를 가진 문장으로 나타난다. '아니다'는 '안과 '이다'의 결합으로 짧은 부정문이라 할 수 있다. '이다'의 긴 부정문은 잘 성립하지 않지만 불가능한 것은 아니다.

　　• 철수는 적극적이다. / 철수는 적극적이 아니다. / 철수가 적극적이지 않다.

① '못' 부정문은 능력이 부족하거나(능력 부정), 외부의 환경이 적절치 않아서(타의 부정) 할 수 없는 것을 표현하기 때문에 의도를 나타내거나 능력이 있다면 피하고 싶은 상황을 나타내는 문장에서는 사용되지 못한다.

㉮ *나는 설악산에 못 가려고 한다.

㉯ *나는 그를 못 찾고자 했다.

㉰ *나는 그녀를 못 만나고 싶다.

㉱ *나는 사업에 실패하지 못했다.

이런 동사에는 '고민하다, 노심초사하다, 염려하다, 걱정하다, 참회하다, 망하다, 잃다, 당하다, 변하다' 등이 있다.

② '못' 부정문은 형용사를 서술어로 하는 문장에는 잘 쓰이지 못한다.

㉮ *길이 못 넓다.

㉯ *하늘이 푸르지 못하다.

③ 형용사가 '못' 부정문을 가지는 경우는 '어떤 대상이 어떤 기준에 이르지 못하는 것'을 나타내는 경우가 많다.

• 그 아이는 똑똑하지 못하다.

5. '말다' 부정문

① 부정 명령문이나 청유문의 부정에는 '말다' 부정문이 쓰인다.

㉮ 철수야, 그 일을 하지 <u>말아라</u>.

㉯ 우리 이 자리를 떠나지 <u>맙시다</u>.

㉰ *철수야, 나를 떠나지 <u>않아라/안 떠나라</u>.

② '말다' 부정문은 형용사에는 잘 쓰이지 못하지만 희망이나 기원을 나타낼 때는 쓰일 수 있다.

㉮ *착하지 마라.

㉯ *친절하지 마라.

㉰ 집이 너무 작지만 말아라.

③ 희망이나 기원을 나타낼 때는 명령이나 청유가 아니어도 쓸 수 있다.

㉮ 나는 네가 이곳을 떠나지 {말기, 않기}를 바란다.
㉯ 우리의 사랑이 변하지 {말기를, 않기를}!

◉ 제3부 ◉
의미론

제1장
어휘 의미론

1. 의미론

(1) 의미론의 위치

① 의미론은 언어학의 기본 분야 중의 하나로 말이나 글의 의미를 연구하는 분야이다.

② 언어학으로서의 의미론은 음운론이나 문체론과 인접되어 있기는 하지만 내용적으로나 역사적으로 독립된 별개의 학문이며, 내용면에서는 공시적 또는 기술적 의미론과 통시적 의미론으로 나눌 수 있다.

③ 종래의 의미론은 통시적 어휘 의미론에 국한되어 왔으나 소쉬르와 울만 등에 의해 공시적 의미론이 중요한 위치를 차지하게 되었으며, 최근에는 생성문법 분야에서 활발한 연구가 진행되고 있다.

④ 의미론의 분야

 ㉠ 어휘 의미론 : 어휘의 의미 구조, 의미 유형, 의미 변화와 관련된 문제를 연구한다.

 ㉡ 통사 의미론 : 문장들의 의미 문제를 다룬다.

 ㉢ 화용론(담화론) : 의사소통시의 발화에 대한 언어론이다. 화자와 청자의 관계에 따라 언어 사용이 어떻게 바뀌는지, 화자의 의도와 발화의 의미는 어떻게 다를 수 있는지 등에 대한 연구도 다룬다.

(2) 의미의 정의

① 지시설 : 언어 표현의 의미는 그 표현이 지시하는 지시물이라는 견해이다.

 문제점 : ㉠ 한 지시물에 언어 표현이 여러 개 있을 때 그 의미가 다를 수 있다.

ⓛ 지시물이 존재하지 않거나 설정하기 어려운 경우가 있다.

② 개념설 : 언어 표현이 사물과 직접적으로 연결되는 것이 아니라, 우리의 마음 속에 있는 '개념'을 통해 연결된다는 것으로, 의미를 '개념'으로 보는 견해이다.

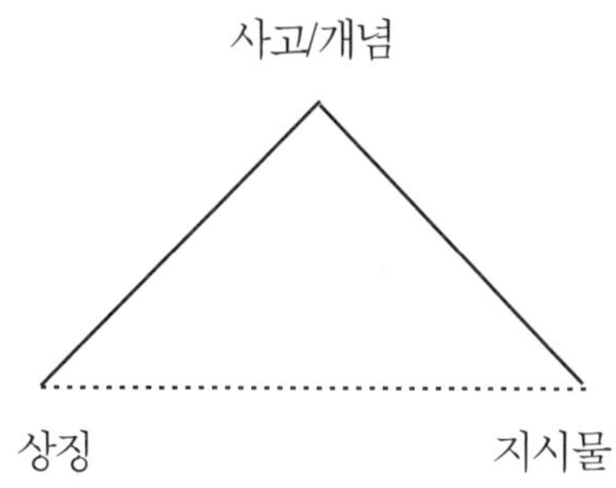

문제점 : ㉠ 개념의 실체가 불분명하다.

　　　　ⓛ 개념의 추상성, 일관성에 문제가 있다.

③ 행동설(자극-반응설) : 언어 표현의 의미는 화자가 그것을 말하는 상황인 '자극' 및 그 언어 표현이 청자에게 불러일으키는 반응으로 정의된다.

$$S \rightarrow r \rightarrow s \rightarrow R$$

문제점 : ㉠ 수많은 상황에서 자극-반응의 적합한 요소를 증명해내기 어렵다.

　　　　ⓛ 발화에 대한 화자의 언어적 자극과 청자의 언어적 반응이 한결같을 수 없다.

④ 용법설 : 단어의 의미는 그 단어의 용법이라는 견해이다. 단어가 사용되는 구체적인 맥락에서의 용법이 곧 그 단어의 의미가 된다.

문제점 : ㉠ 용법을 모두 열거하기가 불가능하다.

　　　　ⓛ 단어의 용법을 어느 정도 습득했을 때 안다고 말할 수 있을지 알 수 없다.

(3) 의미의 종류

① 중심적 의미와 주변적 의미

　㉠ 중심적 의미 : 한 단어의 가장 기본적이며 핵심적 의미

　ⓛ 주변적 의미 : 한 단어의 중심적 의미에서 확장된 의미

② 개념적 의미, 연상적 의미, 주제적 의미

㉠ 개념적 의미 : 중심적이며 핵심적 의미. 사전적 의미, 외연적 의미, 인지적 의미라고
도 한다.

㉡ 연상적 의미 : 개념적 의미에 대립되는 '내포적·정서적·반사적·사회적·연어적
의미'를 포괄한 용어로서, 개방적이며, 가변적인 특성을 지닌다.

    ㉮ 내포적 의미(內包的 意味, connotative meaning)'는 개념적 의미에 덧붙은 전달 가
치로서, 주변적·가변적·개방적인 특성을 지닌다.

    ㉯ 정서적 의미(情緒的 意味, affective meaning)는 언어 표현에 화자의 감정이나 태
도가 부가된 의미를 말한다.

    ㉰ 반사적 의미(反射的 意味, reflective meaning)는 동일한 지시물에 대해 둘 이상의
언어 표현이 존재할 때 이들 언어 표현의 개념적 의미는 동일하지만 의미적 뉘
앙스가 다른 것을 말한다.

    ㉱ 사회적 의미(社會的 意味, social meaning)는 '문체적 의미'라고도 하는데 언어가
사용되는 사회적 변인이 반영된 의미를 말한다. 이러한 변인에는 지리적 방언
뿐만 아니라 성별·세대·계층·직업에 따른 사회적 방언이 포함된다.

    ㉲ 연어적 의미(連語的 意味, collective meaning)는 어떤 단어의 의미가 다른 단어와
의 배열된 환경에 의해서 특징적인 모습으로 실현되는 것을 말한다.

㉢ 주제적 의미(主題的 意味, thematic meaning)는 화자나 필자에 의해 의도된 의미로서,
흔히 억양이나 어순 교체를 통해 실현된다.

2 어휘의 의미 관계

(1) 상·하의어

상·하의 관계는 두 개의 단어 중 한 단어의 의미가 다른 단어의 의미에 포함될 때 이루
어지는 관계를 말한다.

① 상의어는 다른 단어의 의미를 포함하는 단어이다. 일반적이고 포괄적인 의미를 지닌다.
하의어는 다른 단어의 의미에 포함되는 단어이다. 개별적이고 한정적인 의미를 지닌다.
예를 들어, '꽃'은 '식물'의 한 종류이고, '식물'은 '생물'의 한 종류이다. 이런 경우에
'꽃'은 '식물'의 하의어 또는 종개념이라고 하며, '식물'은 '꽃'의 상의어 또는 유개념이
라고 한다.

② 상하 관계는 상대적이다.

(2) 동의어(유의어)

① 동의어 : 낱말의 의미가 동일한 것이다. 즉 낱말의 소리(형태)는 다르나, 의미는 같은 낱말들을 의미한다.

② 동의어의 유형

　㉠ 사회 언어학적 동의어 : 다른 방언에 속하는 어휘 사이의 동의 관계, 어린이말과 어른말 사이에 성립되는 경우 등에서 볼 수 있다.

　㉡ 문체적 동의어 : 감정적 차이를 수반하는 어휘와 그렇지 않은 어휘 사이의 동의 관계 등에서 볼 수 있다.

　㉢ 어원적 동의어 : 다른 나라 말을 차용해 옴으로써 생기게 된다.

　㉣ 기타 구분 : 두 낱말이 완전히 일치하는 경우, 상위어와 하위어 관계를 이루는 포섭 관계, 부분 동의를 이루는 경우 등으로 구분하기도 한다.

③ 모든 낱말의 동의어는 고루 분포되어 있는 것이 아니고, 그 분포도가 서로 다른데 그 것은 그 언어 사회의 관심의 집중 현상과 일치한다.

④ 동의어의 충돌에서 살아남는 쪽의 특성

　㉠ 일반적인 용어와 문화적으로 우위인 말이 남게 된다.

　㉡ 음절이 짧은 쪽이 남게 된다.

　㉢ 동음어를 갖지 않는 쪽이 남게 된다.

⑤ 동의어는 한 언어에 계열을 달리하는 어군의 존재로 인해 존재하게 되는데, 국어는 고유어, 한자어, 서구 외래어 등의 어휘군으로 인해 동의어가 풍부하게 된다.

⑥ 동의어끼리의 충돌이 초래하는 결과

　㉠ 한 쪽이 남고 다른 쪽은 소멸하는 경우 : 백(百)-온, 중개인-즈름, 부유하다, -가수 멸다

ⓒ 공존하는 경우 : 옥수수-강냉이, 사람-인간, 메아리-산울림, 동아리-서클

ⓒ 동의 중복이 되는 경우 : 뼛골(骨), 생강(薑), 양친부모, 틈새, 가마솥, 역전앞, 철로길

(2) 반의어

① 반의어는 서로 상반되는 의미를 가지는 1쌍의 단어로서 대의어·반대어·상대어·대립어라고도 한다.

② 반의어에서 '반대된다'라는 개념은 의미 성분에 따라 규정되는데, 두 낱말이 의미 성분을 공유하고 한 성분만 대립할 때 반의어가 된다.

③ 이치적(二直的) 사고가 반의어의 쌍을 만든다.

④ 반의어 분류의 기준

  ㉠ 반의어는 대칭적 상반성, 의미의 배타성이 있어야 한다.

  ㉡ 반의어는 연상된 공존쌍이 동일한 유개념에 묶이는 동위 개념으로 파악할 수 있어야 한다.

  ㉢ 반의어는 한 언어 사회 내에서 동시 연상이 가능한 한 쌍의 단어라야 한다.

반의어와 관계 있는 동위 개념

분류 \ 내용	내용 및 예
모순 개념	중간자의 개입을 용납하지 않음. 예 있음-없음, 남-녀, 삶-죽음
상관 개념	존재 사이의 상호 의존도가 아주 높음. 예 스승 - 제자, 남편 -아내
반대 개념	중간자의 개입을 용납함. 예 크다-작다, 길다-짧다

(3) 다의어(多義語)

① 다의어의 특성

  ㉠ 한 단어가 여러 의미를 가지고 있는 것을 말한다.

  ㉡ 다의어는 한 단어의 기본적이고 중심적인 의미에서 주변으로 확대되어 쓰이므로 서로 유사성이 있다.

    • 중심 의미 : 단어의 가장 기본적이고 핵심적인 의미이다.

    • 주변 의미 : 중심 의미에서 문맥에 따라 확장되어 파생된 의미로 중심 의미와 의미적 관련성을 지닌다.

ⓒ 다의어의 발생은 언어의 경제성 측면에서 자연스러운 현상이다.

② 다의성의 발생 원인

　ⓐ 사회 환경 변화에 따른 의미의 특수화 : 사회 환경이 달라짐에 따라 어떤 단어의 의미를 특수화하거나 일반화함으로써 그 단어가 다의성을 지니기도 한다.

　ⓑ 동음어 재해석 : 두 단어가 발음은 같고 의미상 차이가 크지 않을 경우, 언중들이 한 단어로 여김으로써 다의성을 지니는 경우가 있다.

　ⓒ 적용의 이동 : 사용되는 문맥에 따라 뜻이 달라지게 된다.

　ⓓ 외래어의 영향 : 우리말에 없는 의미가 외래어의 영향을 받아 뜻이 더해지는 경우가 있다

　ⓔ 비유적 표현 : 은유, 환유 등 비유를 통해 의미가 다양해진다.

제2장

어휘 의미의 변화

1. 어원

(1) 어원의 의미

낱낱의 낱말이 성립된 기원으로 어떤 단어가 왜 그런 뜻으로 쓰이게 되었는지의 유래를 말한다.

(2) 어원론

① 단어의 역사적 근원을 연구하는 언어학의 한 분야이다.

② 고대 희랍에서 발전한 어원론은 단어의 원의(原義)를 탐구하는 학문이었다.

③ 현대 어원론은 단어의 역사를 현대로부터 거슬러 올라갈 수 있는 과거에까지 더듬어 그 음상(音相)과 의미의 역사를 밝히는 것을 목적으로 한다.

(3) 어원 연구의 기초

① 외사적 연구 : 비교 연구로 문헌에 기록된 언어 자료의 상한선을 뛰어넘는 연구이다.

② 내사적 연구 : 문헌에 기록된 언어 자료의 상한선까지 연구한다.

(4) 우리나라의 어원 연구

① 우리나라에서도 어원에 대한 관심은 이미 고대에 싹텄다. 그 대표적인 예로 신라 말엽의 학자 김대문이 있다.

　　예 『삼국사기』와 『삼국유사』에 보면 신라에서 왕(王)을 가리킨 '차차웅(次次雄)' 또는 '자충(慈充)' 그리고 '이사금(尼師今)' 및 '마립간(麻立干)'에 대한 김대문의 어원 해석이 소개되어 있다.

② 어원에 대한 관심은 실학 시대에 와서 더욱 커졌다. 이수광의 『지봉유설』, 황윤석의
  『화엄방언자의해』 등을 비롯한 몇몇 책에서 어원에 관한 설명을 볼 수 있다. 이들의
  일반적 특징은 국어 단어의 어원을 중국어에서 구한 점이다.

③ 현대에 와서 국어 어원론은 국어학자들에 의해서도 간혹 시도되었지만, 국사학자들이
  더욱 큰 관심을 나타내었다. 특히, 고대사의 연구에서 어원 해석이 필요하게 되어, 최
  남선·이병도를 비롯한 여러 학자들은 '단군'·'아사달' 등 많은 고유명사의 어원론을
  시도하였다.

2. 의미 변화

(1) 의미 변화의 원인

① 언어적 원인 : 어떤 낱말의 결합이 관습적으로 이루어질 때, 거기에 포함되어 있는 낱
  말의 의미가 연속적으로 변하는 일이 있다.

② 역사적 원인 : 구체적인 사물, 제도 등은 시간의 흐름에 따라 변하고 있으나, 낱말은 옛
  모양 그대로 있기 때문에 나타나는 결과이다.

③ 사회적 원인 : 언어는 사회의 소산물이기 때문에 사회의 구조와 계층, 취향 등이 바뀜
  에 따라 의미 변화가 일어나게 된다.

④ 외국어 영향 : 외국어와의 접촉은 국어의 의미 변화를 일으킬 수 있다.

⑤ 새로운 명칭에 대한 필요성 : 새로운 사물에 적용하기 위해서 거기에 상응하는 명칭을
  의도적으로 이름 붙이는 경우이다. 이것은 대개 형태나 성질, 기능이 유사한 말을 끌어
  오는 것이 보통이지만, 반드시 그러한 것은 아니다.

⑥ 심리적 원인 : 금기에 의한 것이나 감정적 원인에 의해 의미가 변하기도 한다.

(2) 울만(Ullmann)의 이론

① 어휘의 개신성에 의한 변화

  ㉠ 의미 사이가 비슷하여 생긴 변화 : 의인적 은유, 동물적 은유, 공감감적 은유나 의
    미의 추상화

  ㉡ 의미 사이의 가까움으로 생긴 변화 : 낱말이 나타내는 의미의 일부만 적용시키는

한정 명명, 의미 범위의 전용

ⓒ 명칭이 비슷하여 생긴 변화 : '힝자쵸마(行者치마)'가 '행주(幸州치마)'로 변화

ⓔ 명칭 사이의 가까움으로 생긴 변화 : 토대의 의미를 가진 '엉터리'가 '엉터리 없음', 즉 '터무니없음'을 뜻하게 됨.

② 언어의 보수성에 의한 변화

과거에 확정된 이름이 그대로 사용되지만 지시 대상의 변화가 일어난 경우

1. 전제와 함의의 의미

(1) 전제

어떤 발화에서 이미 참이라고 인정된 명제를 말한다. 이를 의미론적 전제 또는 논리적 전제라고 한다.

> ㉮ 철수는 지난 주에 산 옷을 입었다.
> 전제 : 철수는 지난 주에 옷을 샀다.

① 주 명제가 부정되어도 전제는 부정되지 않는다.

철수는 지난 주에 산 옷을 입지 않았다.

② 전제가 부정되면 모순이 된다.

*철수는 지난 주에 산 옷을 입었는데, 그는 지난 주에 옷을 사지 않았다.

(2) 함의

주어진 문장의 명제로부터 분석적으로 도출되는 명제를 말한다.

> ㉯ 철수는 유리창을 깼다
> 함의 : 유리창이 깨졌다.

① 주 명제가 부정되면 함의의 의미도 사라진다.

철수는 유리창을 깨지 않았다.

　　-유리창이 깨지지 않았다.

2 문장 구조에 따른 전제

(1) 내포문

내포문의 서술어가 '-것'으로 끝나면 전제를 이끌고, '-고'로 끝나면 전제를 이끌지 않는다.

　　㉮ 철수는 동생이 시험에 합격한 것을 알았다/ 알지 못했다.

　　㉮' 동생이 시험에 합격했다.

　　㉯ 철수는 동생이 시험에 합격했다고 믿는다/ 믿지 않는다.

　　㉯' 동생이 시험에 합격했다.(진위를 알 수 없음.)

(2) 관형절

관형절이 한정하는 체언은 항상 전제가 참이 된다.

　　㉮ 그는 이마에 흐르는 땀을 씻었다/ 씻지 않았다.

　　㉮' 그의 이마에 땀이 흘렀다.

　　㉯ 그가 만든 영화는 흥행에 성공했다/ 성공하지 못했다.

　　㉯' 그가 영화를 만들었다.

(3) 분열문

분열문은 관형절과 마찬가지로 주절을 부정해도 전제는 보존된다.

　　㉮ 내가 만난 사람은 소설가였다/ 소설가가 아니었다.

　　㉮' 나는 어떤 사람을 만났다.

(4) 시간의 흐름과 관계된 부사절, 부사어

주절의 시점이 완료인 경우에 전제는 보존되지만, 그 외의 경우는 보존되지 않는다.

　　㉮ 그는 학업을 마친 뒤에 고향으로 향했다.

　　㉮' 그는 학업을 마쳤다.

　　㉯ 그는 학업을 마친 뒤에 고향으로 향할 것이다.

　　㉯' *그는 학업을 마쳤다.

(5) 반복 및 첨가를 나타내는 부사어

'또', '다시', '더'는 전제를 갖는다.

 ㉮ 그 사람이 또(다시) 왔다

 ㉮′ 그 사람이 온 적이 있다.

 ㉯ 술 한 잔 더 하자.

 ㉯′ 이미 술을 마셨다.

3 서술어에 따른 전제와 함의

(1) 사실동사와 비사실동사

① 사실동사는 보문을 전제로 하지만, 비사실동사는 보문을 전제로 하지 않는다.

 • 사실동사 : 후회하다, 이상하다, 유감이다, 가엾다, 불행하다, 깨닫다, 기억하다, 알다, 잊다

  ㉮ 철수는 입사 시험에 떨어진 것을 후회한다/후회하지 않는다.

  ㉮′ 철수가 입사 시험에 떨어졌다.

 • 비사실동사 : 믿다, 주장하다, 가능하다, 말하다, 생각하다, 추정하다, 착각하다, 바라다, 원하다, 기대하다

  ㉯ 철수는 입사 시험에 떨어졌다고 믿는다/믿지 않는다.

  ㉯′ (?)철수가 입사 시험에 떨어졌다.

  ㉯′ 가 전제되지 않는다.

(2) 판단동사

판단동사는 보문을 전제로 한다.

판단동사 : 꾸중하다, 사과하다, 고백하다, 칭찬하다

 ㉮ 아버지는 철수가 게으르다고 꾸중했다.

 ㉮′ 철수가 게으르다.

(3) 함의동사

함의동사는 사실동사나 판단동사와는 다르게, 주명제가 참이면 보문도 참이며, 주명제의 부정이 참이면 보문의 부정도 참이 되는 동사이다.

함의동사 : 성공하다, 실패하다, 해결하다.

  ㉮ 철수는 그 문제를 푸는 데 성공하였다.

  ㉮′ 철수는 그 문제를 풀었다.

  ㉯ 철수는 그 문제를 푸는 데 성공하지 못했다.

  ㉯′ 철수는 그 문제를 풀지 못했다.

제4부

서술형 주제별 기출문제 분석

1997~2016

1. 음소론

 다음은 '자음의 조음 음성학적 특징, 자음 분화의 기준과 자음 동화의 음운론적 성격, 자음 체계' 등을 연계하여 지도하기 위해 만든 학습 자료이다. 주제별로 알맞은 탐구 내용을 쓰시오. 〔4점〕

(가)
국물→[궁물], 먹는→[멍는], 부엌만→[부엉만], 흙만→[흥만]
닫는→[단는], 짓는→[진는], 맞는→[만는], 꽃망울→[꼰망울]
밥물→[밤물], 답만→[담만], 앞마당→[암마당], 밟는→[밤는]

(나)
건강→[겅강], 맡기다→[막끼다], 숟가락→[숙까락], 옷감→[옥깜]
문법→[뭄뻡], 신문→[심문], 낮부터→[납뿌터], 꽃밭→[꼽빧]
감기→[강기], 꼼꼼하다→[꽁꼼하다], 밥그릇→[박끄륻]
※ (나)의 발음은 수의적인 것으로 표준발음으로는 인정되지 않음.

(다)
洪ᅘᅩᆼㄱ字ᄍᆞᆼ, 君군ㄷ字ᄍᆞᆼ, 侵침ㅂ字ᄍᆞᆼ 〈훈민정음 언해〉

자음의 특징	모음은 목청을 통과한 공기의 흐름이 장애를 받지 않은 상태로 나는 소리인 반면, 자음은 공기의 흐름이 일정한 곳에서 일정한 방식으로 장애를 받아 나는 소리이다.

↓↓

자음 분화의 기준	

↓↓   ↓↓

(가)와 (나)의 음운론적 성격 차이		(다)의 사잇 소리 표기 원리	

음소의 문제를 아주 폭넓게 다루고 있다. 현대국어 자음의 조음 음성학적 특성과 음운의 변동에 대해 묻고 있는데, (다)의 중세국어의 사잇소리 표기 원리는 이와 거리가 먼 것처럼 보인다. 약간 뜬금없이 보이는 이 질문은 그러나 중세국어 음소가 가지는 음운적 자질에 대해 이해하고 있는가를 묻는 것이다. 사잇소리는 선행 음운의 음운적 자질에 의해 결정되었기 때문이다.

‖ 예상 답안 ‖

자음 분화의 기준	자음 분화의 기준은 크게 둘로 나누면 조음 방법과 조음 위치이다. 여기에 '기의 유무, 후두 긴장'을 첨가하기도 하는데, 이는 크게는 조음 방법에 포함된다.

(가)와 (나)의 음운론적 성격 차이	(가)는 자음 동화중 비음화인데, 조음 방법이 같아지는 동화이다. 이는 폐쇄음 뒤에 비음이 오면 반드시 일어나는 변동이기 때문에 필수적 변동이라 할 수 있다. (나)는 조음 위치가 같아지는 동화인데, 반드시 일어나는 변동이 아니기 때문에 수의적 변동이라 할 수 있다.	(다)의 사잇소리 표기 원리	불청불탁자(유성 자음) 뒤에서 같은 위치의 전청자(예사소리)를 사용한다.

❶ 다음은 국어의 음운을 설정할 때 고려해야 할 사항이다. ㉠과 ㉡에 들어갈 내용을 각각 쓰시오. 〔2점〕

고려사항	예시	설명
최소 대립쌍	• 쌀 : 살 • 님 : 남 • 옥 : 옴	다른 조건이 모두 동일하고 하나의 소리가 차이 남으로써 두 단어의 의미가 달라지는 단어들의 짝을 말한다.
음성적 유사성	• '하늘'의 'ㅎ'과 '땅'의 'ㅇ'	음성적으로 유사성을 지니고 있지 못한 두 소리는 서로 다른 음운이 된다.
(㉠)	• '바다'의 'ㅂ'[p] • '어부'의 'ㅂ'[b] • '어업'의 'ㅂ'[p]	두 개 이상의 소리가 동일한 환경에 결코 나타나지 않는 것을 말한다.
동형성	• ㄱ : ㅋ : ㄲ • (㉡)	음운이 체계를 이루는 데 있어서 체계적 대칭 관계를 선호하는 경향을 말한다. 예시에서 평음, 격음, 경음의 대립 양상이 연구개음뿐만 아니라 양순음에서도 나타나는 것을 볼 수 있다.

‖ 문제 해설 ‖

음운 성립의 조건은 크게 최소 대립쌍의 성립, 음성적 유사성, 상보적 분포의 3가지이다. 이 문제에서는 여기에 동형성을 하나 더 집어 넣었다. 음운은 체계를 이루고 있고 그 체계는 부분적으로 대칭성을 띠고 있다. 이를 동형성이라고 하는데 우리말은 평음과 경음, 격음이 연구개음과 양순음, 경구개음에서 대칭을 이룬다.

- ㄱ : ㄲ : ㅋ
- ㅂ : ㅃ : ㅍ
- ㅈ : ㅉ : ㅊ

영어에서는 유성음과 무성음이 양순음, 치조음, 연구개음에서 대칭을 이룬다.

- p : b
- t : d
- k : g

‖ 예상 답안 ‖

㉠ 상보적 분포, ㉡ ㅂ : ㅍ : ㅃ

2. 음운의 변동 : 대치, 축약, 탈락, 첨가

◑ 〈보기〉에 제시된 자료를 참고하여 우리말 받침의 발음에 대하여 설명하시오. 〔3점〕

> (가) 닭다(닥따), 키읔(키윽), 옷(옫), 웃다(욷 : 따), 있다(읻따) 젖(젇), 빛다(빋따), 꽃(꼳), 쫓다(쫀
> 따), 솥(솓), 뱉다(밷 : 따), 앞(압), 덮다(덥따)
> (나) 넋(넉), 넋과(넉꽈), 앉다(안따), 여덟(여덜), 넓다(널따), 외곬(외골), 핥다(할따), 값(갑)
> (다) 밟다(밥 : 따), 밟소(밥 : 소), 밟지(밥 : 찌), 넓-죽하다(넙쭈카다), 넓-둥글다(넙뚱글다)
> (라) 젖으로(저즈로), 젖어미(저더미), 곁에(겨테), 겉옷(거돋), 헛웃음(허두슴)

〈조건〉

1. 〈보기〉를 자료로 음절의 끝소리 규칙을 설명할 것
2. 〈보기〉의 각각의 경우에 대한 설명을 포함할 것

‖ **문제 해설** ‖

음절 끝소리 규칙에 대한 문제이다. 음절 끝소리 규칙은 평음이 아닌 격음이나 경음이 평음으로 변하는 평음화, 마찰음이나 파찰음이 파열음으로 변하는 파열음화, 그리고 이중 자음 중 하나가 탈락하는 자음군 단순화 현상이 포함된 복합적인 음운 변동이다. 자료 (가)는 평파열음화의 예들이고 (나)는 자음군 단순화의 예들인데, (다)는 자음군 단순화의 예외이고 (라)는 음절 끝소리 규칙이 적용되는 환경에 대한 예들이다.

‖ **예상 답안** ‖

우리말에서 받침으로 소리는 자음은 'ㄱ, ㄴ, ㄷ, ㄹ, ㅁ, ㅂ, ㅇ'의 7개이다. 음절 끝소리 규칙은 이 7자음에 속하지 않는 자음들이 7개의 자음 중 하나로 귀착되는 현상을 말한다. 격음이나 경음이 평음으로 귀착되는 것을 평음화, 마찰음이나 파찰음이 파열음으로 귀착되는 것을 파열음화라 하고 이 둘을 합쳐 평파열음화라고 하는데 자료 (가)는 이러한 평파열음화를 보여주는 예이다. 또 이중자음일 경우 하나가 탈락되는 자음군 단순화도 음절 끝소리 규칙에 포함되는데, 자료 (나)는 이 자음군 단순화를 보여주는 예이다. 자음군 단순화는 대체로 일정한 규칙에 따라 탈락이 일어나는데, 'ㄼ'의 경우 대체로 'ㅂ'이 탈락한다. 그러나 자료 (다)에서 보듯이 '밟다'의 경우와 '넓죽하다', '넓둥글다'의 경우는 예외적으로 'ㄹ'이 탈락한다. 또한

자료 (라)에서 보듯이 받침 뒤에 모음으로 시작하는 실질 형태소는 음절 끝소리 규칙이 적용되지만 형식 형태소가 오면 음절 끝소리 규칙이 적용되지 않고 연음된다.

◉ 다음에 제시된 예를 보고 물음에 답하시오.

> (가) 밥물, 먹는, 맏며느리, 잡는, 받는다, 국물
> (나) 앞날, 값만, 앞마당, 밟는, 읊는, 없는, 값 매기다
>   밭머리, 있는, 맞는, 쫓는, 꽃망울, 붙는, 놓는, 옷 맞추다
>   부엌문, 흙냄새, 깎는, 긁는, 흙만, 책 넣는다, 흙 말리다

5-1번 "언어 자료를 통하여 탐구 능력을 기른다."라는 학습 목표를 성취하기 위해, (가)의 자료로 '문제 제기 → 가설 설정 → 가설 검증 → 결론 도출'이라는 탐구 학습 과정에 따라 교수 학습을 하려고 한다. 다음 표의 '가설 설정'과 '가설 검증'의 내용을 적고, '결론 도출'의 ☐☐☐☐를 채우시오. 단, 가설 설정은 한 문장으로 쓰시오. (5점)

문제 제기	(가)의 받침 'ㅂ, ㄷ, ㄱ'이 비음으로 나는 이유는 무엇일까? 이 현상을 규칙화할 수 없을까?
가설 설정	
가설 검증	

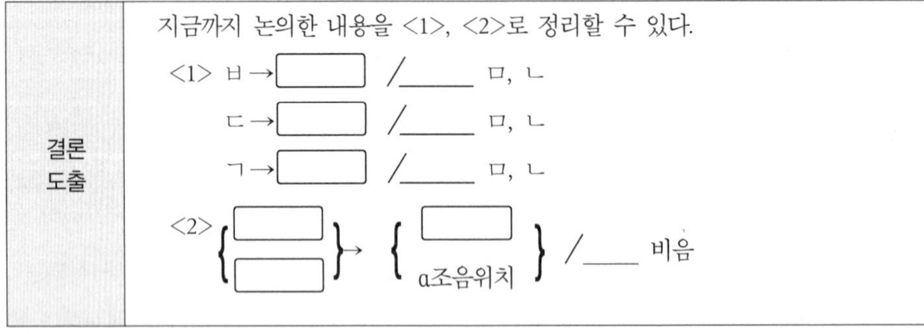

위 표의 왼쪽 첫 칸: 결론 도출

5-2번 (나)에서는 비음화 규칙 이외에 음절의 끝소리 규칙도 발견할 수 있다. 이 두 규칙을 적용할 때, 그 순서가 중요한 까닭을 예를 들어 설명하시오. (2점)

비음화에 대한 문제이지만, 단순하게 그 성격을 묻는 것이 아니라 탐구 학습 과정을 묻고 있다. 음운 변동을 학습할 때 단순 암기해서는 안 되고 반드시 그 원리를 이해해야 한다는 것을 보여주는 문제이다. 자료를 읽고 분석할 수 있는 능력과 이를 논리적으로 정리할 수 있는 능력이 아울러 필요하다.

비음화는 파열음 'ㅂ, ㄷ, ㄱ'이 비음 'ㅁ, ㄴ'을 만나서 비음 'ㅁ, ㄴ, ㅇ'이 되는 것인데, 이를 개별적인 사실로 나열하지 않고 공통적인 자질을 제시함으로써 효과적으로 규칙화할 수 있다. 그러므로 개별 음운들이 가지고 있는 음운 자질에 대한 기본적인 이해가 요구된다.

‖예상 답안‖

문제 제기	(가)의 받침 'ㅂ, ㄷ, ㄱ'이 비음으로 나는 이유는 무엇일까? 이 현상을 규칙화할 수 없을까?
가설 설정	'ㅂ, ㄷ, ㄱ'이 비음으로 소리나는 이유는 뒤의 비음에 동화되기 때문이다.
가설 검증	'ㅂ'은 비음 앞에서 'ㅁ'으로, 'ㄷ'은 비음 앞에서 'ㄴ'으로, 'ㄱ'은 비음 앞에서 'ㅇ'으로 소리 난다.

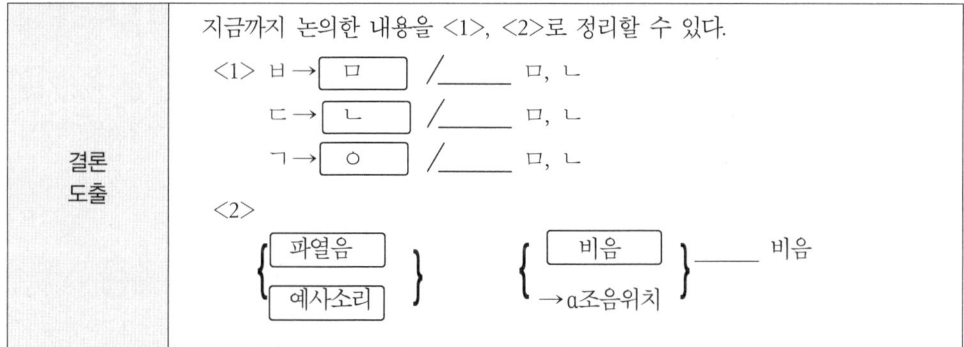

결론 도출

지금까지 논의한 내용을 <1>, <2>로 정리할 수 있다.

<1> ㅂ → ㅁ /____ ㅁ, ㄴ
　　 ㄷ → ㄴ /____ ㅁ, ㄴ
　　 ㄱ → ㅇ /____ ㅁ, ㄴ

<2>
{파열음 / 예사소리} {비음 →α조음위치} ____ 비음

비음화와 음절 끝소리 규칙의 상관 관계를 묻는 문제이다. 비음화는 선행 음절의 받침이 폐쇄된 상태가 아니면 일어나지 못한다. 그러므로 폐쇄되지 않는 음운, 예컨대 파찰음이나 파찰음은 반드시 평파열음화된 다음에 비음화가 일어난다.

‖ 예상 답안 ‖

비음은 구강이 폐쇄된 상태에서 공기가 코로 빠져나가면서 소리나는 음이다. 그러므로 폐쇄되지 않은 상태에서는 비음화가 일어나지 않게 된다. 예를 들어 '흙냄새' 같은 경우 음절 끝소리 규칙이 적용되지 않고 'ㄹ'이 끝소리로 발음되면 비음화가 적용되지 않고 유음화가 적용되어 '흘램새'가 된다. 음절 끝소리 규칙이 적용된 다음에야 비음화가 일어나 '흥냄새'가 된다.

◑ 다음 글을 읽고 물음에 답하시오.

(가) ○월 ○일 날씨 맑음

오늘은 할머니께 또 꾸중을 들어 속상했다. 며칠 전 할머니께선 "너 핵교 가는구나."라고 말씀하셨다. 난 할머니께서 '학교'를 '핵교'라고 잘못 발음하시는 것 같아서 국어 선생님께 배운 대로 표준 발음을 사용해야 한다고 말씀드렸다. 그러나 할머니께선 평생 이렇게 말하며 살아 왔어도 불편한 일이 없었다며 핀잔을 주시고, 내 말은 들은 체도 하지 않으셨다. 괜히 말 꺼냈 다 싶어 기분이 안 좋았다. 그런데 오늘 아침에도 할머니께선 밥상에서 "에미야, 오늘 저녁엔 괴기 반찬 좀 준비하렴."하고 말씀하시는 것이었다. 이 말씀을 듣고서 난 또 다시 할머니께 '에미', '괴기'가 표준 발음에 어긋난 것 같다고 말씀드렸다. 그런데 할머니께선 오히려 어른들 일에 쓸데없이 참견한다고 내게 꾸중만 하시는 것이었다. 할머니께선 왜 이상하게 발음하시는 것일까? 아무리 생각해도 알 수 없다.

내일 선생님께 여쭤봐야 겠다.

(나) ① 철문이 굳게 닫혀 있다.
　　 ② 영수는 함께 가기로 결심을 굳혔다.
　　 ③ 친구와 같이 해돋이를 보러 동해안에 갔다.

16번 (가)의 학생으로부터 질문을 받은 김 교사는 할머니의 발음 현상에 대해 설명해 주고자 한다. 할머니의 발음 현상과 같은 용례 <u>다섯</u> 개만 들고 설명해야 할 내용을 쓰시오. (2점)

관련 지식	'ㅣ' 모음 역행 동화와 표준 발음
용례	
설명 내용	• 'ㅣ' 모음 역행 동화 : • 표준 발음과의 관계 :

‖ **16번 문제 해설** ‖

'ㅣ'모음 역행 동화에 대한 문제이다. 특이하게 'ㅣ'모음 역행 동화에 대한 예를 5개 들라고 하고 있다. 대부분의 문제들은 단순 암기를 묻지 않는데 이 문제는 평소 국어학에 대해 얼마나 관심을 갖고 있는지 평가하고 있다. 또한 음운론을 언어 규범과 연결시키고 있다. 이처럼 음운론의 구체적 내용은 언어 규범과 밀접한 연관을 맺고 있으므로 표준어, 표준 발음에 대해서 숙지하고 있어야 한다.

‖ **예상 답안** ‖

관련 지식	'ㅣ' 모음 역행 동화와 표준 발음
용례	아기>애기, 곰팡이>곰팽이, 아지랑이>아지랭이, 오라비>오래비, 지팡이>지팽이
설명 내용	• 'ㅣ' 모음 역행 동화 : 뒷 음절의 'ㅣ'모음에 동화되어 앞 음절의 후설모음이 전설모음으로 바뀌는 것 • 표준 발음과의 관계 : 동화된 발음은 표준발음으로 인정하지 않지만 오래 사용되어 굳어진 것은 표준어로 인정된다. '서울내기, 냄비, 내동댕이치다'와 같은 예가 그러한 것이다.

‖ **17번 문제 해설** ‖

'ㅣ'모음 역행 동화와 구개음화의 연관성을 묻는 문제이다. 학교문법에서는 이 둘을 연관시켜 학습하지는 않지만 음운론적으로 보았을 때 이 둘은 동화주가 모두 'ㅣ'모음이며, 그 방향이 역행이라는 점에서 공통점이 있다. 즉, 구개음화도 'ㅣ'모음 역행 동화인 것이다. 그래서 학교문법에서 말하는 'ㅣ'모음 역행 동화를 움라우트 현상이라고 하여 구별하기도 한다.

‖ **예상 답안** ‖

(가)는 'ㅣ'모음 역행 동화에 대한 예시이고 (나)는 구개음화에 대한 예시이다. 이 둘은 서로 다른 음운 변동처럼 보이지만 동화음(동화주)과 변동의 방향이 같다는 공통점이 있다. 즉

동화음은 'ㅣ'모음이고 그 변동의 방향은 역행이다. 그러나 (가)는 그 피동화음이 모음이고 (나)는 자음이라는 점에서 차이가 있다. 즉, (가)는 모음에 의한 모음의 변동이고, (나)는 모음에 의한 자음의 변동이다.

❶ 다음 자료는 여러 개의 음운 변동이 나타난 국어 단어의 발음 과정을 단계적으로 표시한 것이다. 〈보기〉의 ㉠과 ㉡에 들어갈 음운 변동의 유형을 각각 쓰시오. 〔2점〕

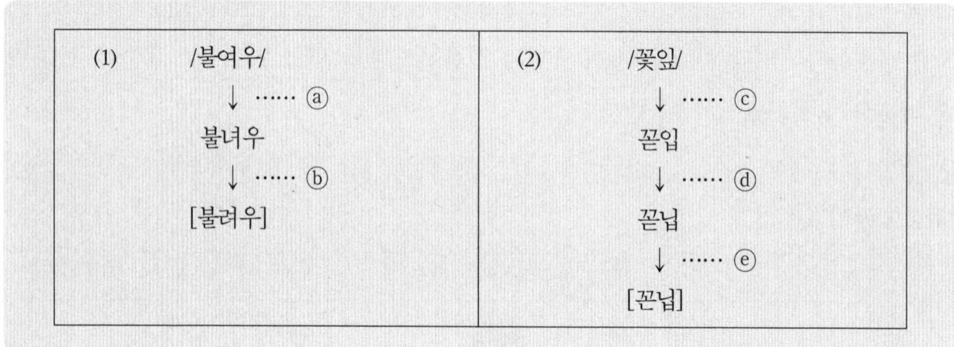

────── 〈보기〉 ──────
(1)과 (2)의 음운 변동 중에서 ⓐ와 ⓓ는 음의 (㉠)이고, ⓑ, ⓒ, ⓔ는 음의 (㉡)이다.

‖ 문제 해설 ‖

음운 변동의 유형을 묻는 문제이다. 음운 변동은 크게는 교체, 축약, 첨가, 탈락으로 나눌 수 있지만 세부적인 유형은 매우 많다. 각 변동의 유형을 크게 4가지 중 하나로 정리할 수 있는가 묻는 문제이다.

ⓐ는 'ㄴ 첨가', ⓑ는 유음화, ⓒ는 평폐쇄음화, ⓓ는 'ㄴ 첨가', ⓔ는 비음화이다. 이중 ⓐ, ⓓ는 동일하니까 첨가로 묶을 수 있고, ⓑ,ⓒ,ⓔ는 양상은 각각 다르지만 결과적으로는 교체된 것이므로 교체로 묶을 수 있다.

‖ 예상 답안 ‖

────── 〈보기〉 ──────
(1)과 (2)의 음운 변동 중에서 ⓐ와 ⓓ는 음의 (첨가)이고, ⓑ, ⓒ, ⓔ는 음의 (교체)이다.

❶ 다음 발음을 참고하여 〈보기〉의 ㉠, ㉡에 들어갈 말을 순서대로 쓰시오. 〔2점〕

> (1) 숙면[숭면], 밥물[밤물], 득녀[등녀], 잡념[잠념]
> (2) 한결[항결], 탐구[탕구], 순방[숨방], 합격[학격]
> (3) 굳이[구지], 가치[가치], 밭이[바치], 콩밭이다[콩바치다]

―――――― 〈보기〉 ――――――

(1)~(3)에 적용된 음운 변동은 공통적으로 동화 현상에 속한다. 그러나 (1)에 적용된 음운 변동은 (㉠)이/가 바뀐다는 점에서 (2)에 적용된 음운 변동과 다르다. 또한 (3)에 적용된 음운 변동은 동화주인 모음 'ㅣ'가 속해 있는 형태소가 (㉡)(이)어야 한다는 제한이 있다.

‖ 문제 해설 ‖

음운 동화의 성격을 묻는 문제이다. (1)은 '조음 방법에 의한 동화'로 필연적인 변동이다. 그러나 (2)는 '조음 위치에 의한 동화'로 수의적인 변동이다. 표준발음으로 인정하지 않는다. 이들은 자음에 의한 자음의 동화이다. (3)은 구개음화인데, 모음에 의한 자음의 동화라는 점에서 (1), (2)와 다르다. 즉, (1), (2)는 동화주(동화음)가 자음이고, (3)은 모음이다. 그런데, 이러한 구개음화가 일어나기 위해서는 뒤에 연결되는 모음 'ㅣ'가 형식 형태소(문법 형태소)이어야 한다는 제약이 있다.

‖ 예상 답안 ‖

―――――― 〈보기〉 ――――――

(1)~(3)에 적용된 음운 변동은 공통적으로 동화 현상에 속한다. 그러나 (1)에 적용된 음운 변동은 (조음 방법)이/가 바뀐다는 점에서 (2)에 적용된 음운 변동과 다르다. 또한 (3)에 적용된 음운 변동은 동화주인 모음 'ㅣ'가 속해 있는 형태소가 (형식 형태소(문법 형태소))(이)어야 한다는 제한이 있다.

① 다음은 국어의 음절 구조 제약에 대한 설명이다. 음절 구조 제약의 구체적인 내용을 〈보기〉의 지시에 따라 서술하시오. 〔5점〕

> 분절음이 음절을 구성할 때 작용하는 제약을 음절 구조 제약이라고 한다. 이 제약은 초성, 중성, 종성과 같은 음절의 구성 요소와 관련이 있다. 예컨대, 우리말 음절의 초성에 /ㅇ(ŋ)/이 올 수 없는 것은 음절 구조 제약 중 하나이다. 음절 구조 제약은 음운 변동을 일으키는 중요한 요인이 되며, 고유어뿐만 아니라 서양 외래어에도 동일하게 작용한다.
>
> (1) ㄱ. 앞만, 부엌만, 밭만, 넣는, 놓는, 붓는
>
> ㄴ. 앉다, 얹다, 핥다, 훑다, 읊다
>
> (2) ㄱ. 몫도, 흙도, 값도, 읽다, 밟다
>
> ㄴ. 토스트(toast), 힌트(hint), 램프(lamp)

〈보기〉

1. (1ㄱ)과 (1ㄴ)에 공통적으로 적용되는 음운 변동을 쓰고, 이 음운 변동에 작용하는 음절 구조 제약의 내용을 서술할 것
2. (2ㄱ)과 (2ㄴ)에 공통적으로 작용하는 음절 구조 제약의 내용을 서술할 것

‖ **문제 해설** ‖

음운 변동과 음절 구조 제약의 관계를 묻는 문제이다. 여기서 음절 구조 제약은 우리말의 음절 끝소리 규칙에 초점을 맞추었다. 음절 끝소리 규칙은 음절 끝에 7자음 중 하나밖에 오지 못한다는 것이다. 7자음이 아닌 것은 7자음 중 하나로 귀착되고, 2개의 자음은 하나가 탈락되어서 하나만 실현된다.

‖ **예상 답안** ‖

(1ㄱ)의 단어들은 모두 평파열음화와 비음화를 겪는다. 평파열음화와 비음화는 모두 교체 현상이다. (1ㄴ)의 단어들은 탈락과 경음화를 겪는다. 이 둘의 공통점은 음절말에 7자음만 올 수 있는 음절 끝소리 규칙이다. 이 현상이 일어나는 이유는 우리말의 종성에 올 수 있는 음운이 'ㄱ, ㄴ, ㄷ, ㄹ, ㅁ, ㅂ, ㅇ'의 7개이기 때문이다. 그러므로 (ㄱ)과 (1ㄴ)에 일어나는 음절 구조 제약은 우리말에서는 종성에 7종성만 올 수 있다는 것이다.

(2ㄱ)은 이중 자음을 받침으로 가지고 있다. 그러나 실제 발음되는 음은 그 중 하나뿐이다. 이는 우리말의 종성에는 하나의 음운만 올 수 있기 때문이다.

(2ㄴ)에서 '토스트, 힌트, 램프'는 원래 1음절이다. '톭, 힡, 램'. 그러나 우리말에서는 종성에 2음운이 올 수 없기 때문에 가장 무표적인 음운 'ㅡ'를 넣어서 하나의 음절로 독립시킨 것이다. 그러므로 (2ㄱ)과 (2ㄴ)에 공통적으로 적용될 수 있는 음절 구조 제약은 우리말의 종성에는 하나의 음운만 올 수 있다는 것이다.

3. 어문 규정(음운)

❶ 다음은 '받침의 발음'과 관련된 표준 발음법의 규칙을 가르치기 위한 표이다. (가)의 자료를 활용하여 〈조건〉에 따라 아래의 빈칸 ㉠~㉢을 채우시오. 〔3점〕

> (가) 젖어미[저더미], 닭대[닥때], 깎아[까까], 옆얼굴[여벌굴], 높여[노펴]
>
> 낱알[나 : 달], 쫓지[쫀찌], 키읔[키윽], 밭에[바테]

──── 〈조건〉 ────

- '어휘 예'에는 각각에 해당하는 예를 모두 쓸 것

분류	어휘 예	규칙
A	㉠	받침 'ㄲ, ㅋ', 'ㅅ, ㅆ, ㅈ, ㅊ, ㅌ', 'ㅍ'은 어말 또는 자음 앞에서 각각 대표음 [ㄱ, ㄷ, ㅂ]으로 발음한다.
B	㉡	홑받침이나 쌍받침이 (㉣)와/과 결합되는 경우에는, 제 음가대로 뒤 음절 첫소리로 옮겨 발음한다.
C	㉢	받침 뒤에 모음 'ㅏ, ㅓ, ㅗ, ㅜ, ㅟ'들로 시작되는 (㉤)이/가 연결되는 경우에는, 대표음으로 바꾸어서 뒤 음절 첫소리로 옮겨 발음한다.

‖ 문제 해설 ‖

받침의 발음에 대한 문제이다. 받침의 발음은 음절 끝소리 규칙에 따라 7자음 중 하나로 소리 나지만 모음이 연결될 경우에는 두 가지 방식으로 나뉜다. 형식 형태소가 연결될 때는 음절 끝소리 규칙이 적용되지 않고 제 음가대로 뒤 음절의 첫소리로 발음된다. 실질 형태소가 연결될 때는 음절 끝소리 규칙이 적용된 다음 음절 첫소리로 발음된다.

‖ 예상 답안 ‖

분류	어휘 예	규칙
A	㉠ 닭다, 쫓지, 키읔	받침 'ㄲ, ㅋ', 'ㅅ, ㅆ, ㅈ, ㅊ, ㅌ', 'ㅍ'은 어말 또는 자음 앞에서 각각 대표음 [ㄱ, ㄷ, ㅂ]으로 발음한다.
B	㉡ 깎아, 밭에, 높여	홑받침이나 쌍받침이 (㉣ 모음으로 시작하는 형식 형태소)와/과 결합되는 경우에는, 제 음가대로 뒤 음절 첫소리로 옮겨 발음한다.
C	㉢ 젖어미, 옆얼굴, 낱알	받침 뒤에 모음 'ㅏ, ㅓ, ㅗ, ㅜ, ㅟ'들로 시작되는 (㉤ 실질 형태소)이/가 연결되는 경우에는, 대표음으로 바꾸어서 뒤 음절 첫소리로 옮겨 발음한다.

● 다음 자료를 보고 물음에 답하시오.

(가) 젖어미[저더미], 닭대[닥따], 깎애[까까], 옆얼굴[여벌굴], 높여[노펴]
　　낱알[나 : 달], 쫓지[쫀찌], 키읔[키윽], 밭에[바테]

(나) 英 곳부리 영 (훈몽자회 하 : 2)
　　낫바몰 瑤琴 짝흐야 뒷다라 日夜偶瑤琴 (두시언해 초간본15 : 3)
　　짜히 높눗가비 업시 흔가지로 다흐시며 (월인석보 2 : 40)
　　九重에 드르샤 太平을 누리시 제 이 뜨들 닛디 마른쇼셔 (용비어천가110장)
　　네 아기 낟노라 흐야 나를 害행호려 흐느니 (월인석보10 : 25)

(다) bookmaker[bukmeikeə]북메이커, out[aut]아웃
　　film[film]필름, ring[riŋ]링, hint[hint]힌트, gap[gæp]갭

● (가)~(다)를 참고하여 현대 국어, 중세 국어, 외래어 표기법에서 받침소리의 발음과 표기의 관계를 〈조건〉에 따라 설명하시오.

─────── 〈조건〉 ───────

• 받침소리로 발음된 자음들, 받침을 표기한 글자들을 쓸 것
• 받침 표기의 원리나 근거에 대한 설명을 포함할 것

• 현대국어 :

• 중세국어 :

• 외래어 표기법 :

‖ 문제 해설 ‖

　　앞의 문제와 비슷한 문제인데 여기에서는 외래어 표기법까지 연결시켰다. 중세국어나 현대국어의 받침 표기의 원칙은 익히 알려져 있는 것이지만 외래어 표기법은 실용적인 차원에서 비롯된 것이기 때문에 어렵게 느껴질 수 있다.

- 현대국어 : 표기된 글자 - 현대국어의 받침 표기의 원리는 원칙적으로 모든 초성을 다 받침으로 쓸 수 있다는 형태음소론적 원리를 택하고 있다. 실제 받침으로 쓰이는 글자는 기본 자음 14개와 된소리 ㄲ,ㅆ 이중자음 11개, 도합 27개이다.

  ㄱ, ㄴ, ㄷ, ㄹ, ㅁ, ㅂ, ㅅ, ㅇ, ㅈ, ㅊ, ㅋ, ㅌ, ㅍ, ㅎ, ㄲ, ㅆ, ㄳ, ㄵ, ㄶ, ㄺ, ㄻ, ㄼ, ㄽ, ㄾ, ㄿ, ㅀ, ㅄ

  발음된 자음 - 발음은 7개만 된다.

  ㄱ, ㄴ, ㄷ, ㄹ, ㅁ, ㅂ, ㅇ

- 중세국어 : 중세국어는 소리나는 대로 표기하는 음소론적 원리를 택하고 있다. 중세국어에서 발음되는 소리는 8개였기 때문에 표기도 8개로 통일하였다. (나)의 '낮→낫, 높→놉, 곳→곳, 닞→닛, 낱→낟'의 예에서 보듯이 'ㅈ'은 'ㅅ'으로, 'ㅍ'은 'ㅂ'으로, 'ㅎ'은 'ㄷ'으로 소리나는 대로 표기하였다.

  표기된 글자와 발음된 자음 - 8개, ㄱ, ㄴ, ㄷ, ㄹ, ㅁ, ㅂ, ㅅ, ㅇ

- 외래어 표기법 : 외래어 표기법은 '북→북, 아운→아웃, 갦→갭'에서 보듯이 소리나는 대로 표기하는 음소론적 원리를 택하고 있지만, 'ㄷ' 받침의 경우는 'ㄷ' 대신에 'ㅅ'을 택하고 있다. 그 이유는 음절말에서는 'ㄷ'으로 소리나지만 뒤에 모음이 이어질 때는 'ㅅ'으로 소리나기 때문이다.

  표기된 자음 - 7개   ㄱ, ㄴ, ㄹ, ㅁ, ㅂ, ㅅ, ㅇ

  발음된 자음 - 7개   ㄱ, ㄴ, ㄷ, ㄹ, ㅁ, ㅂ, ㅇ

1. 국어의 특질

2004년 6번

 (가)에서 보듯이 국어 문장은 영어 문장에 비해 어순이 비교적 자유롭다. 이러한 현상이 가능한 이유를 국어의 첨가어(교착어)적 특성으로 설명하시오.

> ① 영수가 순희를 사랑했다. ≒ 순희를 영수가 사랑했다.
> (영어 : Tom loved Mary.≠Mary loved Tom.)
>
> ② 영수가 순희에게 편지를 썼다.
> ≒ 순희에게 영수가 편지를 썼다.
> ≒ 편지를 영수가 순희에게 썼다.
> (영어 : Tom wrote a letter to Mary.
> ≠ Mary wrote a letter to Tom.
> ≠ *A letter Tom wrote to Mary.)

‖ **문제 해설** ‖

국어의 특질 중 대표적인 것은 조사와 어미가 어간에 결합하는 첨가어적 속성이다. 이는 다른 고립어나 굴절어와 대비되는 속성인데, 여기에서는 어순과 관련한 첨가어의 속성을 영어와 비교하여 서술할 것을 요구하고 있다. 영어는 굴절어의 성격이 가장 두드러진 언어지만, 어순에 의해 문법적 기능이 결정된다는 점에서 고립어의 성격도 가지고 있다. 우리말도 어순이 전혀 문법적 기능을 하지 않는 것은 아니다. 조사가 붙지 않고 체언만 나열되는 경우 첫 번째 체언은 주어로, 두 번째 체언은 목적어나 보어, 부사어로 해석된다.

철수 영이 주었다.

위의 문장에서 철수는 주어로, 영이는 부사어로 해석된다. 그러나 조사가 붙을 경우에는 어순과는 상관없이 조사에 의해 그 문장 성분이 결정된다.

철수에게 영이가 주었다.

그래서 우리말은 첨가어로 분류되는 것이다.

‖ 예상 답안 ‖

우리말은 조사와 어미가 발달되어 있는 첨가어이다. 조사 중에서도 격조사는 체언에 붙어 문법적 관계를 나타내는데, 우리말의 격조사는 한 형태가 하나의 기능을 가지고 있어서 어순이 바뀌어도 그 기능이 달라지지 않는다. 위의 예에서 보듯이 주격 조사 '가'는 순서에 상관없이 주어를, 목적격 조사 '를'은 목적어를, 부사격 조사 '에게'는 부사어를 나타낸다.

2006년 9번

❶ "국어의 특질을 이해한다."라는 학습목표를 성취하기 위한 수업을 하려고 한다. 〈보기〉에 제시한 내용 중 수정·보완해야 할 항목 네 개를 찾아 바르게 고치고, 그 이유를 구체적인 예를 들어 설명하시오.

> (1) 국어는 모음조화 현상이 철저히 적용된다.
> (2) 국어는 단모음과 장모음의 대립이 있다.
> (3) 국어는 성(性)과 수(數)의 문법 범주가 없다.
> (4) 국어는 조사가 매우 발달하였으며, 조사는 항상 문법적인 자격을 부여하는 기능을 한다.
> (5) 국어는 문장 성분 간의 자리 옮김에 제약이 없다.
> (6) 국어의 활용 어미의 문법적 기능은 문장 전체에 작용한다.
> (7) 국어는 주어를 갖추어야 문장으로 성립한다.

‖ 문제 해설 ‖

국어의 특질을 묻는 문제이다. 2004년 문제가 첨가어적 특질에만 초점을 맞춘 반면 이 문제는 전체적인 특질을 다 묻고 있다.

‖ 예상 답안 ‖

위의 〈보기〉에서 수정해야 할 항목은 (1), (4), (5), (7)이다.

(1) 국어는 모음조화 현상이 철저히 적용된다.

　→국어는 모음조화 현상이 있는데, 현대국어에서는 점차 느슨해져서 모음조화 파괴 현상이 일어난다.

　예 '껑충껑충'과 같은 의태 부사, '가까워'와 같이 양성모음으로 끝난 어간 뒤에 음성모음 어미가 연결되는 경우에서 이를 알 수 있다.

(4) 국어는 조사가 매우 발달하였으며, 조사는 항상 문법적인 자격을 부여하는 기능을 한다.

→국어는 조사가 매우 발달하였는데, 조사는 문법적인 자격을 부여하는 격조사, 두 체언을 이어주는 접속조사, 뜻을 더해주는 보조사로 나뉜다.

㉮ "철수가 공부와 운동은 잘 하지만 미술은 못 한다."에서 '가'는 격조사 '와'는 접속조사, '은'은 보조사이다.

(5) 국어는 문장 성분 간의 자리 옮김에 제약이 없다.

→국어는 문장 성분 간의 자리 옮김에 제약이 거의 없지만, 수식어는 피수식어에 앞서고, 본 용언의 보조 용언에 앞서는 등 몇 가지 예외가 있다.

㉮ '새 책'에서 수식어 '새'는 항상 피수식어 '책'에 앞서야 하고, '철수는 학교에 가고 싶다.'에서 보조용언 '싶다'는 항상 본용언 '가다' 뒤에 위치한다.

(7) 국어는 주어를 갖추어야 문장으로 성립한다.

→국어는 주어를 필수 성분으로 갖는 언어이지만 문맥에 따라 생략할 수 있다.

㉮ 철수는 영이를 좋아한다. 그러나 순이는 싫어한다.

위 예에서 두 번째 문장에 주어가 생략된 것은 앞 문장과의 연관성 속에서 이해되기 때문이다.

2. 형태소, 품사, 조어법

❶ (가)는 다음 2가지의 학습 목표를 성취하기 위해 수집한 자료이다. 학습 목표를 완성하고 각각의 구체적인 지도 내용을 쓰시오.

> (가) 아우 　: 얼마든지 이 쪽으로 넘어오세요!
> 　　형 　　: 내가 왜 그 쪽으로 가야 하지?
> 　　아우 　: 그럼, 저 쪽에서 만납시다.
> 　　해설자 : 사람들이 아우가 말한 장소에 모여들었습니다. 모두들 관심 있게 그 장소를 둘러보았습니다.

학습 목표	지도 내용
(1) '이, 그, 저'의 용법 차이를 안다.	
(2)	

국어교육학과 국어학을 합친 문제이다. 대체로 학습 목표를 제시하고 이에 따른 수업 계획이나 지도 내용을 묻는 경우가 많은데, 여기에서는 반대로 학습 목표를 제시하라고 하고 있다. 자료를 보고 이를 찾아내야 하니 난이도가 높은 문제라고 할 수 있다.

이 문제는 지시 관형사의 용법을 묻고 있다. '이, 그, 저'의 용법 차이는 그다지 어렵지 않지만 두 번째의 학습 목표를 찾는 것은 어렵다. 해설자의 말에서 힌트를 찾을 수 있다. 형과 아우의 말에서 '이, 그, 저'가 한 번씩 나왔는데, 해설자가 '그'를 사용하고 있기 때문이다. '그'의 또 다른 기능을 아는 것이 두 번째의 학습 목표가 된다. '이, 그, 저'는 화자나 청자에게 가깝거나 먼 대상을 가리키는데, '그'는 그 외에도 앞에서 언급을 대상을 다시 가리키는 기능도 갖고 있다.

∥ 예상 답안 ∥

학습 목표	지도 내용
(1) '이, 그, 저'의 용법 차이를 안다.	'이'는 화자에게 가까운 대상을 가리킨다. '그'는 청자에게 가까운 대상을 가리킨다. '저'는 화자와 청자에게 먼 대상을 가리킨다.
(2) '그'의 전술 언급 기능을 안다.	'그'는 앞에서 언급한 대상을 다시 가리킬 때에 사용된다.

2006년 10번

◎ 〈보기〉 (1)~(3)의 밑줄 친 단어의 품사를 밝히고, 각각의 품사를 구분하기 위해 적용해야 할 기준이 무엇인지 설명하시오. 〔3점〕

〈보기〉

(1) • 그 사람은 <u>허튼</u> 말을 하고 다닐 사람이 아니다.
   • 그는 자기 일 밖의 <u>다른</u> 일에는 관심이 없다.
   • 그는 <u>갖은</u> 양념을 넣어 정성껏 음식을 만들었다.
   • 사람의 그림자조차 보이지 않는 <u>외딴</u> 집이 나타났다.
(2) 쌍둥이도 성격이 <u>다른</u> 경우가 많다.
(3) 이 문제는 <u>조금</u> 어려운 편에 속한다.

품사 이름	(1)		(2)		(3)	
(1)과 (2)의 품사 구분						
(1)과 (3)의 품사 구분						

‖ 문제 해설 ‖

품사 분류의 기준을 묻는 문제이다. <보기>에서는 관형사와 형용사의 차이, 관형사와 부사의 차이를 묻고 있다. 관형사와 형용사는 둘 다 관형어로 쓰일 수 있기 때문에 구별에 어려움이 있을 수 있지만, 관형사는 어미가 결합할 수 없고 형용사는 어미와 결합하여 서술어의 역할을 하거나 관형어의 역할을 할 수 있다는 점에서 다르다. 관형사와 부사는 다른 말을 수식한다는 점에서는 같지만 수식의 대상이 관형사는 체언, 그중에서 명사에 주로 한정되고, 부사는 주로 용언이라는 점에서 차이가 난다

‖ 예상 답안 ‖

품사 이름	(1)	관형사	(2)	형용사	(3)	부사
(1)과 (2)의 품사 구분	어미가 붙어서 활용을 하는지의 여부를 통해서 구분할 수 있다. (1)은 어미를 따로 분석해 낼 수 없지만 (2)는 어미를 분석해 낼 수 있다. 즉, ‘다른’은 ‘쌍둥이도 성격이 다르다’의 서술어 역할을 하면서 ‘경우’를 꾸미기 위해 관형사형 어미 ‘-(으)ㄴ’이 결합되었다.					
(1)과 (3)의 품사 구분	피수식어의 품사에 따라 구분할 수 있다. (1)은 ‘말, 일, 양념, 집’ 등 명사가 피수식어가 되고, (3)은 형용사 ‘어렵다’가 피수식어가 된다.					

● 단어의 형성에서, 합성어 형성의 원리를 유형화하여 설명하시오. 그리고 그 유형에 따라 <보기>의 자료를 분류한 다음, 그 근거를 구체적으로 기술하되 400자 내외가 되도록 하시오.

〈보기〉

큰아버지, 늦잠, 부슬비, 덮밥, 들어가다, 안팎, 춤추다, 뛰놀다

‖ 문제 해설 ‖

합성어의 형성 원리는 크게 둘로 나눌 수 있다. 하나는 우리말의 문장 구성과 같은 방식을 취하는가의 여부이고, 다른 하나는 어근끼리만 결합하는가, 아니면 어근 외의 다른 요소가 끼어드는가 하는 것이다. 우리말의 문장 구성과 같은 방식을 따르는 것을 통사적 합성어, 그렇지 않은 것을 비통사적 합성어라고 한다. 또 어근끼리만 결합하는 것을 어근 합성어, 그렇지 않은 것을 종합합성어라고 한다.

<보기>의 자료를 전자의 형성 원리에 따라 분류하면 통사적 합성어는 '큰아버지, 들어가다, 춤추다'이고, 비통사적 합성어는 '늦잠, 부슬비, 덮밥, 안팎, 뛰놀다'이다.

후자의 형성 원리에 따라 분류하면 어근 합성어는 '부슬비, 덮밥, 안팎, 뛰놀다'이고 종합합성어는 '큰아버지, 늦잠, 들어가다, 춤추다'이다.

그런데, 이 문제는 두 개의 형성 원리를 다 기술하기를 요구하는 것이 아니라 전자만 요구하는 것으로 보인다. 전자가 가장 일반적인 분류법이기도 하지만 400자 이내로 이 두 가지 유형을 다 기술하기는 어렵기 때문이다.

‖ 예상 답안 ‖

합성어 형성의 원리는 우리말 문장 구성과 같은 방식을 택하느냐의 여부라고 할 수 있다. 이에 따라 통사적 합성어와 비통사적 합성어의 두 유형으로 나눌 수 있다. <보기>에서 통사적 합성어는 '큰아버지, 들어가다, 춤추다'이고 비통사적 합성어는 '늦잠, 부슬비, 덮밥, 안팎, 뛰놀다'이다.

'큰아버지'는 '관형어+명사', '들어가다'는 '용언의 어간+연결어미+용언의 어간', '춤추다'는 '명사+(격조사 생략)+용언'의 구성이기 때문에 모두 통사적 합성어라고 할 수 있다.

한편, '늦잠'은 '늦은 잠'에서 관형사형 어미의 생략, '부슬비'는 '부슬부슬 내리는 비'에서 부사성 어근 '부슬부슬'의 불완전한 생략형 '부슬'과 명사의 결합, '덮밥'은 '덮는 밥'에서 관형사형 어미의 생략, '안팎'은 '명사+명사'인데 'ㅎ'의 첨가, '뛰놀다'는 '뛰어 놀다'에서 연결어미가 생략되었기 때문에 비통사적 합성어라고 할 수 있다.

● 다음은 단어의 짜임새를 탐구하기 위한 자료이다. 밑줄 친 단어들을 학교 문법의 관점에 따라 분류하고, 그 근거를 구체적으로 제시하시오. 〔2점〕

① 오늘은 날씨가 <u>춥다</u>.
② <u>늦잠</u>을 자서 지각을 했다.
③ 동생은 지금 뭔가를 <u>생각하고</u> 있다.
④ 비가 내리던 <u>어느</u> 가을 저녁이었다.
⑤ 갑자기 <u>버섯볶음</u>이 먹고 싶다.
⑥ 산에는 <u>나들이</u> 인파로 가득했다.
⑦ <u>한겨울</u>인데도 눈이 오지 않는다.
⑧ 아침 해가 <u>눈부시게</u> 떠오른다.

분류	자료번호	분류의 근거
단일어		
파생어		
합성어		

‖ 문제 해설 ‖

단어 형성법에 대한 문제이다. 파생어와 합성어를 나누는 기준은 어근끼리의 결합인가, 접사와 어근의 결합인가인데, 접사에 따라서는 어근과의 구별이 어려운 경우도 있다. 그러나 이 문제에 제시된 예들은 그러한 어려움이 없다.

‖ 예상 답안 ‖

분류	자료번호	분류의 근거
단일어	①, ④	'춥-', '어느'는 더 이상 나눠지지 않는다.
파생어	③, ⑥, ⑦	'생각하다'는 '생각'과 접사 '하-', '나들이'는 '나들-'에 접사 '-이', '한겨울'은 접사 '한-'과 '겨울로 분석된다.
합성어	②, ⑤, ⑧	'늦잠'은 '늦-'과 '잠', '버섯볶음'은 '버섯'과 '볶음', '눈부시다'는 '눈'과 '부시-'로 분석된다.

◎ 〈보기〉의 명사형 '걸음'과 '닮, 만듦, 흔듦' 등의 어형상 차이를 설명하고자 한다. 어형상 '걸음'과 같은 특이성을 보이는 명사형을 ⑨와 같은 방식으로 하나만 더 쓰고, 이들을 통해 알 수 있는 사실을 쓰시오.

〈보기〉

파생 명사	묶+음→묶음	믿+음→믿음	얼+음→얼음
	울+음→울음	웃+음→웃음	졸+음→졸음
	죽+음→죽음	살+음→삶	알+음→앎
명사형	먹+음→(…을) 먹음	잡+음→(…을) 잡음	달+음→(…을) 닮
	만들+음→(…을) 만듦	흔들+음→(…을) 흔듦	걷+음→(…하게) 걸음

어형의 특이성	명사형에서 어간 말음이 'ㄹ'이면, '닮, 만듦, 흔듦'과 같이 실현되는 일이 일반적인데 '걸음'으로 실현되었다.
이러한 특이성을 보이는 다른 명사형	⑨ 걸음 (걷+음) ·
알 수 있는 사실	

‖ 문제 해설 ‖

파생명사와 명사형의 문법적 기능 차이가 어형상 차이를 가져온다는 점에 착안한 문제이다. 파생명사의 생성은 조어법상의 문제이고 명사형의 생성은 활용상의 문제라는 기본적인 전제만 할 수 있다면 풀 수 있는 문제이다.

명사형의 생성에서 어간 말음이 'ㄹ'인 동사, 예컨대 '달다, 만들다, 흔들다'는 '닮, 만듦, 흔듦'처럼 'ㄻ'으로 실현된다. 그런데 '걸음'처럼 '-(으)ㅁ'의 형태를 가진 명사형은 이것이 'ㄹ'을 말음으로 가진 단어가 아니기 때문이다. '걸음'은 어간 말음이 'ㄷ'인 '걷다'를 기본형으로 가지고 있다. 명사형으로 전성될 때 'ㄷ'이 'ㄹ'로 변하는 불규칙 활용을 하기 때문에 '걸음'이 된 것이다. 이렇게 불규칙하게 활용하는 동사에는 '묻다[問], 듣다, 일컫다, 깨닫다, 붇다, 싣다' 등이 있다.

‖ 예상 답안 ‖

어형의 특이성	명사형에서 어간 말음이 'ㄹ'이면, '닮, 만듦, 흔듦'과 같이 실현되는 일이 일반적인데 '걸음'으로 실현되었다.
이러한 특이성을 보이는 다른 명사형	⑨ 걸음 (걷 + 음) • 물음 (묻[問] + 음)
알 수 있는 사실	'ㄷ' 불규칙 활용에 의해 'ㄹ'을 갖게 되는 용언은 그 명사형의 말음이 'ㄻ'으로 실현되지 않고 '어간말음 ㄹ + 음'으로 실현된다.

❶ 다음 자료를 참고하여 〈보기〉와 같이 접미 파생어의 특징을 정리하고자 한다. ㉠과 ㉡에 들어갈 말을 각각 쓰시오. 〔2점〕

> (1) 멋쟁이, 바가지, 불그스름하다, ⓐ 잡히다
> (2) 먹이, 얼음, ⓑ 높이다, 정답다

〈보기〉

- 자료 (1)과 (2)를 통해 접미 파생어는 파생어의 (㉠   )와/과 어근의 (㉠   )이/가 동일한가의 여부에 따라 나눌 수 있음을 알 수 있다.
- ⓐ와 ⓑ를 통해 접미 파생어 중에는 그것이 서술어가 되는 문장의 (㉡   )이/가, 그 어근이 서술어가 되는 문장의 (㉡   )와/과 다른 경우도 있음을 알 수 있다.

‖ 문제 해설 ‖

접미 파생의 특징을 묻는 문제이다. 접미 파생어는 어근의 품사가 바뀌는가의 여부에 따라, 또 그 어근의 종류가 무엇인가에 따라 분류할 수 있다.

(1)은 어근과 파생어의 품사가 달라지지 않았다.

‘멋쟁이(명사), 바가지(명사), 불그스름하다(형용사), 잡히다(동사)’는 각각 ‘멋(명사), 박(명사), 붉-(형용사), 잡-(동사)’을 어근으로 갖는다.

이 중 ‘불그스름하다’는 ‘붉-으스름하다’로 분석할 수도 있고, ‘불그스름-하다’로 분석할 수도 있는데, 다른 예들을 고려할 때 ‘붉-으스름하다’로 분석하는 것이 적절하다.

(2)는 어근의 품사와 파생어의 품사가 달라진 예이다.

‘먹이(명사), 얼음(명사), 높이다(동사), 정답다(형용사)’는 각각 ‘먹다(동사), 얼다(동사), 높다(형용사), 정(명사)’에서 파생된 것이다.

‘잡히다’는 ‘잡다’에서 파생된 피동사이고(사동사로 쓰일 때도 있음), ‘높이다’는 ‘높다’에서 파생된 사동사이다. ‘잡히다’는 타동사문을 자동사문으로, ‘높이다’는 형용사문을 타동사문으로 바꾼다. 그 문장의 구조가 달라지는 것이다.

‖ 예상 답안 ‖

㉠ 품사 ㉡ 구조

3. 체언과 조사

❶ (나)의 밑줄 친 부분을 조사로 볼 경우, 조사의 갈래를 쓰고 그 갈래에 속한다고 볼 수 있는 근거를 설명하시오.

> (나) 그가 성공할 수 있었던 첫째 요인은 노력<u>이었고</u>, 둘째 요인은 체력<u>이었다.</u>

‖ 문제 해설 ‖

서술격 조사의 특성을 묻는 문제이다. 서술격 조사는 품사 분류에서 가장 논란이 많이 되는 문제 중 하나이다. 서술적인 특성 때문에 조사로 보지 않고 동사, 형용사와 같은 용언의 한 종류로 보아야 한다는 입장과, 특별한 의미를 같지 않고 체언에 두루 붙기 때문에 접사로 보아야 한다는 입장, 또는 매개모음으로 보아야 한다는 입장 등 다양한 주장이 있다. 학교문법에서는 이들 주장 중에서 조사설을 택하고 있는데 그것은 체언에 붙어서 문법적 역할을 수행한다는 점을 가장 중요하게 여기기 때문이다.

‖ 예상 답안 ‖

밑줄 친 부분은 서술격 조사이다. '이다'에 과거 시제의 선어말 어미 '-었-'이 결합한 것이다. '이다'를 조사로 보는 이유는 이 형태소가 어떤 체언에나 다 결합할 수 있기 때문이다. 또한, 조사 중 서술격 조사로 보는 이유는 서술어 역할을 하는 동사나 형용사처럼 어미가 붙어서 다양하게 활용하기 때문이다. 위 예에서 보는 것처럼 '-었'과 같은 선어말어미뿐 아니라 다양한 어말어미가 붙을 수 있다.

❶ (다)에 대하여 〈보기〉와 같이 주장하는 학생들이 있다. 이들에게 지도해야 할 내용을 쓰시오.

> (다) ① 영수<u>는</u> 순희에게 선물을 주었다.
> ② 물이 얼음<u>의</u> 된다.

• 학생 A : (다)-①에서 '영수는'이 주어이므로, 밑줄 친 '는'은 주격 조사이다.
• 학생 B : (다)-②에서 주어 '물이'의 '이'와 형태가 같으므로, 밑줄 친 '이'는 주격 조사이다.

• 학생 A에 대한 지도 내용(예문 (다)-①을 활용할 것) :

• 학생 B에 대한 지도 내용 :

‖ 문제 해설 ‖

보조사와 격조사의 차이, 주격 조사와 보격 조사의 차이를 묻는 문제이다. 보조사는 격조사와 달리 의미를 더해 주고, 여러 문장 성분에 쓰일 수 있다는 점이 그 특징이다. 이 문제에서는 의미적 특성보다 여러 자리에 나타날 수 있는 특성에 대해 묻고 있다.

보격 조사는 주격 조사 '이/가'와 그 형태가 같지만 동일한 격조사는 아니다. 주격 조사 '이/가'는 존경의 대상에 붙을 때는 '께서'로 교체되지만 보격 조사는 그러지 않기 때문이다.

‖ 예상 답안 ‖

• 학생 A에 대한 지도 내용(예문 (다)-①을 활용할 것) : '는'이 주어 자리에 쓰였다고 해서 주격 조사는 아니다. '는'은 보조사이기 때문에 여러 문장 성분에 다 결합할 수 있다. (다)-① 예문에서 '는'은 주어 자리뿐 아니라 부사어나 목적어 자리에도 쓰일 수 있다.

영수가 순희에게는 선물을 주었다.
영수가 순희에게 선물은 주었다.

그러므로 '는'은 격조사가 아니라 보조사이다.

• 학생 B에 대한 지도 내용 : 밑줄 친 '이'는 주격 조사가 아니라 보격 조사이다. 주격 조사 '이'는 존경의 대상에 연결될 때는 '께서'로 교체된다.

선생님께서 교장 선생님이 되셨다.

그러나 보격 조사 '이'는 존경의 대상에 연결되더라도 '께서'로 교체되지 않는다.

*선생님께서 교장 선생님께서 되셨다.

그러므로 주격 조사 '이'와 보격 조사 '이'는 별개의 형태소이다.

❶ 다음 〈보기〉는 보조사 '-은/는'의 특성을 학습하기 위해 모은 자료이다. 자료 번호에 해당하는 구체적인 지도 내용을 쓰시오.

> ① 학교는 공부하는 곳이야!
> ② 철수가 국어는 잘 하지만 영어는 좀 못해.
> ③ 뭐니 뭐니 해도 꽃은 장미가 최고야.
> ④ 옛날 이야기를 해 주마.
>   *아주 먼 옛날에 나무꾼은 살았어.
>
>   * 비문 표시

자료 번호	지도 내용
①, ②	
③	
④	

보조사 '-은/는'에 대한 문제이다. '-은/는' 보조사로 쓰이며 주로 대조를 나타내거나 화제를 나타낸다. 또 신정보를 나타내는 '이/가'와 대비되어 구정보를 나타내기도 한다.

‖ 예상 답안 ‖

자료 번호	지도 내용
①, ②	두 예문에 쓰인 '-은/는'은 '대조'를 나타낸다. ①은 '학교는 공부하는 곳이다. 다른 곳은 어떤지 몰라도'의 의미로 해석된다. ②는 국어와 영어가 대조되고 있다.
③	이 예문에 쓰인 '-은/는'은 화제(주제)를 나타낸다. '꽃에 대해서 말하자면 꽃은'의 의미로 해석된다.
④	'-은/는'은 구정보를 나타내는 데 적합하다. '나무꾼'은 처음 제시되는 정보이기 때문에 '-은/는'이 적합하지 않게 된 것이다. '아주 먼 옛날에 나무꾼이 살았어. 나무꾼은 -'처럼 두 번째 제시될 때 사용되는 것이 적절하다.

4. 용언의 활용, 보조용언, 어미, 자릿수

❶ 다음 (1)~(4)와 같은 용언의 활용에서 나타나는 형태 변동이 불규칙 활용인지 아닌지 각 항목별로 구체적인 증거를 들어 설명하고, 불규칙 활용에 대해 정의 하시오. 그리고 이 정의를 적용하여 (5)의 예를 설명하시오.

> ① 가+아/어 [가]　　② 잇+으니 [이으니]
> ③ 먹+는 [멍는]　　④ 하+아/어 [하여]　　⑤ 안+고 [안꼬]

‖ 문제 해설 ‖

　　용언의 불규칙 활용에 대한 문제이다. 불규칙 활용은 어간이 불규칙하게 변하는 것, 어미가 불규칙하게 변하는 것, 어간과 어미가 함께 불규칙하게 변하는 것의 세 가지로 나뉜다. 어간이나 어미가 변하더라도 우리말의 일반적인 음운 규칙에 따른 것이라면 불규칙 활용으로 보지 않는다. 예컨대, 모음 어미 앞에서 '으'모음이 탈락하거나 어간과 동일한 어미의 모음이 탈락하는 경우, 'ㄴ'으로 시작하는 어미 앞에서 어간의 'ㄹ' 받침이 탈락하는 경우는 규칙 활용에 넣는다.

‖ 예상 답안 ‖

① 가+아/어 [가] : 어간 '가-'와 어미의 모음 '-아'가 동일하여서 탈락한 경우로 우리말이 일반적인 음운 규칙과 동일하다. 그러므로 불규칙 활용에 들어가지 않는다.

② 잇+으니 [이으니] : 어간 '잇-'에 모음으로 시작하는 어미가 연결될 때 'ㅅ'이 탈락하는 것으로, 이러한 탈락이 다른 용언에서는 일반적으로 일어나는 현상이 아니므로 불규칙 활용이다. 예컨대, '벗다'는 '-어'가 연결되면 '벗어'가 되어 탈락하지 않는다.

③ 먹+는 [멍는] : '먹는'이 [멍는]이 되는 것은 음운론적 조건에 의한 필연적 동화이므로 규칙 활용이다.

④ 하+아/어 [하여] : '하다' 동사 뒤에서 어미 '-아/어'가 '여'로 소리나는 것은 다른 용언에 일반적인 것이 아니다. 보통 ①의 예처럼 동모음 탈락이 일어난다. 그러므로 불규칙 활용이다.

이를 바탕으로 불규칙 활용을 정의하면, 불규칙 활용은 용언이 활용할 때 형태론적 조건에 의해 어간이나 어미의 기본 형태가 달라지는 것을 말하는데, 음운론적 조건에 의해 일어나는 필연적 변동, 보편적 변동은 불규칙 활용에 포함되지 않는다.

이 정의를 '안+고 [안꼬]'에 적용하면 어간 말음 'ㄴ' 다음의 어미가 장애음의 예사소리이면 항상 된소리가 되는 보편적 변동이므로 불규칙 활용으로 볼 수 없다.

❶ 전통 문법에서 보조 용언으로 다루고 있는 예를 글 (1)에서 6개만 찾아 쓰고, 보조 동사와 보조 형용사로 분류하시오. 그중에서 보조 용언의 성격이 비교적 약한 예를 찾는다면 어느 것인지 2개만 들고, 그 이유를 설명하시오.

> (1) 밉지는 않지만 허름한 옷이 마음에 들지 않았다. 인기척이 들려 나가서 보니까 영이가 보였다. 나는 얼른 돌아 들어왔다. 서성이고 있는 나에게 누가 너를 이렇게 우울하게 했느냐고 엄마가 물으셨다. 나는 자리를 피하고 싶어 얼른 눈을 감고 머리가 아픈 척했다.

‖ **문제 해설** ‖

보조 용언에 대한 문제이다. 보조 동사와 보조 형용사로 구분하는 것도 단순하지는 않지만, 보조 용언의 성격이 약한 예를 찾는 것은 좀 더 어렵다.

'않다'는 보조 동사와 보조 형용사 둘 다 쓰일 수 있다. 앞의 본 용언이 동사이면 보조 동사가 되고, 형용사이면 보조 형용사가 된다. 자료에서 '밉지는 않지만'의 '않다'는 형용사 '밉다'가 본 용언이므로 보조 형용사가 되고, '들지 않았다'의 '않다'는 동사 '들다'가 본 용언이므로 보조 동사가 된다.

보조 용언의 성격이 비교적 약한 것은 사동문을 만드는 '-게 하다'에 쓰인 '하다'와 '아픈 척하다'에 쓰인 '하다'이다. 사동문에 쓰이는 '하다'는 '-게 만들다, -게 시키다'와 같은 문장에서 '만들다, 시키다' 대신 쓰인 것으로 볼 수도 있기 때문이다.

철수는 영이를 공부를 하게 만들었다. → 철수는 영이를 공부를 하게 했다.
영수는 순이에게 손을 들게 시켰다. → 영수는 순이에게 손을 들게 했다.

한편, '척하다'는 '척을 하다'로 바꿀 수 있다.

영수는 머리가 아픈 척했다. → 영수는 머리가 아픈 척을 했다.

위의 문장에서 '하다'는 본용언으로 쓰인 것이다. 이처럼 '-게 하다'와 '척하다'에 쓰인 '하다'는 모두 '하다'가 갖는 의미, 통사적 기능 때문에 보조 용언의 테두리에서 벗어날 수 있는 것들이다.

‖ **예상 답안** ‖

- 보조 동사 : 않았다(마음에 들지 않다), 있는(서성이고 있다), 했느냐고(우울하게 하다). 척했다(아픈 척하다)
- 보조 형용사 : 않지만(믿지 않다), 싶어(피하고 싶다)

보조 용언의 성격이 비교적 약한 것은 사동의 '하다'이다. 이때의 '하다'는 앞의 문장을 받는 대동사로 해석할 수 있는데, 그 의미는 '만들다'에 가깝다. 이를 본용언으로 보게 되면 연결어미 '-게'는 앞의 문장이 '하다'를 꾸미게 만드는 부사형 어미로 해석되고, 전체적으로는 부사절을 안은 문장이 된다.

'척하다'는 의존명사 '척'과 동사 '하다'가 결합한 것으로 '아픈 척을 했다'에서 목적격 조사 '을'이 생략된 것으로 해석할 수 있다. 이와 같은 것으로는 '체하다, 양하다, 만하다' 등이 있다.

🌀 다음을 보고 교사와 학생이 〈보기〉와 같이 대화를 나누었다. 괄호 안의 ㉠,㉡에 해당하는 말을 순서대로 쓰시오. 〔2점〕

> 아빠 : 여보, 거기 있는 책을 나에게 좀 주오 ················· ①
> 엄마 : 알았어요 여기 있어요
> 아빠 : 철수야, 이 책을 가져다 아래층에 사는 영수에게 주어라. ········ ②
> 철수 : 네, 알겠어요
> 아빠 : 아! 그리고 영수가 빌려 갔던 책을 주면 받아서 나에게 다오 ··· ③

──────────────── 〈보기〉 ────────────────

교사 : 오늘은 용언의 불규칙 활용을 탐구해 보겠습니다. 대화를 보며 '아빠'의 말 중에서 밑줄
       친 부분에 주목하여 가장 눈에 띄는 차이가 무엇인지 말해 보세요
학생 : '아빠'의 말에서 대부분 '주다'가 서술어인데, 특이하게 ③에서는 '다오'라는 표현이 쓰였
       어요
교사 : 맞아요 내가 타인에게 어떤 것을 얻고자 할 때에는 '주다'가 아닌 '다오'가 쓰입니다.
학생 : 아! 그래서 ②와 ④에서는 '다오'가 쓰이지 않고 '주다'가 쓰였군요
교사 : 네. 좋은 지적이에요
학생 : 그럼 ③에서와 달리 ①에 '주다'가 쓰인 이유는 무엇인가요?
교사 : 좋은 질문이에요 그것은 상대높임법과 관련이 있습니다.
학생 : 혹시 ③에 '다오'가 쓰인 것은 그것이 (㉠)체의 문장이기 때문인가요?
교사 : 그래요 주의할 것은 ②와 ③은 모두 같은 등급의 상대높임이지만, ③의 '다오'에는 (㉡)
       형 종결 어미가 ②의 '-어라'와 다르게 '-오'가 쓰인다는 것입니다.

‖ 문제 해설 ‖

용언의 불규칙 활용 중에서 '다오' 불규칙에 대한 문제이다. '달/다-'는 '주다'의 보충법적
형태로 남이 나에게 무엇을 건널 때 해라체와 하라체에서 '주다' 대신 쓰이는 것이다. 해라
체에서 명령형 어미 '-어라' 대신 '-오'가 쓰이고 하라체에서는 '-라'가 쓰인다.

① 나에게 물을 다오 – 해라체
② 우리에게 자유를 달라. – 하라체

위 예에서 보듯이 ①에 종결어미 '-오'가 연결되었지만 이때는 하오체가 아니라 해라체이
다. 반면 '주-'에 '-오'가 연결된 '주오'는 하오체이다.

‖ 예상 답안 ‖

㉠ 해라 ㉡ 명령

5. 사동문, 피동문, 부정문

◎ 다음 예문을 자료로 하여, 국어 사동 표현의 문법적 기능, 유형, 유형별 의미 특성을 설명하시오. (400자 내외)

> ① 영수가 책을 읽었다.
> ② 선생님께서 영수에게 책을 읽히셨다.
> ③ 어머니가 아이에게 옷을 입게 하셨다.
> ④ 우리집에서는 소를 먹인다.

‖ **문제 해설** ‖

사동문의 개념과 유형, 단형 사동과 장형 사동의 의미 차이를 묻는 문제이다. 사동문은 그 유형에 따라 의미 차이도 있고 통사적 차이도 있다. 이 문제에서는 유형에 따른 의미 특성을 설명하면 된다. 단형 사동과 장형 사동의 의미는 두 가지 차이점이 있다. 첫째, 단형 사동은 직접적인 의미와 간접적인 의미가 다 가능하지만 장형 사동은 간접적인 의미만 가능하다. 둘째, 단형 사동은 주동문을 함의하지만 장형 사동은 그렇지 않다.

철수가 영수를 죽였다→*철수가 영수를 죽였으나 영수는 죽지 않았다.
철수가 영수를 죽게 했다. → 철수가 영수를 죽였으나 영수는 죽지 않았다.

그런데, 이 문제에서 제시된 예문만으로는 두 번째 의미 차이를 기술하기가 어렵다. 400자 내외로 쓰려면 첫 번째 의미 기술하기도 벅차다. 제시된 예문이 그리 적절치 않기 때문이다. 예상 답안에서는 두 번째 의미 차이는 제외하기로 한다.

사동사 중에는 형태는 사동이지만 사동의 의미가 아닌 새로운 의미를 가지는 경우도 있다. 예문에 제시된 '먹이다'는 '사육하다'의 의미이다.

‖ **예상 답안** ‖

사동 표현은 사동주가 피사동주로 하여금 어떤 행위를 하게 하거나 어떤 상황에 처하게 하는 표현법을 말한다. ①번 예문은 주동문, ②번 예문은 사동주가 도입된 사동문이다.

사동 표현은 사동사에 의한 사동과 '-게 하다'에 의한 사동이 있는데, 전자를 단형 사동, 후자를 장형 사동이라 한다. 단형 사동은 사동주가 피사동주의 행동에 직접 개입하는 직접 사동과, 시키기만 하는 간접 사동의 의미를 다 가질 수 있고, 장형 사동은 간접 사동의 의미만 갖는다. 용언에 따라서는 단형 사동이 간접 사동의 의미만 갖는 경우가 있는데 ②번의 '읽히다'의 경우, 책을 읽는 행위는 영수만 할 수 있으므로 간접 사동으로만 해석된다. ③번 예문의 경우는 장형 사동이므로 간접 사동으로 해석된다.

사동사 중에는 형태는 사동이지만 사동의 의미가 아닌 새로운 의미를 가지는 경우도 있는데, ④번 예문의 '먹이다'는 '사육하다'의 의미를 가질 뿐이고 사동문을 만들지는 못한다.

❶ 다음은 학생이 제기한 의문이다. (가)와 (나)의 예문들을 통해 어떠한 문제를 제기하고 있는지 쓰고, 그럼에도 이들을 사동문에 포함시키는 이유를 쓰시오.

─── 〈보기〉 ───

- 학생의 의문 : '사동'이란 한 행위의 주체(사동주)가 또 다른 행위의 주체(피사동주)로 하여금 어떤 일(피사동 사건)을 하게 하는 의미를 표현하는 문장 구조로서 행동 주체 스스로가 행동 함을 표현하는 '주동'과 대비되는 것이라는 사동의 정의로 볼 때, 아래의 (가)와 (나)의 문장은 사동문으로 보기 어렵지 않을까요?

(가) ㄱ. 마을 사람들이 마을 진입로를 넓혔다. (넓다)

　　 ㄴ. 아버지께서 어제 우리 집 담을 높이셨다. (높다)

　　 ㄷ. 우리는 출발 시간을 한 시간 늦추었다. (늦다)

(나) ㄱ. 그 우스갯소리가 나를 웃겼다. (웃다)

　　 ㄴ. 화단의 나무가 나를 살렸다. (살다)

　　 ㄷ. 비웃는 듯한 그의 표정이 나의 성을 돋우었다. (돋다)

예문에서 제기되는 문제	(가)	
	(나)	
사동문에 포함시키는 이유	형태의 측면	
	문장 구성의 측면	
	문장 의미의 측면	전형적인 사동문과 마찬가지로, 이 문장이 '주동문 서술어의 내용을 하게 하다.'의 의미로 해석된다.

사동문은 사동주가 피사동주로 하여금 어떤 행위를 하게 하거나 어떤 상황에 처하게 하는 문장이다. 그런데 피사동주가 존재하지 않거나, 사동주가 어떤 행위를 하게 만드는 주체가 되지 못하는 사동문이 있다. 이러한 사동문은 사동문의 요건을 충족시키지 못하므로 사동문의 범주에 넣기에는 무리가 있다. 그러나 학교 문법에서는 이를 사동문의 범주에 넣고 있는데, 그것은 이들이 사동사의 범주에 들어올 수 있고, 사동주의 존재라는 통사적인 구성요건을 만족시키기 때문이다.

‖ 예상 답안 ‖

예문에서 제기되는 문제	(가)	(가) ㄱ~ㄷ의 예문에서 피사동주에 해당하는 목적어는 어떤 행동을 할 수 없는 무정물이다. 그래서 주어가 직접 행동의 주체가 된다.
	(나)	(나) ㄱ~ㄷ의 예문에서 사동주는 무정물이므로 사동 행위를 할 수 없다.
사동문에 포함시키는 이유	형태의 측면	주동문의 서술어에 사동 접사가 붙어 만들어진 사동사가 서술어로 쓰인다.
	문장 구성의 측면	① 주동문에 사동주가 새롭게 도입된다. ② 주동문의 주어 명사구는 사동문에서 목적어 명사구나 부사어 명사구가 된다.
	문장 의미의 측면	전형적인 사동문과 마찬가지로, 이 문장이 '주동문 서술어의 내용을 하게 하다.'의 의미로 해석된다.

1999(추가) 4번

◉ 〈보기〉에 제시된 문장을 활용하여 국어 피동 표현의 문법적 기능, 유형, 중세 국어에서의 피동 표현에 대하여 설명하시오.

> (가) 언니가 동생을 업었다.
> (나) 동생이 언니에게 업히었다.
> (다) 학술 조사단에 의해 역사의 새로운 사실이 밝혀졌다.
> (라) 철수가 칭찬을 들었다.
> (마) 東門이 도로 다티고(『월인석보』 1, 8)
> (바) 뫼해 살이 박거늘(『월인천강지곡』 기 41)

‖ 문제 해설 ‖

피동문의 개념과 유형을 묻는 문제이다. 피동문은 피동사에 의한 피동과 '-어지다', '-게 되다'에 의한 피동이 있는데, 이 문제가 출제된 당시에는 6차 교육과정에 따라 '-게 되다'는 피동문에 포함되지 않았다. 피동사에 의한 피동과 '-어지다'에 의한 피동이 아닌 경우는 피동문의 범주에 들지 못한다. 이 둘은 의미상의 차이도 존재하는데, 이 문제에서는 의미상의 차이를 묻지는 않았다. 중세 국어에서의 피동 표현도 아울러 묻고 있는데, 이는 소위 능격 동사에 대한 이해가 있는지 묻는 것이다. 중세 국어에서도 피동사는 있었지만, 능격 동사가 있어서 피동사처럼 쓰이기도 했다.

‖ 예상 답안 ‖

피동 표현은 문장의 주어로 나타난 사람이나 사물의 행동, 작용이 다른 사람이나 사물에 의하여 이루어지는 표현법을 말한다. (가)의 피동 표현이 (나)인데, 주어 '동생'의 업히는 행동이 '언니'에 의해 이루어지고 있다. 피동 표현은 (나)처럼 피동사에 의한 것과 (다)처럼 '-어지다'에 의한 것이 있다. (라)처럼 어휘적 특성에 의해 피동의 의미를 갖는 것은 피동 표현의 범주에 들지 못한다.

중세 국어에서는 (마)의 '다티다'처럼 피동사가 피동 표현을 수행했지만, 이외에 능격 동사가 있어서 피동 표현을 수행하기도 했다. (바)의 '박다'는 타동사로도 쓰이고 자동사로도 쓰였는데, 이 예문에서는 자동사로 쓰여 '박히다'의 의미로 해석된다.

2007년 15번

⦿ 다음은 부정 표현의 기능과 의미를 이해하기 위한 학습 자료이다. ①~⑦을 통사론적 기준에 따라 부정문과 긍정문으로 분류하고, 분류의 근거를 구체적으로 기술하시오.

> ① 나는 친구를 못 만났다.
> ② 그 일은 하지 마라.
> ③ 철수가 설마 거기에 갔겠어?
> ④ 그는 신문에 보도된 사실을 부정했다.
> ⑤ 동생이 밥을 안 먹지는 않았다.
> ⑥ 비생산적인 논쟁은 그만두자.
> ⑦ 나는 철수를 만나지 못했다.

분류	문장 번호	분류의 근거
부정문		
긍정문		

‖ **문제 해설** ‖

부정 표현의 통사적 기준을 묻는 문제이다. 의미론적으로 규정하는 부정문과 통사론적으로 규정하는 부정문은 다르다. 통사론적으로 규정하는 부정문은 부정적인 의미를 가지고 있느냐가 아니라 통사적 요건을 갖추고 있느냐이다. 부정 표현은 부정을 나타내는 부사 '안, 못'이 사용되거나 '-지 아니하다, 못하다, 말다'를 써서 만들어진 문장을 말한다. 어휘에 의한 부정이나 부정접두사에 의한 부정은 부정 표현으로 인정하지 않는다. 통사적 차원을 벗어나기 때문이다.

‖ **예상 답안** ‖

분류	문장 번호	분류의 근거
부정문	① ② ⑤ ⑦	부정문은 부정 부사 '안, 못'이나, 부정 용언 '아니다, 아니하다(않다), 못하다, 말다'에 의해 실현된다. 예문 ①은 '못'이 쓰였고, ②는 '말다', ⑤는 '안', ⑦은 '못하다'가 쓰였다.
긍정문	③ ④ ⑥	의미상으로는 부정이라도 부정문의 요건을 갖추지 못하면 긍정문이 된다. ③은 부정의 의미를 가진 수사의문문, ④의 '부정하다'는 부정의 의미를 가진 동사, ⑥의 '비생산적인'은 부정접두사에 의한 부정의 의미를 가지고 있지만 부정문의 요건을 갖추지 못했으므로 긍정문으로 분류된다.

`2013년 논술문제`

◐ '어미의 종류와 쓰임을 알고 이와 관련한 문법적 특성을 파악한다.'라는 학습 목표로 수업을 하고자 한다. 〈조건〉에 따라 한 편의 글로 논술하시오. (30점)

> (가) (1) 엇뎨 부톄라 ᄒᆞᄂᆞ닛가 그 ᄠᅳ들 <u>닐어쎠</u>
>
> (2) 내 아기 위ᄒᆞ야 어더 <u>보고려</u>
>
> (3) 淨土에 ᄒᆞ디 가 <u>나사이다</u>
>
> (4) 우리 그저 녜 가 자고 <u>가져</u>
>
> (5) 네 信ᄒᆞᄂᆞᆫ다 아니 <u>ᄒᆞᄂᆞᆫ다</u>

(6) 精舍ㅣ 없거니 어드리 가료

(7) 讚歎ᄒᆞ야 닐오ᄃᆡ 됴ᄒᆞᆯ쎠 됴ᄒᆞᆯ쎠

(8) ᄒᆞ오ᅀᅡ 내 尊호라

(나) (1) ㄱ. 날로 ᄡᅳ메 便安킈 ᄒᆞ고져 ᄒᆞᇙ ᄯᆞᄅᆞ미니라

ㄴ. 먹디 마롬과 金銀보비 잡디 마롬괘라

(2) ㄱ. 불휘 기픈 남ᄀᆞᆫ ᄇᆞᄅᆞ매 아니 뮐ᄊᆡ

ㄴ. 威化振旅 ᄒᆞ시ᄂᆞ로 輿望이 다 몯ᄌᆞᄫᆞ나

(다) (1) ㄱ. 설탕은 물에 잘 녹지만 기름은 물에 잘 녹지 않는다.

ㄴ. *기름은 설탕은 물에 잘 녹지만 물에 잘 녹지 않는다.

(2) ㄱ. 연주회가 끝났지만 관객들은 그대로 앉아 있었다.

ㄴ. 관객들은 연주회가 끝났지만 그대로 앉아 있었다.

(3) ㄱ. 설탕은 물에 잘 녹지만 기름에 잘 녹지 않는다.

ㄴ.*물에 잘 녹지만 설탕은 기름에 잘 녹지 않는다.

(4) ㄱ. 나는 몹시 피곤했지만 끝까지 남아서 일을 마쳤다.

ㄴ. 몹시 피곤했지만 나는 끝까지 남아서 일을 마쳤다.

(5) ㄱ. 그는 부주의해서 더러 솥을 태워먹었다.

ㄴ. 그는 부주의해서 더러 솥을 태웠다.

ㄷ. *그는 부주의해서 더러 솥을 먹었다.

(라) <연결 어미에 대한 수업에서 교사와 학생의 대화>

학생 1 : '-지만'이 '대조'의 의미를 가질 때는 대등절 어미, '양보'의 의미를 나타낼 때는 종속절 어미라고 하는데, 이것들의 문법적 차이가 있나요? 있다면 어떻게 알 수 있죠?

교 사 : 아주 좋은 질문이에요. (다)의 (1)~(4) 예문을 가지고 알아보기로 하지요.

학생 2 : '태워 먹다'에서의 '-어'를 보조적 연결 어미라고 하는데, 그 이유는 뭔가요?

교 사 : 그건 (다)의 (5)를 가지고 알아보기로 해요.

(마) (1) ㄱ. 나는 과일을 사려고 시장에 갔다.

ㄴ. *나는 과일을 사려고 동생이 시장에 갔다.

(2) ㄱ. 나는 과일을 사러 시장에 갔다.

ㄴ. *나는 과일을 사러 동생이 시장에 갔다.

(3) ㄱ. 사냥꾼은 노루를 잡으려고 숲 속으로 들어갔다.

ㄴ. 사냥꾼은 노루를 잡으려고 조용히 주위를 살폈다

(4) ㄱ. 사냥꾼은 노루를 잡으러 숲속으로 들어갔다.

ㄴ. *사냥꾼은 노루를 잡으러 조용히 주위를 살폈다.

(5) ㄱ. 밥 먹으려고 식당에 갔다.

ㄴ. 밥 먹으려고 우리집에 왔느냐?

ㄷ. *밥 먹으려고 우리집에 와라.

ㄹ. *밥 먹으려고 식당에 가자.

(6) ㄱ. 밥 먹으러 식당에 갔다.
　　ㄴ. 밥 먹으러 우리집에 왔느냐?
　　ㄷ. 밥 먹으러 우리 집에 와라.
　　ㄹ. 밥 먹으러 식당에 가자

〈조건〉

(1) 국어의 종결 어미를 종결법에 따라 하위분류하고, 그 각각의 예를 (가)의 밑줄 친 부분에서 찾아 쓸 것
(2) (나)의 자료를 바탕으로 중세 국어 전성 어미의 특징을 서술할 것
(3) (다)의 자료를 바탕으로 (라)의 교사가 학생 1과 학생 2의 질문에 대해 각각 답할 내용을 서술할 것. 단, 연결 어미 하위 분류의 통사적 근거를 제시할 것
(4) (마)의 자료를 바탕으로 (1)~(6)에 쓰인 연결 어미 '-려고'와 '-러'의 문법적 제약을 비교할 것. 단, '장차 어떤 행동을 하려는 주어의 의도나 목적'의 의미로 쓰일 때로 한정함.

‖ **문제 해설** ‖

국어의 어말 어미에 대해 폭 넓게 묻는 문제이다. 어말 어미에 종결 속하는 어미의 유형과 전성어미, 연결어미에 고루 걸쳐 있다. 이를 중세국어까지 확장시켜서 종결법의 유형과 전성어미의 특성에 대해 묻는다. 현대국어와 중세국어의 차이점을 잘 이해하고 있어야 풀 수 있다.

연결 어미의 특성을 묻는 문제는 자료를 읽고 분석할 수 있는 능력이 있는지 묻는 문제이다. 자료의 분석과 독해는 주로 중세국어 문제에 적용되지만 현대국어 문제에서도 점점 자료의 분석과 독해를 묻는 문제가 많아지고 있다.

‖ **예상 답안** ‖

국어의 어미는 크게 어말 어미와 선어말 어미로 나뉘고, 어말 어미는 다시 종결 어미, 연결 어미, 전성어미로 나뉜다. 종결 어미를 문장 종결법에 따라 하위 분류하면 평서형, 의문형, 명령형, 청유형, 감탄형 종결 어미로 나눌 수 있다. 이를 자료 (가)에서 찾으면 평서형 어미는 (8)의 '-라', 의문형 어미는 (5)의 '-ㄴ다', (6)의 '-오', 명령형 어미는 (1)의 '-어쎠', (2)의 '-고려', 청유형 어미는 (3)의 '-사이다', (3)의 '-져', 감탄형 어미는 (7)의 '-ㄹ쎠'이다.

(나)에서 볼 수 있는 중세 국어의 전성 어미의 특징은 명사형 전성 어미 '-ㅁ'이 항상 '오/우'를 취하여 '-옴/움'으로 실현되고, 관형사형 전성 어미가 관형사형의 기능뿐 아니라 명사

240

형의 기능도 수행했다는 점이다. (1ㄱ)에서는 '쓰-'에 '-움'이 연결되어 '뿜'이 되었고, (1ㄴ)에서는 '말-'에 '-옴'이 연결되어 '마롬'이 되었다. (2ㄱ)에서는 관형사형 어미 '-ㄴ'이 관형사형의 기능을 수행하고 있지만, (2ㄴ)에서는 명사형의 기능을 수행하여 '威化振旅 하신 것'이라는 의미로 해석된다.

연결 어미는 대등적 연결 어미, 종속적 연결 어미, 보조적 연결 어미로 나뉜다. 대등적 연결 어미는 앞 뒤의 절을 대등한 관계로 연결시키는 것인데, 두 절이 교호성과 대칭성을 가졌을 때 대등한 관계라고 말한다. 종속적 연결 어미는 앞의 절을 뒤의 절에 종속적 관계로 연결시키는 것인데, 조건이나 양보, 인과 관계 등으로 연결되는 관계를 말한다. 보조적 연결 어미는 본용언과 보조용언을 연결시키는 어미를 말한다.

이러한 통사적 기준에 따라 (라)의 학생 1의 질문에 대한 답을 (다)의 예문에서 찾아보면 다음과 같은 차이를 발견할 수 있다. '-지만'이 '대조'의 의미를 가진 대등적 연결 어미로 쓰이면 (2ㄱ)처럼 선행절이 후행절 속으로 이동할 수 없다. 그러나 '양보'의 의미를 가진 종속적 연결 어미로 쓰이면 (2ㄴ)처럼 후행절 속으로 이동할 수 있다. 또 대등절 어미로 쓰일 때는 선행절과 후행절의 주어가 동일한 경우, 후행절의 주어는 생략될 수 있지만 선행절의 주어는 생략될 수 없다. 하지만 종속절 어미로 쓰일 때는 이러한 제약이 없다.

(라)의 학생 2의 질문에 대한 답을 (다)(5)의 예문에서 찾으면 다음과 같은 특징을 찾을 수 있다. (5ㄱ)에서 전체 문장의 서술어는 '태워 먹었다'인데, 여기에서 중심 의미는 '태우다'이고 '먹다'는 여기에 양태적 의미만 더한다. 그래서 (5ㄷ)처럼 '먹었다'를 본용언으로 사용하게 되면 원래의 의미와는 완전히 다른 비문이 된다. 이처럼 보조적 연결 어미는 보조 용언으로 하여금 양태적 의미를 더하도록 연결시키는 역할을 한다.

종속적 연결 어미 '-려고'와 '-러'는 '의도'와 '목적'을 나타내는데, 이러한 의미적 특성 때문에 통사적 구성에서 문법적 제약을 갖게 된다. 먼저 이 두 연결 어미가 갖는 공통적 제약을 살펴보면 이들은 (마 1, 2)에서 보듯이 선행절과 후행절의 주어가 동일해야 한다는 제약이 있다. 만일 주어가 다르면 (1ㄴ), (2ㄴ)처럼 비문이 된다. 또 (3, 4) 예문을 통해서 '-려고'는 후행절의 동사가 이동 동사든 일반 동사든 상관없지만, '-러'는 후행절의 동사가 반드시 이동 동사여야 한다는 제약이 있다. 또한 '-려고'는 후행절에 명령형이나 청유형이 올 수 없다는 제약이 있지만 '-러'는 이러한 제약이 없다.

❶ 다음은 대칭 동사의 특성을 이해하기 위한 학습 자료이다. 이 자료에서 알 수 있는 대칭 동사의 특성을 대칭 동사가 아닌 경우와 비교하여 〈보기〉의 지시에 따라 서술하시오. 〔3점〕

> (1) 가. 영수가 동수와 공원에서 만났다.
> 　　나. 영수가 동수와 공원에서 놀았다.
> (2) 가. 영수와 동수가 공원에서 만났다.
> 　　나. 영수와 동수가 공원에서 놀았다.

---〈보기〉---

1. 자료의 (1)을 참고하여 필수적 부사어가 어떤 것인지 판단하고 그것의 특성을 언급할 것
2. 자료의 (2)를 참고하여 문장의 중의성 여부를 언급할 것
3. 문맥에 의한 문장 성분 생략은 고려하지 말 것

‖ 문제 해설 ‖

대칭 동사의 특성을 묻는 문제이다. 대칭 동사는 논항이 반드시 두 개 필요한 동사인데, 주어 외에 ‘과/와’, ‘하고’, ‘(이)랑’ 등의 동반의 부사격 조사가 쓰이는 문장이나 접속조사로 연결된 복합 주어의 서술어로 쓰인다. 이때 부사어는 문장에 반드시 필요한 필수적 부사어가 된다. 이 필수적 부사어로 인해 두 자리 서술어가 된다. 이러한 대칭 동사는 주어 명사구가 대칭임을 요구하는 자동사이다. 대칭 자동사에는 ‘만나다, 결혼하다, 바뀌다, 마주치다, 어울리다’ 등이 있다. 대칭 동사가 아닌 자동사는 동반의 부사격 조사가 쓰이더라도 필수적 부사어가 되지 못한다.

목적어 명사구가 대칭임을 요구하는 것은 대칭 타동사이다. 대칭 타동사에는 ‘바꾸다, 맞붙이다, 합하다, 나누다’ 등이 있다.

‖ 예상 답안 ‖

자료에서 알 수 있는 대칭 동사의 특성은 논항을 두 개 요구하거나, 복합 주어를 요구한다는 것이다. 자료 (1가)에서 대칭 동사 ‘만나다’는 ‘동수와’를 필수적 부사어로 요구한다. ‘동수와’가 생략되면 비문이 된다. 그러나 자료 (1나)의 ‘놀다’는 이러한 제약이 없다.

자료 (2가)에서 ‘만나다’는 접속 조사 ‘와’로 연결된 복합 주어를 요구한다. 이 때 문장은 단문이 되고 중의적으로 해석되지 않는다. 그러나 대칭 동사가 아닌 ‘놀다’가 쓰인 (2나)에서

접속 조사 '와'로 연결된 명사구는 중의적인데, 복합 주어로 해석될 수도 있고 두 개의 문장이 연결된 것으로 해석될 수도 있다. 즉, (2가)는 '영수가 공원에서 동수를 만났다'는 해석만 가능하지만, (2나)는 '영수가 동수와 함께 공원에서 놀았다'는 해석과 '영수와 동수가 공원에서 각각 따로 놀았다'는 해석이 다 가능하다.

◉ 다음을 참고하여 부정문의 부정 영역에 대해 〈보기〉와 같이 정리하였다. 〈보기〉의 ㉠, ㉡에 들어갈 말을 순서대로 쓰시오.〔2점〕

> (1) ㄱ. 다행히 동생은 집에 가지 않았다.
>   ㄴ. 동생은 일찍 집에 가지 않았다.
> (2) ㄱ. 어머니가 아이에게 그 책을 못 읽게 했다.
>   ㄴ. 어머니가 아이에게 그 책을 못 읽혔다.

─── 〈보기〉 ───

- 부정문의 의미는 부정의 영역이 어디에까지 미치는가에 따라 다양하게 해석된다.
- (1)은 장형 부정 형식의 '안' 부정문으로, 의미상 (1ㄱ)에서 '다행히'는 (1ㄴ)의 '일찍'과 달리, 부정의 영역 안에 포함되지 않는다. 이는 '다행히'가 '일찍'과 달리 (㉠)(이)기 때문이다.
- (2)는 단형 부정 형식의 '못' 부정문으로, (2ㄱ)에서 '못'은 (2ㄴ)에서와 달리, (㉡)을/를 부정하고 있다.

‖ 문제 해설 ‖

부정문은 부정의 영역이 어디까지 미치느냐에 따라 그 의미가 달라진다. 부사의 경우는 문장 부사이냐 성분 부사이냐에 따라 달라지고, 사동문의 경우도 단형 사동이냐 장형 사동이냐에 따라 그 영역이 달라진다. 단형 사동의 경우는 사동주의 행동을 부정하고, 장형 사동의 경우는 피사동주의 행동을 부정하고 있다.

‖ 예상 답안 ‖

㉠ 문장부사 ㉡ 피사동주의 행동(아이의 행동)

6. 문장의 제약, 호응, 복합 문제

❶ 〈보기〉의 자료를 참고하여 '문장 종결'에 대한 다음 물음에 답하시오.

〈보기〉

① 영수가 그 책을
  {읽었느냐? / 읽었는가? / 읽었습니까?}
② 날씨가 꽤 덥구나!

7-1 종결 어미의 두 가지 기능을 기술하고, 학교문법(현행 고등학교 『문법』 교과서 체계)의 문장 종결법 유형을 들고 위의 〈보기〉를 활용하여 각 유형별 용례를 제시하시오.

7-2 문장 종결법에서 종결 어미가 간접 인용절로 안길 때의 제약을 다음 〈조건〉에 따라 기술하시오.

〈조건〉

1. 간접 인용절 구성에서 인용절의 종결 어미 제약을 문장 종결법의 유형별로 검증하고, 그 결과를 도출할 것

2. 위의 〈보기〉를 활용할 것

‖ **문제 해설** ‖

문장 종결법의 기능과 유형에 대한 문제이다. 종결 어미는 문장을 끝맺음과 동시에 상대 높임의 기능을 수행한다. 문장을 끝맺을 때는 화자의 생각이나 느낌이 종결어미에 의해 표현되므로 문장 종결법을 문체법이라고 부르기도 한다. 학교 문법에서는 문장 종결법을 평서, 의문, 명령, 청유, 감탄의 다섯 가지로 분류한다. 이에 따른 유형을 <보기>에 따라 제시하면

된다.

간접 인용절은 높임법이 중화되고 원래의 종결 어미가 일정한 제약을 받는다. 감탄문의 경우에는 독자적인 종결 어미 없이 평서문에 통합된다.

‖ 예상 답안 ‖

7-1. 종결 어미는 첫째, 화자의 생각이나 느낌을 드러내며 문장을 끝맺는 기능이 있다. 둘째, 청자에 대한 높임이나 낮춤을 드러내는 기능이 있다.

전자를 문장 종결법이라고 하는데 이에는 평서문, 의문문, 명령문, 청유문, 감탄문의 다섯 가지 유형이 있다.

첫째, 평서문은 ‘영수가 그 책을 {읽었다./읽었네./읽었습니다.}’와 같이 종결된다.

둘째, 의문문은 예문과 같다. ‘영수가 그 책을 {읽었느냐?/읽었는가?/ 읽었습니까?}’

셋째, 명령문은 ‘영수가 그 책을 {읽어라./읽게./읽으십시오}’와 같이 종결된다.

넷째, 청유문은 ‘그 책을 {읽자./읽세./읽으시지요.}’와 같이 종결된다.

다섯째, 감탄문은 ‘영수가 그 책을 {읽었구나!/읽었구려!}’와 같이 종결된다.

7-2. 평서문이 간접 인용절로 안길 때는 높임법이 중화되고 종결 어미가 ‘-다’로 바뀐다. 서술격 조사일 때는 ‘-라’로 바뀐다. - 영수가 그 책을 읽었다고 말했다.

의문문은 종결 어미가 ‘-느냐, -(으)냐’로 바뀐다. 동사는 ‘-느냐’, 형용사, 서술격조사는 ‘-(으)냐’이다. - 영수가 그 책을 읽었느냐고 말했다.

명령문은 종결 어미가 ‘-(으)라’로 바뀐다. - 영수가 그 책을 읽으라고 말했다.

청유문은 종결 어미가 ‘-자’로 바뀐다. - 영수가 그 책을 읽자고 말했다.

감탄문은 종결 어미가 따로 존재하지 않는다. 평서형으로 통합된다. - 날씨가 꽤 덥다고 말했다.

이처럼 종결 어미가 간접 인용절로 안길 때는 높임법이 중화되고 평서문과 감탄문은 ‘-다, -라’로, 의문문은 ‘-느냐, -(으)냐’, 명령문은 ‘-(으)라’, 청유문은 ‘-(으)자’로 실현된다.

1. 동음어, 유의어, 반의어, 상·하의어

1999년(추가) 7번

 〈보기〉의 (가)와 (나)에 제시된 단어들의 관계를 설명하시오.

〈보기〉

(가) 아기의 손은 매우 귀엽다.
　　농촌에서는 지금 손이 모자란다.
　　나는 지금 그 사람과 손을 떼겠다.
(나) 배(船) / 배(腹) / 배(梨) / 배(倍)

‖ **문제 해설** ‖

　다의어와 동음어에 대한 이해를 묻는 문제이다. 다의어는 하나의 단어가 여러 의미를 갖는 것인데, 동음어와 다른 점은 이 의미들 사이에 연관성이 있다는 것이다. 그래서 연관성이 있다고 판단되면 다의어, 연관성이 없다고 판단되면 동음어가 된다. 그러나 이 연관성이 늘 분명하게 판단되는 것은 아니어서 연관성이 희미해지면 다의어와 동음어의 경계에 서게 된다.

‖ **예상 답안** ‖

　(가)에 제시된 '손'은 다의 관계이다. 첫 번째 '손'은 가장 기본적인 의미로 사람의 신체의 일부분을 가리키는 것이고, 두 번째 '손'은 노동력을, 세 번째 '손'은 관계를 의미한다. 두 번째, 세 번째의 의미는 첫 번째의 의미에서 파생된 것이므로 다의 관계로 본다.

　(나)에 제시된 '배'는 동음 이의 관계이다. 이들은 소리는 같지만 의미들 사이의 연관성을 찾을 수 없으므로 전혀 다른 낱말이다.

2001년 6번

〈보기〉의 자료를 중심으로 '의미 현상'에 대한 다음 물음에 답하시오.

〈보기〉

① 미역국을 먹다
② 세수(洗手)
③ 짐승
④ 어리다

6-1 ①의 두 가지 의미를 구별해서 기술하고, ①을 바탕으로 관용어의 특성을 설명하시오.

6-2 단어의 의미가 시간의 흐름에 따라 변화한다는 전제 아래, 현대 국어 ②, ③, ④ 각각에 해당하는 의미 변화의 양상을 설명하시오.

‖ 문제 해설 ‖

관용어의 의미 특성에 대한 문제이다. 관용어는 둘 이상의 어휘가 결합하여 제 3의 의미를 형성하는 것이다. 속담과 비슷하지만 속담은 완결된 문장으로 구성되지만, 관용어는 대부분 구의 형태로 구성된다는 차이점이 있다. 또 속담은 한 사회의 문화의 반영이어서 교훈성, 풍자성, 비유성이 강하고 의미 추정이 가능한 반면, 관용어는 그러한 특성이 약하고 의미 파악이 어렵다.

‖ 예상 답안 ‖

6-1. ①은 '미역으로 만든 국을 먹다'는 일반적인 의미와, '시험에 떨어지다'는 관용적인 의미의 두 가지로 해석된다.

관용어는 둘 이상의 어휘가 결합되어 전혀 다른 새로운 의미를 형성하고, 그 구성 방식이 고정되어 있는 표현을 말한다. 즉 관용어는 첫째, 제 3의 의미를 지니고, 둘째, 고정된 표현 형식을 가진다는 특성이 있다.

6-2. ②는 '손을 씻는다'는 의미에서 '얼굴을 씻는다'는 의미로 변했다. 그러므로 의미의 확장이라 할 수 있다.

③은 '인간과 짐승을 다 포괄하는 생물'의 의미에서 '짐승'의 의미로 변했다. 그러므로 의미의 축소라고 할 수 있다.

④은 '어리석다'의 뜻에서 '연소하다'는 뜻으로 변했다. 그러므로 의미의 이동이라 할 수 있다.

❶ (나)에서 '사다', '팔다'가 중심적 의미로 사용된 용례를 찾아 쓰고, '사다, 팔다'가 중심적 의미로 사용되었을 때의 의미 특성을 설명하시오.

> (나)
> ① 공로를 높이 <u>사다</u>, 병(病)을 <u>사다</u>, 인심을 <u>사다</u>,
>   학용품을 <u>사다</u>
> ② 수박을 <u>팔다</u>, 아버지의 이름을 <u>팔다</u>, 양심을 <u>팔다</u>,
>   한눈을 <u>팔다</u>

──────────────── 〈보기〉 ────────────────
'사다'와 '팔다'의 의미 관계를 고려한 설명을 포함할 것

• 중심적 의미의 용례 :

• 의미 특성 :

‖ **문제 해설** ‖

　개별 어휘들의 의미 관계를 묻는 문제이다. 개별 어휘들에 대해 미리 학습할 수는 없기 때문에 이러한 문제는 수험생에 따라 체감 난이도가 다를 수 있다. 그러나, 개별 어휘라고 하더라도 어휘의 난이도가 높지 않고 의미론의 기본 개념과 연관되는 문제이기 때문에 해결하기 어려운 문제는 아니다. 여기서는 '사다'와 '팔다'의 의미 특성을 반의 관계를 통해 설명하라고 요구하고 있다.

‖ **예상 답안** ‖

• 중심적 의미의 용례 : ① 학용품을 사다 ② 수박을 팔다
• 의미 특성 : ① '사다'의 중심 의미는 '어떤 대상을 값을 치르고 자기 것으로 만들다'는 의미이고, ② '팔다'의 중심 의미는 '어떤 대상을 값을 받고 남에게 넘기다'의 의미이다. 이 둘은 어떤 대상에 대해 값을 '치르느냐/ 받느냐'로 그 의미가 정 반대로 갈린다. 반의 관계는 다른 요소는 동일하고 하나의 의미 자질이 다를 때 형성되는 관계인데, 이 둘은 이 하나의 요소에 의해서 그 의미가 반대가 되므로 반의 관계라 할 수 있다.

◉ "문장 속 단어들의 의미관계를 안다."라는 학습목표와 관련하여 아래 유의어들의 의미 차이를 탐구하려고 한다. 〈보기〉의 방식으로 의미 차이를 밝히시오.

〈보기〉

- 날씨 / 연구실이(가) — 덥다
- 난로 / 국이(가) — 뜨겁다

---

(1) 참가하다, 참석하다, 참여하다

(2) 길, 도로

‖ 문제 해설 ‖

유의어의 의미 차이를 묻는 문제이다. 유의어의 의미 차이를 규명하는 방법은 크게 세 가지가 있다. 교체 검증, 대립 검증, 배열 검증이다. 교체 검증은 〈보기〉의 예처럼 하나의 문장 안에서 교체 가능한지를 통해 그 의미 차이를 규명하는 것이다. 대립 검증은 반의어를 이용해서 그 의미 차이를 찾아내는 것이다. '작다'는 '크다'와 대립 관계에 있고, '적다'는 '많다'와 대립 관계에 있다. 이를 통해 '작다'와 '적다'의 의미 차이를 찾아내는 것이다. 배열 검증은 그 의미 차이가 모호한 어휘들을 하나의 계열로 배열하는 방법이다. '실개천-개울-시내-내-하천-강-대하'의 방법으로 나열하여 그 의미 차이를 알아내는 방식이다.

‖ 예상 답안 ‖

(1) 참가하다, 참석하다, 참여하다

　　6·25 전쟁 / 마라톤 대회에 – 참가하다

　　작가 회의 / 집회에　　　– 참석하다

　　정치 / 투쟁에　　　　　– 참여하다

(2) 길, 도로

　　길 – 을 떠나다/잃다

　　도로 – 를 주행하다/달리다

◉ 다음은 반의 관계에 대한 학습 자료이다. ㉠과 ㉡에 들어갈 말을 각각 쓰시오. 〔2점〕

- 두 단어가 하나의 의미 성분에서만 대립할 때 반의 관계가 성립한다.
  - 예 가. 장끼 : [+(㉠)][+꿩][+새]
  -    나. 까투리 : [-(㉠)][+꿩][+새]
- 어떤 단어가 (㉡)을/를 가질 때, 일대다(一對多)의 반의 관계가 성립한다.
  - 예

벗다	[-착용][+몸통]	↔	[-착용][+몸통]	입다
	[-착용][+머리와 얼굴]		[-착용][+머리와 얼굴]	쓰다
	[-착용][+손]		[-착용][+손]	끼다
	[-착용][+발]		[-착용][+발]	신다

‖ 문제 해설 ‖

반의어의 특성에 대한 문제이다. 반의 관계는 한 가지의 의미만 다르고 나머지는 모두 같을 때 성립한다. 이를 의미 성분으로 나타낼 수 있는데 하나의 의미 성분만 다르고 나머지 의미 성분은 같아야 한다. 또한 반의 관계는 일대일의 관계도 있지만 일대다의 관계도 성립하는데, 이는 단어가 다의성을 갖기 때문이다. '벗다'는 여러 가지 의미를 갖기 때문에 이 여러 가지 의미에 대한 반의 관계가 성립하게 되는 것이다.

‖ 예상 답안 ‖

- 두 단어가 하나의 의미 성분에서만 대립할 때 반의 관계가 성립한다.
  - 예 가. 장끼 : [+(수컷(남성))][+꿩][+새]
  -    나. 까투리 : [-(수컷(남성))][+꿩][+새]
- 어떤 단어가 (다의성)을/를 가질 때, 일대다(一對多)의 반의 관계가 성립한다.
  - 예

벗다	[-착용][+몸통]	↔	[-착용][+몸통]	입다
	[-착용][+머리와 얼굴]		[-착용][+머리와 얼굴]	쓰다
	[-착용][+손]		[-착용][+손]	끼다
	[-착용][+발]		[-착용][+발]	신다

※ 사람의 경우라면 성(性)을 구별할 때 [남성]을 사용해야 하지만 동물이기 때문에 [수컷]을 사용하였다. [남성]이라고 해도 괜찮다.

2. 전제와 함의

❶ 다음 밑줄 친 ㉠, ㉡에서 ⓐ, ⓑ와 같은 부수적 정보를 파악할 수 있다. ㉠과 ⓐ, ㉡과 ⓑ의 관계를 토대로 하여 ⓐ, ⓑ를 '전제'와 '함의'로 구별하고 각각의 특성을 설명하시오.

> 철수 : 은영아, 오랜만이다.
> 은영 : 그래, 반가워.
> 철수 : 네 동생 언제 제대하니?
> 은영 : ㉠ <u>영민이 제대한 지 한 달이 넘었어.</u>
> 철수 : 벌써? 어, ㉡ <u>민수 저 친구 바닥에 지갑을 떨어뜨렸네!</u>

문장	부수적 정보	구별	특성
㉠	ⓐ 영민이가 제대를 했다		
㉡	ⓑ 민수의 지갑이 바닥에 떨어졌다		

‖ 문제 해설 ‖

전제와 함의에 대한 문제이다. 의미론에서 전제와 함의는 어렵고 복잡한 영역이어서 고등학교 과정에서는 깊이 있게 가르치기 어렵다. 잘 알려져 있는 내용만 시험에 출제될 수밖에 없다. 전제는 주 명제를 부정해도 부정되는 않는 명제, 함의는 주 명제를 부정하면 그 의미가 사라져 버리는 명제를 가리킨다는 정도에서 출제된다.

‖ 예상 답안 ‖

문장	부수적 정보	구별	특성
㉠	ⓐ 영민이가 제대를 했다	전제	㉠을 부정해도 ⓐ는 부정되지 않는다.
㉡	ⓑ 민수의 지갑이 바닥에 떨어졌다	함의	㉡을 부정하면 ⓑ의 의미가 소멸된다.

"영민이가 제대한 지 한 달이 넘지 않았다."라고 해도 '영민이가 제대를 했다.'는 전제는 변함이 없다. 그러나 "민수 저 친구 바닥에 지갑을 떨어뜨리지 않았네!"라고 하면 '민수의 지갑이 바닥에 떨어졌다'는 함의는 사라진다.

3. 문장의 중의성

(가)~(라)는 중의성의 유형에 따른 예이다. 중의적으로 해석되는 이유를 간략히 설명하고, 중의성이 해소되도록 문장을 고쳐 쓰시오.

> (가) 나는 배가 좋아.
> (나) 그는 무릎을 꿇었다.
> (다) 슬픈 곡예사의 운명은 여기서 끝나는 것인가?
> (라) 그 사람은 넥타이를 매고 있다.

(가) 이 유 :
　　고친 문장 :

(나) 이 유 :
　　고친 문장 :

(다) 이 유 :
　　고친 문장 :

(라) 이 유 :
　　고친 문장 :

‖ 문제 해설 ‖

중의성이 발생하는 이유를 묻는 문제이다. 중의성은 여러 가지 요인에 의해 일어나는데, 동음어에 의한 중의성, 수식의 범위에 따른 중의성, 부정의 범위에 따른 중의성, 보조적 연결 어미의 해석에 따른 중의성, 관용어의 의미 해석에 따른 중의성 등이 있다.

‖ 예상 답안 ‖

(가) 이유 : '배'가 동음이의어이기 때문이다. 배(梨), 배(船), 배(腹) 등 다양하게 해석될 수 있다.

　　고친 문장 : 나는 달콤한 배가 좋아.

(나) 이유 : 관용어로 해석될 수 있기 때문이다. 원래의 의미로 해석될 수도 있고 관용어로 해석될 수도 있다.

고친 문장 : 그는 굴복했다.

(다) 이유 : 수식의 범위가 달라질 수 있기 때문이다. '슬픈'이 '곡예사'를 꾸밀 수도 있고, '곡예사의 운명'을 꾸밀 수도 있다.

고친 문장 : 곡예사의 슬픈 운명은 여기서 끝나는 것인가?

(라) 이유 : '-고 있'이 두 가지 의미를 가질 수 있기 때문이다. '진행'의 의미와 '상태 지속'의 의미로 해석된다.

고친 문장 : 그 사람은 지금 넥타이를 매는 중이다.

임용고시의 정수를 꿰뚫는
단기완성 핵심 현대국어

초판 1쇄 인쇄 2016년 12월 20일
초판 1쇄 발행 2016년 12월 30일
편저자 이원근
펴낸이 이대현
펴낸곳 도서출판 역락 | **등록** 제303-2002-000014호(등록일 1999년 4월 19일)
주 소 서울시 서초구 동광로 46길 6-6(문창빌딩 2F)
전 화 02-3409-2058, 2060
팩 스 02-3409-2059
이메일 youkrack@hanmail.net
ISBN 979-11-5686-721-0 13710

정가 14,000원
* 잘못된 책은 구입처에서 교환해 드립니다.